卓越法官文库

A Study of Inter-Regional Cross-border Insolvency Cooperation in China

我国区际跨境破产合作研究

杨 靖 著

法律出版社
LAW PRESS · CHINA
北京

图书在版编目（CIP）数据

我国区际跨境破产合作研究 / 杨靖著. -- 北京 : 法律出版社, 2024. -- ISBN 978-7-5197-9309-8

Ⅰ. D922.291.924

中国国家版本馆CIP数据核字第2024F3Z140号

我国区际跨境破产合作研究
WOGUO QUJI KUAJING POCHAN HEZUO YANJIU

杨 靖 著

策划编辑 朱 峰
责任编辑 苗 婕
装帧设计 贾丹丹

出版发行 法律出版社
编辑统筹 辞书·融出版编辑部
责任校对 晁明慧
责任印制 吕亚莉
经　　销 新华书店

开本 710毫米×1000毫米 1/16
印张 15 **字数** 184千
版本 2024年9月第1版
印次 2024年9月第1次印刷
印刷 北京建宏印刷有限公司

地址：北京市丰台区莲花池西里7号（100073）
网址：www.lawpress.com.cn
投稿邮箱：info@lawpress.com.cn
举报盗版邮箱：jbwq@lawpress.com.cn

销售电话：010-83938349
客服电话：010-83938350
咨询电话：010-63939796

书号：ISBN 978-7-5197-9309-8
定价：68.00元

凡购买本社图书，如有印装错误，我社负责退换。电话：010-83938349

序　言

南粤春来早，珠水伴潮生。广东伫守祖国南大门，乘改革开放东风，以敢为人先、务实进取、开放包容、敬业奉献的精神创造了经济总量连续35年居全国首位的发展成绩。历史上的广东，一直是改革开放、对外贸易、经略南海的桥头堡。地理上的广东，三面环山、三江汇聚，灵秀珠水连港澳。人文上的广东，中华优秀文化在岭南孕育出广府文化，与港澳同声相应、同气连枝。习近平总书记亲自擘画粤港澳大湾区建设蓝图，要求将大湾区建设成为新发展格局的战略支点、高质量发展的示范地、中国式现代化的引领地。粤港澳大湾区已经成为我国开放程度最高、经济活力最强的区域之一，是推动“一国两制”事业发展的实践高地。

在粤港澳大湾区经济交往和市场联通中，健全企业破产机制是保障市场主体进出有序、债权债务及时清理、生产要素高效配置的关键一环。世界银行评估地区营商环境一直以“办理破产”为重要指标。内地将企业资不抵债后的市场退出机制称为“破产”，香港名曰“清盘”，澳门则曾有“倒盆”之谓。制度安排各有异同，实务合作日益迫切。广东与港澳区际破产合作持续向前探索。尤其是香港地区，从2001年广东国投破产案被香港法院承认，到2023年广东海外建总破产案得到香港法院认可与协助；从20世纪80年代深圳市政府允许南洋纺织品公司接管人到深圳处置公司财产，到3年前深圳中院裁定认可森信公司在港债权人清盘程序，在实践中已经积累起不少经验。这些都需要理论上的梳理和总结，在合作中遇到新课题新问题，也需要理论结合实践，探索新的解决方法。

国家法官学院与香港城市大学合办的“中国高级法官法学博士”项目，为内地法官学习香港法律、了解香港社会提供了很好平台，也为两地深化民商事司法实务合作，厚植了人才智力支持。杨靖法官借参加该博士项目之机，选择区际跨境破产专题进行研究，正当其时。作为研学成果，《我国区际跨境破产合作研究》一书深入探讨了在“一国两制”前提下区际跨境破产合作如何开展的问题，以内地和香港破产案例为标本，在破产合作的基本原则、内地法院对清盘程序审查等方面提出建设性观点，相信对推动区际破产合作可以作出有益贡献。杨靖法官在承担繁重审判任务情况下，以“挤”和“钻”的精神，高质量完成学业，获得香港城市大学博士学位。今天这本优秀研究成果也即将出版，实为不易，可喜可贺。

以高水平司法能力维护社会公平正义，服务保障经济社会高质量发展，是广大法官光荣的使命担当。我欣喜地看到，广东法院一批又一批有坚定理想、广大胸怀、开阔视野、业务精通的优秀人才正茁壮成长，在审判执行各个岗位履职尽责。“雄关漫道真如铁，而今迈步从头越”。我衷心希望杨靖法官和她的同事们在今后的工作中继续发扬开拓进取、刻苦钻研精神，踔厉奋发、笃行不怠，为新时代司法事业作出应有贡献。

是为序。

张海波

2024年8月6日

前　言

2013年7月26日，香港高等法院根据香港证监会的申请颁布命令，对中国最大的再生金属资源公司中金再生[1]委任临时清盘人，从而使该司进入清盘程序。该事件在香港境内外资本市场引起极大震动。这是香港证监会首次根据《证券及期货条例》第212条[2]以涉嫌欺诈为由向法庭申请将一家上市公司清盘。临时清盘人上任后对中金再生位于内地的子公司实施了一系列的管理行为，包括更换董事长等企业高管、要求子公司不得清偿对内地债权人所欠债务等。由此造成子公司内地债权人的恐慌，内地债权人遂组成以中国银行为首的银团[3]向法院对子公司广州亚钢、广州亚铜提出重整申请。[4]2014年2月17日，广州中院裁定受理广州亚钢、广州亚铜重整，从此拉开中金再生系列子公司在内地破产的序幕。

该案带来的疑问是，针对境内外破产管理人和清盘人争夺对公司及其各级子公司控制权的情况，有无适当的方法予以协调？跨境公司在香港进

---

〔1〕 中金再生全称中国金属再生资源（控股）有限公司，是一家在港交所上市的从事废旧金属回收及再加工的企业，除牌前交易代码为00773.HK。该企业2000年在香港创立，总部设于广州，在香港、广州及张家港等地设有回收加工厂，把钢铁及铜等废金属回收再造。2009年6月，中金再生在香港交易所上市，招股价为5.18港元，集资17.87亿元，首日上市即较招股价上升22%。

〔2〕 证监会调查发现有证据指中金再生夸大公司的财政状况、业务规模及其主要附属公司的收益，此举将严重损害公司股东、债权人及投资大众的权益，因此对中金再生董事局主席、行政总裁秦某威及其妻子黎某贤等提出控告，并根据香港法例第571章《证券及期货条例》第212条"清盘令及破产令"对中金再生申请清盘。

〔3〕 广州亚钢、广州亚铜的主要债权人均为银行债权，其中中国银行的债权数额最大。

〔4〕 当一家企业进入破产程序后，即不受其股东或上级母公司的控制，中国银行申请广州亚钢、广州亚铜重整意在与中金再生香港临时清盘人争夺对广州亚钢、广州亚铜的控制权。

入清盘程序后，该清盘程序如何能够在内地获得认可？香港清盘人可否跨境到内地履行其清盘职责？有什么条件或限制？

为回答上述问题，研究内地法院如何认可香港清盘程序及香港清盘人如何到内地履职非常有必要。内地法院认可香港清盘程序及香港清盘人到内地履职是内地与香港开展区际跨境破产合作的必要部分。而内地与香港开展区际跨境破产合作的意义重大。

其一，内地与香港开展区际跨境破产合作是实现一国治理之需要。内地与香港同属一国，有法理依据，有历史渊源，有现实条件，也有人文基础。在香港与内地之间进行跨境破产合作是一国的内在需要，符合两地人民的利益。

其二，内地与香港开展区际跨境破产合作是两地经济发展的需要。虽然2020—2022年受新冠疫情影响，中国经济增速放缓，但仍然是世界上少有的经济仍然正增长的经济体之一。经济的繁荣需要相关法律制度保护和推动。破产法作为“经济宪法”，其制度完善与否是判断一国市场经济成熟与否的关键。内地与香港经济的融合也促使两地跨境破产增长，新的历史时期下粤港澳经济的新融合、新发展将会出现新局面。

其三，有利于节约司法资源、社会资源。认可对方破产程序，准许对方管理人（清盘人）跨境履职，债权人就无须在异地针对债务人提起一个新的破产申请，这样既避免了因为重新提起一个破产程序造成时间上的浪费而致破产财产发生贬损，又避免了两地破产程序带来的冲突，可节省两地的司法资源，极大地提高了程序效率。

其四，有利于两地债权人利益之保护。香港与内地进行跨境破产合作有利于债权人实现公平受偿。允许香港清盘人到内地履职，其有权对香港企业位于内地的财产进行处置，这将有利于该企业的所有债权人利益的实现。此外，两地开展跨境破产合作也有利于防范债务人转移资产、逃避债务。

2024年1月29日，最高人民法院《关于内地与香港特别行政区法院相互认可和执行民商事案件判决的安排》正式生效实施，两地民商事司法合作迈进了一大步。但是，破产（清盘）案件暂不适用该安排。因此，我们在2021年5月达成的《关于内地与香港特别行政区法院相互认可和协助破产程序的会谈纪要》的基础上，仍要加强对两地区际跨境破产合作的研究与探索。

目前来看，虽然综合全球，研究跨境破产的文献较多，但中文文献相对较少；英文文献虽相对较多，但其中关于区际跨境破产的研究亦甚少。总体而言，这些文献在理论研究方面有较高的学术价值，但缺乏司法实践的支撑。目前的研究成果主要体现在以下方面：（1）国际跨境破产程序域外效力和国际跨境破产管辖权；（2）破产管理人（清盘人）在本地履职；（3）内地与香港之间区际法律冲突，但尚未有将上述三个研究方面结合起来对内地与香港开展区际跨境破产合作进行深入专题研究的学术成果。在具体研究内容方面，未有专门研究内地法院如何认可香港清盘程序的成熟的文献，亦未有研究香港清盘人如何到内地履职或内地破产管理人到香港如何履职的成熟的文献。将上述三个方面内容结合起来进行研究，有助于内地与香港区际跨境破产问题更好厘清，观念更好融合，做法更好衔接。而这三个方面有机结合也是内地与香港区际跨境破产合作开展的重要基础与重要方向，因此笔者在此作一尝试。

内地与香港开展区际跨境破产合作是双边互动的行为，本书从内地法院对香港清盘程序认可入手，先进行单边研究。内地与香港开展区际跨境破产合作的重点之一是研究并解决内地法院如何认可香港清盘程序及香港清盘人如何到内地履职的问题。因此，本书将该问题作为研究主题，在此基础上，以香港清盘程序在内地获得认可的依据、内地法院对香港清盘程序进行审查的内容、内地与香港区际跨境破产协助的情况及清盘人跨境履职的准据法三个具体问题作为研究的子问题。在讨论三个子问题前，先对香港清盘的基础问题进行整理分析；而作为研究的成果之一，笔者最后对香港清盘人内地履职的权责进行分析总结。

笔者通过大量阅读相关文献，对香港清盘程序、清盘令、清盘人所涉资料，内地与香港有关跨境破产管辖和协助及内地破产管理人与香港清盘人履职不当被追责等案例进行了广泛收集，并进行整理、对比、分析。在对破产程序域外效力、跨境破产管辖权等相关理论研究的基础上，对国际司法实践，如美国、欧盟、《跨境破产示范法》项下的相关司法实践进行探讨、分析，总结了两个原创性观点：第一，内地法院对待香港清盘程序相较于对待其他域外破产程序态度较为宽松；第二，香港法院对内地破产程序进行审查的标准与其他域外破产程序所掌握的标准基本相同，但认可这些破产程序是一国之内不同的破产程序。在此基础上，笔者提出了本书的四个重要理论创新：一是内地与香港开展区际跨境破产合作应遵循四个基本原则：“一国两制”原则、互相尊重原则、充分诚信原则、依法处理原则。二是内地法院对香港清盘程序进行审查应注重四个重点：是否合理行使跨境破产管辖权、清盘程序是否具有正当性、清盘程序是否存在损害内地社会公共利益的风险、清盘程序的认可申请是否在时效期间内。三是为跨境破产管辖冲突的解决方案：综合考虑主要利益中心、债务人住所地、主要破产财产所在地、债务人营业地等因素以确定最充分联系地，由最充分联系地法院对跨境破产案件进行管辖；以主要利益中心为主破产程序管辖地，以债务人住所地、主要破产财产所在地为从破产程序管辖地；平行破产程序间相互协助。四是香港清盘人内地履职的准据法：香港清盘人到内地履职，受香港与内地法律双重约束；关于清盘人资格、权利能力、行为能力的判断适用属人法，即香港法；关于清盘人履职职责的确定，主要适用行为地法，即内地法，但同时不能超越清盘人属人法规定的范围。此外，经比较、分析内地破产管理人和香港清盘人各自本地履职的权责，笔者分析比较了内地破产管理人和香港清盘人分别在本地履职的职责，列举了香港清盘人到内地履职所需提交的详细资料，供香港清盘人到内地履职时参考。

编写说明

一、法律、法规、规章和规范性文件名称中的“中华人民共和国”省略。

二、引用法律条文时，条文的款、项之间不另分行、分段。

三、除原文引用外，本书出现较多的法律、司法解释、司法文件，使用如下简称：

序号	全称	简称
1	《关于内地与香港特别行政区法院相互认可和协助破产程序的会谈纪要》	《会谈纪要》
2	最高人民法院《关于开展认可和协助香港特别行政区破产程序试点工作的意见》	《试点意见》
3	最高人民法院《〈关于开展认可和协助香港特别行政区破产程序试点工作的意见〉的理解与适用》	《试点意见理解与适用》
4	《最高人民法院关于适用〈中华人民共和国民事诉讼法〉的解释》	《民诉法司法解释》
5	《最高人民法院关于民事诉讼证据的若干规定》	《民事证据规定》
6	香港法例第622章《公司条例》	《公司条例》
7	香港法例第6章《破产条例》	《破产条例》
8	UNCITRAL Model Law on Cross-Border Insolvency（1997） 《联合国贸易法委员会跨境破产示范法》	《跨境破产示范法》
9	Regulation（EU）of the European Parliament and of the Council oninsolvency proceedings（recast） 《欧盟破产程序条例》	《欧盟破产条例》
10	United States Code Title 11 Bankruptcy 美国法典第11章《破产法》	《美国破产法》

四、本书出现较多的机关、部门使用以下简称：

序号	全称	简称
1	最高人民法院	最高院
2	北京市高级人民法院	北京高院
3	广东省高级人民法院	广东高院
4	湖南省高级人民法院	湖南高院
5	山西省高级人民法院	山西高院
6	福建省高级人民法院	福建高院
7	广州市中级人民法院	广州中院
8	深圳市中级人民法院	深圳中院
9	上海市第三中级人民法院	上海三中院
10	东莞市中级人民法院	东莞中院
11	佛山市中级人民法院	佛山中院
12	太原市中级人民法院	太原中院
13	香港特别行政区破产管理署	破产管理署
14	国际商会（ICC）上海仲裁庭	ICC上海仲裁庭

目　录

第一章　香港清盘的基础问题

在破产法律与破产机制方面，香港与内地有诸多差异，大为不同：内地适用的破产法律主要是《企业破产法》及其司法解释。破产程序分为清算、重整、和解三种。破产案件由法院受理，指定管理人负责破产各项具体事务。破产程序中的裁判文书主要以裁定的方式作出。内地目前仅有《企业破产法》，只适用于企业，不适用于个人。虽深圳作为特区在个人破产方面作出了一些尝试，但其制度仍处于试验阶段，尚未正式推行。香港的破产法律主要有《公司条例》《公司（清盘及杂项条文）条例》《公司清盘规则》《破产条例》。其中，《公司条例》《公司（清盘及杂项条文）条例》《公司清盘规则》适用于法人破产，表述为“法院强制清盘”和“公司自愿清盘”；《破产条例》则适用于个人破产。清盘和破产均由香港高等法院受理。

香港的公司清盘（liquidation/winding up）相当于内地的企业破产，是公司停止运营，资产统一变卖进行分配，之后宣布公司解散的法律程序。公司清盘的主要目的有两个方面，一是确保公司的所有事务已获得恰当处理；二是解散公司。[1]香港的公司清盘可分为强制清盘和自愿清盘两种，其中强制清盘属法院清盘，由香港高等法院进行；自愿清盘包括公司成员（股东）自愿清盘和债权人自愿清盘。法院强制清盘中，债权人、股东及公

〔1〕 参见“公司强制清盘案简介”，载破产管理署官网，https://www.oro.gov.hk/cht/publications/guidwu.htm。

司本身均可提出清盘呈请。公司注册处处长或破产管理署署长亦可提出清盘呈请。当清盘令发出后，法庭会委派一名清盘人，破产管理署署长亦可以担任临时清盘人。[1]自愿清盘中，公司可召开股东大会，通过特别决议将公司清盘。决议通过后，公司可向法院申请颁布清盘令。[2]破产管理署主要负责强制清盘案。对于自动清盘案，破产管理署只负责根据《公司(清盘及杂项条文)条例》第285条及《公司(清盘)规则》第183条的规定对无力申索或未派发的款项进行保管。[3]

在香港，充当破产管理人角色的有清盘人(公司清盘时，包括临时清盘人和清盘人)和受托人(个人、商号、合伙破产时)，接管人和经理人亦有管理人的一定权限。在公司清盘程序中，在委任临时清盘人或清盘人之前公司会有一个接管程序，在该程序中会委任接管人先行接管公司财产。此后，既可能委任新的临时清盘人或清盘人，也可能是由接管人担任临时清盘人或清盘人。经理人则是配合接管人管理公司财产的人。

一、清盘程序的分类

(一)强制清盘的类别

香港的清盘程序包括强制清盘和自动清盘两种，这两种清盘也称法院清盘和公司清盘。强制清盘(compulsory winding up)是由法院进行的清盘(winding up by court)。法院对一家公司进行清盘较为常见的情况有：

---

〔1〕 参见"公司强制清盘案简介"，载破产管理署，https://www.oro.gov.hk/cht/publications/guidwu.htm。

〔2〕 参见香港大学法律及资讯科技研究中心，https://clic.org.hk/cn/topics/bankruptcy_IndividualVoluntaryArrangement_Companies_Winding_up/companies_Winding_up/Voluntary_winding_up_by_the_company_itself, 2022年3月8日访问。

〔3〕 参见"公司强制清盘案简介"，载破产管理署，https://www.oro.gov.hk/cht/publications/guidwu.htm。

公司负债1万元港币以上并无力偿还；公司通过决议，决定由法院对公司进行清盘；法院认为清盘是公平公正的其他情形。[1]法院清盘包括一般法院清盘、简易清盘和附带规管令的清盘（winding up by court with regulating order）三种。

（1）一般法院清盘。一般法院清盘是法院应申请人（债权人、处长、债务人）的呈请，经审查认为债务人符合清盘条件应当清盘，从而颁发清盘令，对债务人进行清盘的情形。其流程参见图1-1。

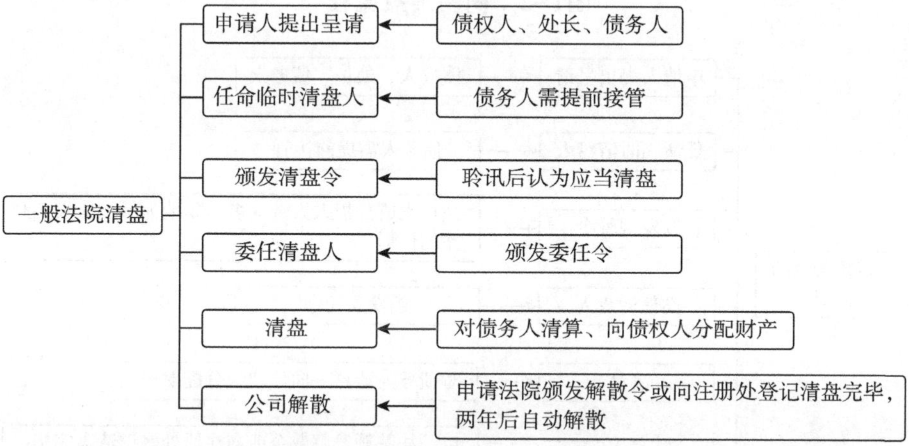

图1-1 一般法院清盘流程

（2）简易清盘。法院决定受理清盘时，如果发现债务人的财产不超过20万元港币，则可颁发简易程序令对债务人进行清盘，此程序为简易清盘。其流程参见图1-2。

（3）附带规管令的清盘。附带规管令的清盘是法院为保护债权人利益，在作出清盘令的时候或之后，再作出一个命令，将该清盘确定为由法院特别规管。规管令一般是在债权人或分担人人数众多的情况下作出，其他情形下为了债权人的利益亦可作出。其流程参见图1-3。

---

〔1〕 参见GOVHK香港政府一站通："公司清盘"，https://www.gov.hk/sc/business/supportenterprises/businesstopics/windingup.htm。

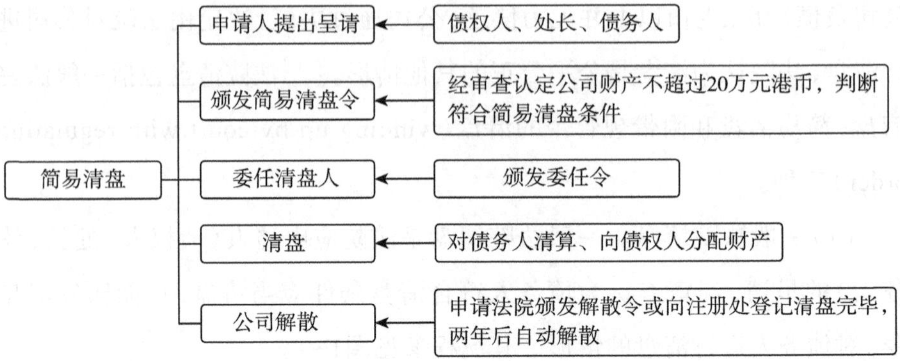

图1-2　简易清盘流程

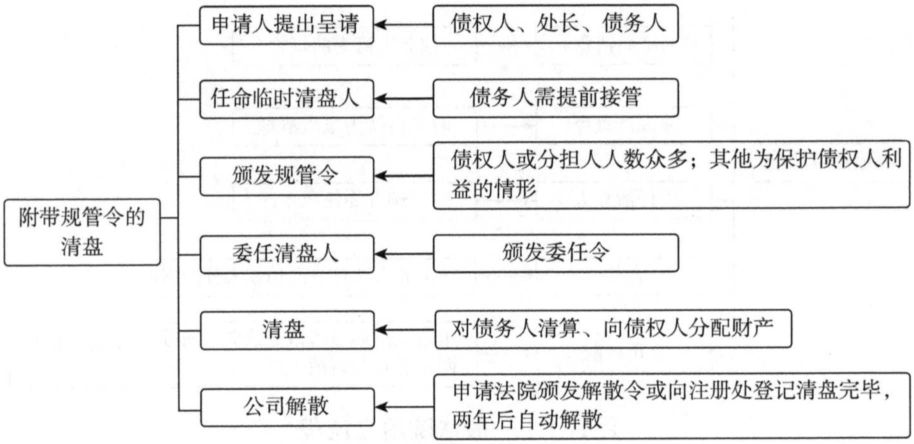

图1-3　附带规管令的清盘流程

（二）自动清盘的类别

自动清盘（voluntary winding up）包括成员自动清盘（members'voluntary winding up）和债权人自动清盘（creditors'voluntary winding up）两种。其中，成员自动清盘又包括一般成员自动清盘和困难经营自动清盘。

（1）成员自动清盘是公司成员即持有公司股份的人，亦即股东自行发起并主导的对公司清盘的程序。其中，一般成员自动清盘发生在公司章程规定的经营期限届满，或发生了公司章程规定公司应予解散的情形，或公司因某个特殊事由作出清盘决议的情况下。其流程参见图1-4。

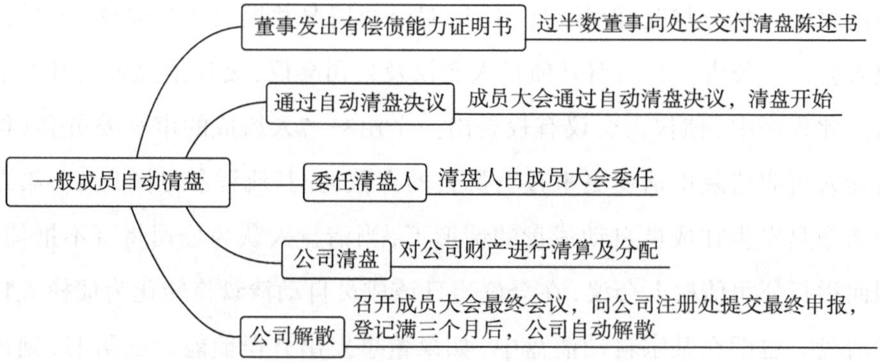

图1-4　一般成员自动清盘流程

困难经营自动清盘发生在公司过半数的董事认为公司因负债不能继续经营而有必要清盘的情形下；如果公司只有一名董事，则该名董事可直接作出决议。[1]其流程参见图1-5。

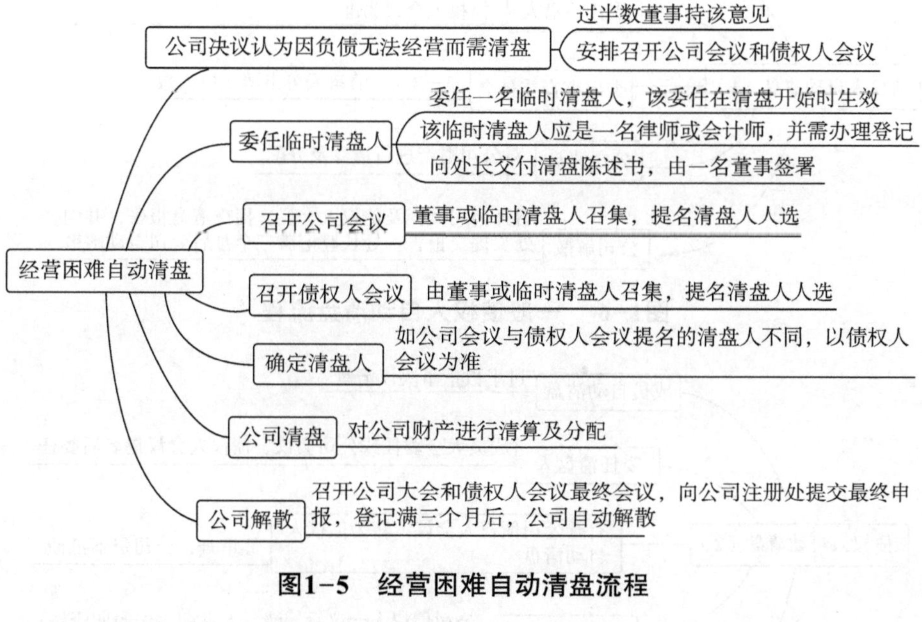

图1-5　经营困难自动清盘流程

（2）债权人自动清盘包括两种情形，第一种情形是在公司会议上，由董

〔1〕　参见《公司（清盘及杂项条文）条例》第228A条。

事提交公司事务状况详尽陈述书，说明公司情况并提出清盘建议，安排债权人会议并公告。此后召开债权人会议及公司会议，委任清盘人后开始清盘。此程序中，债权人会议有权委出一个由3—7人组成的审查委员会（但清盘人可向法院申请变更审查委员会的人数）。其流程参见图1-6。第二种情形是发生在成员自动清盘的情形下，当清盘人认为公司将资不抵债，因而举行公司债权人会议，在会议当日该成员自动清盘将转化为债权人自动清盘。也即在某宗自动清盘中，如果董事发出有偿债能力证明书，则该宗清盘为成员自动清盘；如果没有有偿债能力证明书，则为债权人自动清盘。其流程见图1-7。

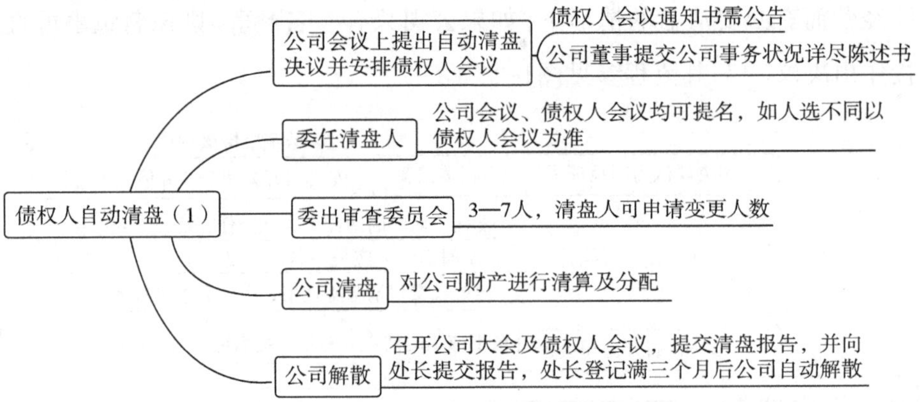

图1-6　一般债权人自动清盘流程

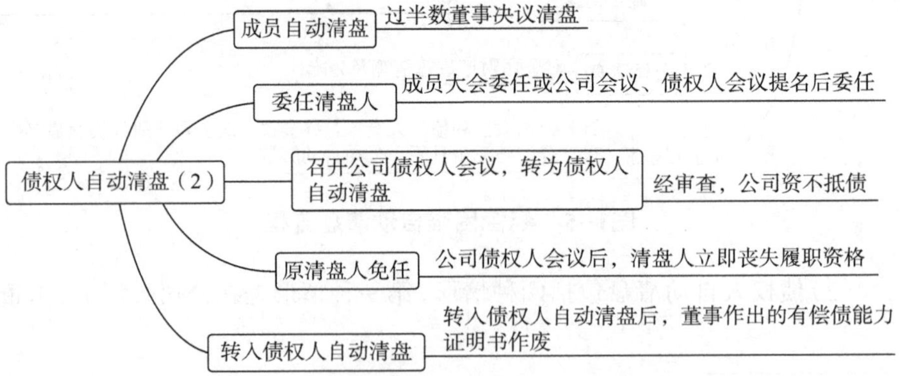

图1-7　由成员自动清盘转为债权人自动清盘流程

（三）内地与香港相关程序之比较

1.香港清盘程序与内地破产程序、清算程序比较

在内地，由法院组织的对公司资产、债权债务等进行清理的程序有两种，一种是破产程序，另一种是清算程序。破产程序主要适用于公司被判断为资不抵债的情形；另外还有一种情况是有到期债务不能清偿，符合该种条件的即使并未达到资不抵债，也可进入破产程序。但实际上，第二种情况是极少发生的。如果启动的是法院清算程序，公司不一定符合破产条件，亦即公司并不一定属于资不抵债或有到期债务不能清偿的状况，而可能是有以下情况之一：公司章程规定的营业期限届满、出现公司章程规定的其他解散事由、公司被股东会决议决定解散、公司因股东纠纷陷入僵局不得不解散以及公司因违法被吊销、责令关闭、撤销等。[1]上述情况下公司的资产有可能仍有盈余。简言之，公司资不抵债或有到期债务不能清偿而符合破产条件的，由法院受理破产，启动破产程序；公司或债权人要求法院组织清算组对公司进行清算的（不管是否符合破产条件），启动法院清算程序。[2]

香港的法院清盘（强制清盘）适用于“公司负债1万元以上并无力偿还；公司通过决议，决定由法院对公司进行清盘；法院认为清盘是公平公

---

〔1〕《公司法》（2018年）第180条规定：“公司因下列原因解散：（一）公司章程规定的营业期限届满或者公司章程规定的其他解散事由出现；（二）股东会或者股东大会决议解散；（三）因公司合并或者分立需要解散；（四）依法被吊销营业执照、责令关闭或者被撤销；（五）人民法院依照本法第一百八十二条的规定予以解散。”

〔2〕《公司法》（2018年）第183条规定：“公司因本法第一百八十条第（一）项、第（二）项、第（四）项、第（五）项规定而解散的，应当在解散事由出现之日起十五日内成立清算组，开始清算。有限责任公司的清算组由股东组成，股份有限公司的清算组由董事或者股东大会确定的人员组成。逾期不成立清算组进行清算的，债权人可以申请人民法院指定有关人员组成清算组进行清算。人民法院应当受理该申请，并及时组织清算组进行清算。”

正的其他情形”[1]等三种情形，这三种情形中，除公司无力偿还1万元港币以上负债的情形外，另两种情形下公司并不一定符合资不抵债或有到期债务不能清偿的（内地）破产条件。因此，香港法院清盘既包含与内地破产相匹配的情形，也包含与内地法院清算程序相匹配的情形。也就是说，在香港进入法院的清盘程序相当于在内地进入法院的破产程序和清算程序之和。也可以说，二者的程序在内容和类型上基本相同。

因此，香港的法院清盘程序基本相当于内地的破产程序加法院清算程序；香港的自动清盘程序基本相当于内地的公司（自行）清算程序。

对于不进入法院的程序，内地称公司清算程序（区别于法院清算程序）；香港称自动清盘程序，包括成员自动清盘和债权人自动清盘。内地的公司清算程序一般由股东提起，债权人也可提起。有限责任公司的清算组一般由股东组成；股份公司的清算组除股东外，也可以由董事或股东大会指定的人组成。内地的清算程序有可能转化为破产程序，清算组在清算过程中发现公司资不抵债的，应向法院提出宣告破产的申请。[2]

香港自动清盘程序既可由股东提起，亦可由公司董事会决定，还可由债权人提起。其中，成员自动清盘在清盘人认为公司资不抵债的情况下，可通过召开债权人会议作出决议的方式转为债权人自动清盘。这是香港清盘程序与内地公司清算程序的一个显著区别：内地公司清算程序进行过程中，如清算组发现公司已资不抵债，应向法院申请宣告公司破产；但在香港清盘程序中，成员自动清盘程序进行中如发现公司资不抵债，则是通过召开债权人会议，将成员自动清盘转为债权人自动清盘。

上述内地破产及清算程序与香港清盘程序的比较可以图1-8概括之。

---

〔1〕 参见GOVHK香港政府一站通：“公司清盘”，https://www.gov.hk/sc/business/supportenterprises/businesstopics/windingup.htm。

〔2〕《公司法》(2018年)第187条第1款规定：“清算组在清理公司财产、编制资产负债表和财产清单后，发现公司财产不足清偿债务的，应当依法向人民法院申请宣告破产。”

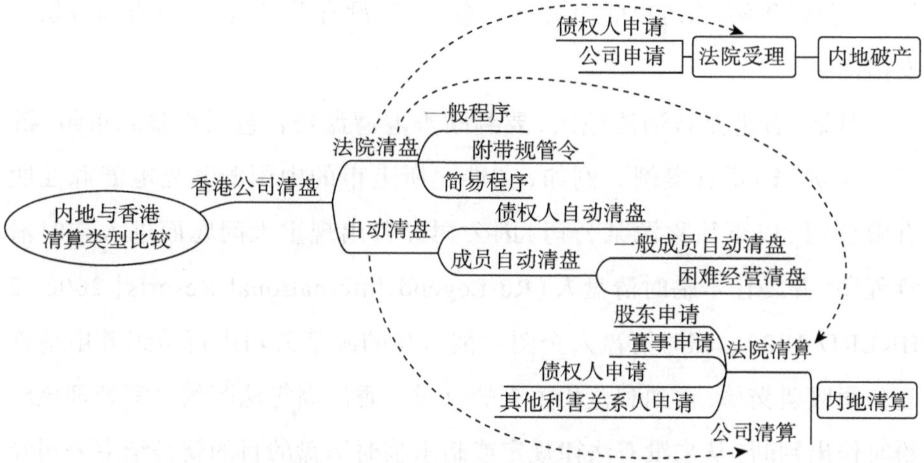

图1-8　内地与香港清算类型比较

2.内地与香港程序中需要厘清的相关问题

内地破产程序在形式上包括清算、重整、和解三种类型，香港清盘程序虽有强制清盘、自动清盘之分，但均称清盘。从字面意思看，清盘对应的似是清算，那么香港有无重整程序、和解程序？这让部分从事跨境法律事务的人士产生疑惑。两地清算相关程序的比较中，有以下几个问题需要进行剖析与澄清。

其一，香港清盘程序是否包括重整或重组？对于一家香港公司来说，进入清盘程序后，是仅能进行清理处置资产、最后将公司注销的工作，还是可以对公司进行挽救，使公司免除原有债务继续存续？这就是香港清盘程序仅是清盘还是也可以进行重整的争议。认为香港清盘程序并不包括重整的观点主要是从香港法例的规定来判断的，因为并不能在有关清盘的规定中找到有"重整"或"重组"这样明确的表述。例如，香港德勤律师事务所有关人士认为，"在香港，若要重组有财困公司的债务，唯一法定程序是债务偿还安排（scheme of arrangement）"。[1]（有关债务偿还安排的规定

〔1〕　黎嘉恩：《临时清盘人如何救财困公司》，载德勤，https://www2.deloitte.com/cn/zh/pages/finance/articles/liquidators-save-companies-of-financial-difficulties-hkej.html。

见于《公司条例》第622章。）言下之意，香港没有重组程序，只有债务偿还安排程序。

但是，香港是普通法地区，要判断香港清盘是否包括重整或重组，除了看法例，还要看案例。例如，在港交所上市的中国源某光电能源控股有限公司（以下简称源某公司）因公司经营出现重大问题而进入临时清盘程序，并委任了临时清盘人（Re Legend International Resorts [2006] 2 HKLRD 192）。临时清盘人企图对被清盘的源某公司进行重组并申请恢复公司股票交易，遭到利益相关人的反对。香港高等法院的法官处理该纠纷时作出判断：从来没有法律规定或暗示临时清盘的目的就是结束公司经营，临时清盘人的职责也可以是重组公司。〔1〕此案例争议的焦点虽然是临时清盘人的职责问题，但从侧面反映了既然临时清盘人可重组公司，则香港清盘程序中存在重组的可能，亦即香港清盘程序包括重组程序。根据《公司条例》第673条第1项的规定，公司债务重组可在公司尚未进入清盘程序时提出，也可在公司进入清盘程序后提出。因此，笔者认为，香港的公司债务重组既包括内地的破产重整程序，也包括内地一般意义上的公司重组。由此也涉及对另外一个问题的回答，即香港到底有没有重整程序？从以上规定看，香港法律是规定有重整程序的，这个重整程序包含在重组程序中。〔2〕

此外，我们确实也可以将香港的债务偿还安排看作一种重组程序，原因在于，香港法例第622章即《公司条例》，其中第13部是关于重组公司股本的规定。该条例第668条对该章中的“安排”进行了解释，即“安排

〔1〕 参见Haldanes:《澄清临时清盘人的角色及责任——中国源畅光电能源控股有限公司案（高等法院公司清盘案2015年第108宗；原讼法庭2018年第555宗）》，https://www.haldanes.com/tc/%E6%BE%84%E6%B8%85%E8%87%A8%E6%99%82%E6%B8%85%E7%9B%A4%E4%BA%BA%E7%9A%84%E7%9A%84%E8%A7%92%E8%89%B2%E5%8F%8A%E8%B2%AC%E4%BB%BB-%E4%B8%AD%E5%9C%8B%E6%BA%90%E6%9A%A2%E5%85%89%E9%9B%BB。

〔2〕 本书所称的重整意指进入破产程序后保留企业主体资格的一种拯救措施，该措施是一种司法行为。内地一般意义上的重组是指不进入司法程序的企业自救或市场的救助行为。

（arrangement）包括藉着将不同类别的股份合并、藉着将股份拆分为不同类别的股份或同时藉着上述两种方式，重组公司的股本”。前述安排是指由公司与公司的债权人或公司与公司成员进行订立的计划，此种计划亦可被认为是一种“妥协”。香港高等法院原讼法庭可应债权人或公司成员的申请，或本着为实现股本重组之目的，命令召开债权人会议或公司成员会议。〔1〕《公司条例》第670条第（4）项特别指明：“如有关公司正在进行清盘，则为第（1）款目的（即重组股本之目的）而提出的申请，只可由清盘人或临时清盘人提出。”由此，也可以回答关于清盘程序中能否进行重组的疑问。

其二，香港是否有和解程序？和解程序是内地“破产三部曲”（清算、重整、和解）之一，但并非所有存在破产程序（或相当于破产程序的清盘程序）的国家或地区均有和解程序。目前香港并未见有关于和解的规定及案例。而前述香港的债务偿还安排与（内地的）和解则有异曲同工之妙。因为就启动这一程序的主体而言都是面临债务困境的公司这一方，而非债权人。也就是说，这两种程序都是公司一方为了挽救自己而主动采取措施。因此，香港的债务偿还安排对应香港的重组，可理解为既对应内地的重整，也对应内地的和解。

其三，内地的重整程序与和解程序有何异同？就共同点来说，一是都是由法院受理而开展的程序；二是都需要提交有关债务处理的方案（重整是重整计划草案；和解是和解协议），并需要提交债权人会议审查，且需提交法院审查经作出裁定后生效；三是都可避免企业的消亡，也就是让企业通过该两种方式均得以存续；四是都可使原债权人对企业享有的债权归于消灭，也就是这两种操作成功后，企业不再对原债权人负债；五是如果运作不成功，最后都只能走向宣告破产。就不同点来说，一是重整可由公司提起，也可由债权人提起；而和解只能是公司提起。二是重组计划草案的

〔1〕《公司条例》第670条。

表决一般会设置出资人组别；而和解协议的表决仅由债权人会议进行。三是在重组情形下，原股东的权益通常会归零，即引入新投资者，公司股东变更；而和解情形下，原股东很可能得以保留（和解情形下一般是公司找到愿意支持原股东的投资者，新投资者一般无取代原股东的意愿）。

二、清盘令

（一）清盘令的性质

清盘令（winding up order）是法院强制清盘中，法院经审查认为公司符合清盘条件，应呈请人的清盘申请而作出决定公司进入清盘程序的命令。内地法律文书中，令的使用较为少见。近年来在环境保护方面有法院作出关于环境侵权的诉前禁止令[1]和有关野生动物的保护令[2]等，此种令具有司法文书性质。同时，内地也有林长令[3]、河湖长令[4]等具有行政文书性质的令。香港清盘令的性质如何？与内地破产裁定有何异同？我们试作分析。

（1）清盘令与准据法

有观点认为，清盘令是准据法。[5]准据法是依冲突规范确定的用以调整国际民事法律关系、确定国际民事诉讼当事人权利义务的法律。持该观点的学者的理论基础是清盘令具有法律的属性。这个观点在英美法系即

---

〔1〕 2022年4月14日，广东省广州市海珠区人民法院作出（2022）粤0105行保1号禁止令，责令被申请人自本裁定生效之日不得通过播放"荒山野鬼"等方式制造噪声扰民。

〔2〕 2023年8月15日，广东省潮州市饶平县人民法院作出（2023）粤5122刑初211号野生动物保护令，责令被告人在案发地附近设立保护野生动物宣传牌，缓刑考验期内每天至少在案发地附近巡逻一次，巡逻时间不少于半小时。

〔3〕 2024年春，深圳发布2024年第1号林长令——《关于加快推进2024年春季造林绿化工作的令》，要求各级林长、各区各部门抓紧做好储苗备耕各项准备工作。

〔4〕 2024年春，内蒙古自治区签发2024年1号总河湖长令，公布《内蒙古自治区2024年河长制湖长制工作要点》。

〔5〕 香港城市大学法学院丁春艳教授持该观点。

判例法项下是成立的，因为作为一份由法院出具的具有法律效力的文书，其承载体现了法官的认识和判断。在判例法国家里，裁判就是法律。因此，清盘令具有法律的属性。但在内地，案例虽会被参考，但不能成为法律。清盘令在内地仅是一种裁判，不具有法律的属性。因此，清盘令在内地不会被作为准据法来看待。

在香港，清盘令作为准据法适用主要是指香港法院认可英属联邦其他法院作出的清盘令，并将其作为具有法律约束力的判例来看待。即香港的域外清盘令对于香港法院来说是准据法。香港法院自己作出的清盘令，即属香港自己的法律，并非准据法。

从准据法的表述公式来看，有属人法、物之所在地法、行为地法、法院地法、仲裁地法、旗国法、当事人选择的法、最密切联系地法等。如将清盘令认为是准据法，在上述表述公式中，笔者倾向认为其属于法院地法，因为清盘令是作出清盘决定的法院的判例法，也就是属于审理民商事案件的法院所在地的法律。但是，一般来说，法院地法解决的是民商事诉讼中涉及的程序问题，而清盘令如果作为法院地法，其在认可它的另一法院所在地主要解决的是清盘事实的发生、确定清盘人的资格等问题，该部分问题并非纯粹的程序问题，如对清盘事实发生的确认就是一个实体问题。因此，法院地法也需要用来解决一些实体问题。目前，在国际民事诉讼中，"对一些实体问题适用法院地法，在各国的立法中也不少见"。[1]

（2）清盘令与域外形成裁判

关于清盘令在内地的定性，可以明确的是，它是一份域外形成裁判，就是在境外形成的裁判，其定性是裁判（文书）。清盘令符合内地法院关于裁判文书所作定性的基本特点，表现在一是有相对固定的标准格式，体例结构体现了依据法律进行裁判的需要，逻辑清晰，表述规范。二是记录或

---

〔1〕 李双元、欧福永主编：《国际私法》，北京大学出版社2015年版，第88页。

反映了法庭审理的过程，是诉讼活动的载体。其针对案件当事人的诉求，对当事人的权利义务进行裁断，或在程序上作出决定。三是清盘令的作出主体具有特定性，它由法院作出，从而具有法定性，也具有极高的权威性。

内地裁判文书与香港裁判文书在表现形式上有一些不同。“裁判文书是具体化的司法产品。”〔1〕说理是裁判文书的重要特征和基本要求。内地要求裁判文书要讲清法理、讲透事理、阐明情理，但论述不能过于烦琐。〔2〕相对而言，香港属于适用判例法的地区，其裁判文书在述理上较为自由，与内地裁判文书较为严谨的风格有一定差异。近年来，内地也有一些法官在裁判文书的写作上作一些探索和创新，增加了说理部分的内容，并且尝试在一些裁判文书中传递内地认可的价值观和更加注重情理的表达。当然，这部分裁判更多地出现在一些关于民事权利义务的裁判文书中，对于属于商事性质的破产裁定来说，目前尚较少见到关于情理或价值观的阐述。

既然清盘令属于域外裁判，则涉及对其效力的认可问题。在内地，对域外裁判的认可需经由法院审查后作出结论。如果是非裁判文书，则不一定需经法院审查认可。目前，内地对域外裁判的认可，一般由中级人民法院进行审查。对域外裁判的认可属于对域外程序认可的一部分。

（3）清盘令与证据

如前所述，若将清盘令视为域外裁判需经内地法院认可。如果一份清盘令未经内地法院认可，那么它在诉讼中只能被作为一份证据来看待。广东高院《关于涉外商事审判若干问题的指导意见》第69条规定：“域外判决已为人民法院承认的，当事人对民事判决所认定的事实无需举证，人民法院可直接采用判决所认定的事实和判决结果，但对方当事人有相反的证据足以推翻该判决所认定的事实和判决结果的除外；域外判决没有被人民法院承认的，仅可作为证据材料在诉讼中运用，人民法院不能直接采用该判

---

〔1〕 党振兴：《裁判文书当讲透法理事理和情理》，载《人民法院报》，2022年1月9日，第2版。

〔2〕 参见党振兴：《裁判文书当讲透法理事理和情理》，载《人民法院报》，2022年1月9日，第2版。

决所认定的事实和判决结果。”当然，该条款亦未直接规定域外裁判被内地法院承认的情况下其本身具有什么性质的效力，仅是规定了裁判所认定的事实无须当事人再举证证实。但从上述规定可以看出，如果一份域外裁判未被内地法院认可，则其至多具有证据材料的效力和作用，而不能直接作为一份裁判文书使用。

但如果将清盘令看作证据，其仍然面临一个需要认证的问题。根据2001年《民事证据规定》第11条的规定，如果一份材料被用于作为证据，均需由其所在国（产生地、形成地）公证机关出具公证文书予以证明。但2019年《民事证据规定》第16条对域外证据作了与2001年《民事证据规定》不同的要求。该规定特别指出，在香港、澳门、台湾地区形成的证据应当履行证明手续。该证明手续并未要求必须由当地公证机关作出认证，此有别于其他在中华人民共和国领域外形成的公文书证和涉及身份关系的证据。前述材料中的公文书证若作为证据，则应经所在国公证机关证明，或履行中华人民共和国与该所在国订立的有关条约中规定的证明手续。前述材料中的涉及身份关系的证据，则应经所在国公证机关证明并经中华人民共和国驻该国使领馆认证，或履行中华人民共和国与该所在国订立的有关条约中规定的证明手续。而产生于港澳台的证据，则不再需要经公证机关认证，仅履行一定的证明手续即可。也就是说，在港澳台形成的证据由当地政府、政府部门或其他有权部门、机构出具证明予以证实其真实性，即可在内地法院作为证据使用。因此，一份清盘令在香港获得证明后再呈递给内地法院将不是一件难事。

（二）香港清盘令与内地破产裁定的比较

在清盘令被当作裁判文书看待时，总会被用来跟破产裁定相比较。的确，两者在性质、内容等方面均有较多相似之处。因香港的清盘相当于内地的破产清算和公司清算，其中，内地的破产清算与经法院的公司清算

（此情况下法院会作出清算裁定）与香港的强制清算基本相当；内地的公司自行清算与香港的公司自动清盘基本相当。所以一般来说，清盘令相当于内地的破产清算裁定和公司清算裁定。

1.香港清盘令与内地破产（清算）裁定的种类比较

前文述及，在香港清盘令有两种，一种是临时清盘令，另一种是清盘令。内地的破产方式有三种：清算、重整、和解，针对该三种方式分别有三种受理破产的裁定：破产清算裁定、破产重整裁定、破产和解裁定。而公司清算裁定则是内地法院作出的对公司进行强制清算的裁定。无论清盘令还是破产裁定、清算裁定，都是法院作出的司法文书。

在内地，破产清算受理后可以转为重整或和解。因此，在作出破产清算裁定之后，还可根据案件的实际情况，再次作出破产重整裁定或破产和解裁定。反之，在破产重整程序或破产和解程序中，也不排除重整或和解最终不能成功而需要转为清算的。那么，一开始以受理破产重整或破产和解为破产方式的案件，也可能在作出破产重整裁定或破产和解裁定之后，再转为破产清算程序。但此时，不再需要作出受理破产清算的裁定，而是直接作出宣告破产的裁定。而香港因为有临时清盘和清盘，则为临时清盘作出的“令”是临时清盘令，为清盘作出的“令”是清盘令。但是，需要说明的是，在香港“律政司法律词汇合并版”中并不能直接搜索到“临时清盘令”这个词汇，“临时清盘”和“临时清盘人”则可搜到。[1]这或许是因为香港法院作出的“清盘令”或“临时清盘令”，其形式上均表现为“judgment”和“conclusion”（“conclusion and orders”），在“conclusion”（“conclusion and orders”）中，如果是临时清盘，会说明这个“order”是“provisional”的；如果是清盘，则会表示作出“winding up order”。[2]因此，

〔1〕 参见“法律词汇合并版”，载律政司官网，https://www.glossary.doj.gov.hk/index.php?display=ce，2022年1月29日访问。

〔2〕 参见FACV No 4 of 2015。

对“清盘令”或“临时清盘令”的判断无法仅从文书类型或文书名称来进行，需根据内容作进一步判断。清盘令与破产裁定、公司清算裁定的关系见图1-9。

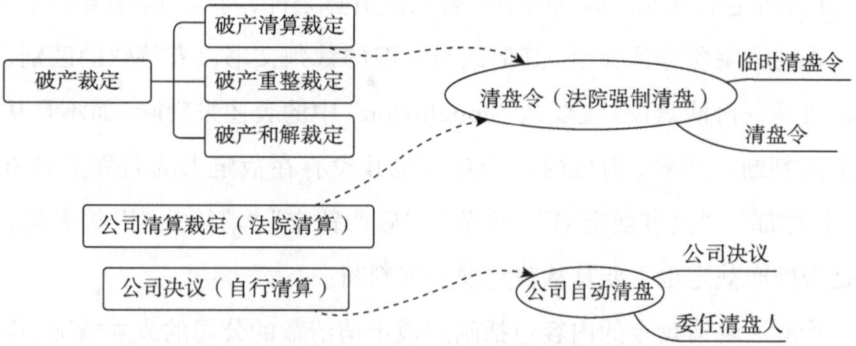

图1-9 清盘令与破产（清算）裁定种类比较

2.香港清盘令与内地破产（清算）裁定的内容比较

内地的受理破产裁定包括申请事项、主文、裁定项等几个重要部分。其中主文分为两大部分，一是事实查明部分，二是本院认为部分。此外最重要的是最后的裁定项。在事实查明部分，会查明被申请破产的企业的资产状况和经营状况。在本院认为部分，会根据前述查明的事实，分析判断企业是否符合《企业破产法》第2条第1款规定的企业法人不能清偿到期债务，并且资产不足以清偿全部债务或者明显缺乏清偿能力的条件；如果判断符合该条件，则在裁定项中裁定受理该企业破产。[1]如果判断尚不符合该条件，则裁定不受理对该企业的破产申请。[2]

同样，受理破产重整的裁定与受理破产和解的裁定也需要查明企业的资产状况和经营状况，以判断该企业是否符合破产条件，在符合破产条件的前提下，基于债权人或债务人的重整申请或和解申请，作出受理重整[3]

〔1〕 参见北京市第一中级人民法院民事裁定书，(2021)京01破申44号。
〔2〕 参见海南省海口市中级人民法院民事裁定书，(2021)琼01破申41号。
〔3〕 参见山东省东营市中级人民法院民事裁定书，(2022)鲁05破申1号。

或和解的裁定[1]。

内地的清算裁定，会查明被申请清算公司的状况，对是否符合由法院强制清算的条件进行判断。如判断符合法院清算条件，将裁定公司进行清算，并会指定清算人。如判断不符合法院清算条件，将驳回清算申请。

香港法院所作清盘令，其形式与一般的裁判文书没有特殊的区别，判断是否是一份清盘令，主要从“conclusion”中的表述来判断，而不是从名称上来判断。当然，内地的破产裁定也并没有在裁定书的名称上有所显现，名称都是“民事裁定书”，并没有“破产裁定”“清算裁定”等名称，判断是否破产裁定也主要是从裁定项上来判断。

香港法院清盘令的内容包括阐述被申请清盘的公司的成立情况、申请人提出什么请求及理由以及公司的经营情况、资产状况等。由于香港的国际性和国际化地位，在香港被清盘的公司既有在香港注册成立的香港公司，也有并非在香港注册成立的非香港公司。因此，判断香港法院的管辖权往往也是一份清盘令所涉内容。除此之外，对一个公司申请清盘，符合谁的利益，是否应对该司在香港进行清盘，也是清盘令需要作出的判断。从以上角度来看，香港清盘令的内容比内在破产裁定、公司清算裁定的内容更为丰富一些。

三、清盘人

（一）香港清盘人的种类

香港清盘人与内地破产管理人的最大区别之一，是香港清盘人分为临时清盘人（provisional liquidator）和清盘人（liquidator）两种，而内地只有破产管理人（bankruptcy administrator/trustee in bankruptcy）一种。

---

〔1〕 参见江苏省南通市崇川区人民法院民事裁定书，(2021)苏0602破25号。

临时清盘人是公司临时清盘时委任的清盘人，又分令前临时清盘人和令后临时清盘人两种。令前临时清盘人是清盘呈请提起后至法院颁布清盘令之前，根据公司管理及财产保管的实际需要委任的临时清盘人。实践中，一般破产管理署署长会被委任为令前临时清盘人。当然此情形并非绝对，因而令前临时清盘人又可再分为署长担任的令前临时清盘人和非署长担任的令前临时清盘人。令前临时清盘人只在法院强制清盘程序中存在。[1]

令后临时清盘人是清盘令颁发之后担任临时清盘任务的人。令后临时清盘人有四种产生方式：一是在未委任令前临时清盘人的情况下，颁布清盘令的同时颁布临时委任令委任临时清盘人；二是在未委任令前临时清盘人的情况下，颁布清盘令时亦未明确指定临时清盘人，则破产管理署署长根据《公司（清盘及杂项条文）条例》第194条自动成为临时清盘人；三是在有令前临时清盘人的情况下，由令前临时清盘人继续担任令后临时清盘人；四是当破产管理署署长担任令后临时清盘人时，其确认公司财产少于20万元港币，则可委任其他人代替自己担任临时清盘人。[2]香港清盘人种类区分详见图1-10。

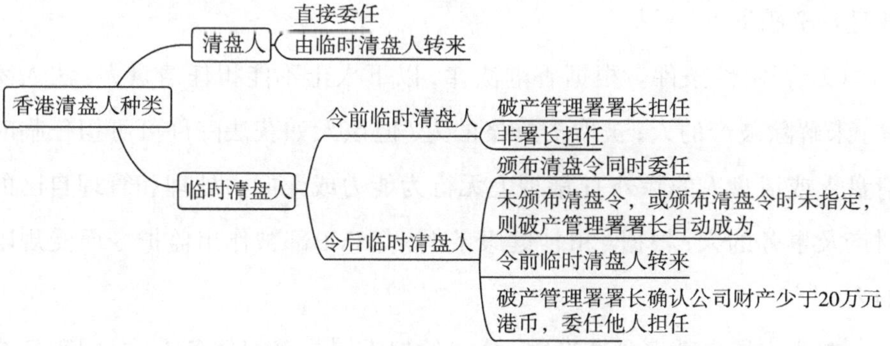

图1-10　香港清盘人种类

〔1〕 参见黄善端：《香港公司清盘与内地法律程序：公司代表权（中）》，载微信公众号"跨境法务第一问"，http://www.bcisz.org/html/falvxinxihua/1087.html。

〔2〕 参见黄善端：《香港公司清盘与内地法律程序：公司代表权（中）》，载微信公众号"跨境法务第一问"，http://www.bcisz.org/html/falvxinxihua/1087.html。

（二）香港清盘人的任职资格

1.香港清盘人的资格

（1）肯定性条件。根据香港破产管理署关于临时清盘人投标的要求，临时清盘人须具备以下条件方可获得资格：

关于临时清盘人的职业类型，须符合以下条件之一：一是符合《职业会计师条例》第2条规定的注册会计师；二是符合《法律执业者条例》第2（1）条规定的事务律师；三是香港特许秘书协会的现有会员。

关于临时清盘人的执业年限，须符合以下所有条件：一是3年以上从业经历。二是至少有300个计费小时的工作经验。三是上述300个小时中至少有150个小时须与公司资不抵债或接管工作相关，且至少有4起非关联企业强制清盘执业经历。如通过香港注册会计师协会（HKICPA）的资不抵债项目文凭，可折抵50个小时；剩余小时的工作经验可以与有偿债能力的公司清盘相关，此种情况下，计入符合资格计费小时中的计费小时将被减少50%。上述临时清盘人需依托于独资企业、合伙企业或有限公司进行执业且是全职员工。[1]

（2）否定性条件。根据香港法律，以下人士不能担任清盘人：法人团体；未解除破产的人；被取消资格的人（但该人如获法院许可可担任临时清盘人或清盘人的除外）；精神上无行为能力或无能力处理和管理自己的财产及事务的人；根据《精神健康条例》第IVB部被作出监护令而受规限的人。[2]

在非成员自动清盘情形中，公司债权人[3]、公司债务人、公司现任或

---

〔1〕 参见《香港特别行政区破产管理署接受被任命为〈公司条例〉第194（1A）条下临时清盘人而进行的投标条款》2012年版。

〔2〕《公司（清盘及杂项条文）条例》第262B。

〔3〕 公司因临时清盘人或清盘人的履职行为而对该人负有给付义务的情形除外。

曾任董事、公司现任或曾任秘书、公司现任核数师或清盘前二年内担任过公司核数师[1]、公司财产的接管人或经理人不能担任公司临时清盘人或清盘人（关于接管人，法人团体没有担任接管人的资格[2]；未获破产解除的破产人也不得担任接管人或经理人，如担任即构成犯罪[3]），但法院许可的除外。[4]当清盘人犯了可公诉罪行[5]，或因持续不履行指明条文而构成失责[6]，或在清盘过程中有欺诈行为[7]，或属于无力偿债公司的不合适董事[8]时，可被取消清盘人资格。受托人的任职资格包括未获解除破产的破产人及法人团体，不能担任受托人[9]；如通过给予债权人有值代价等舞弊行为获委任为受托人的，可处罚款55000元港币[10]。

《公司（取消资格令）规例》中附有取消清盘人资格的三个表格样式，一是根据《公司（清盘及杂项条文）条例》（第32章）、已废除的《证券（内幕交易）条例》（第395章）、《证券及期货条例》（第571章）或《竞争条例》（第619章）的条文申请取消某人资格；二是批给许可；三是表明取消资格令已被更改或已告失效。[11]

2.内地及国际上破产管理人的资格

香港清盘人的资格虽然是在香港确定的，但如果其在内地履职，也需要遵守内地法律的相关规定，因此其中有些关于内地管理人资格的规定也需要香港清盘人知悉。作为参照，可以先观察内地破产管理人的资格与国

---

[1] 如果核数师是商号，则商号的合伙人不能担任临时清盘人或清盘人。如果核数师是职业法团，则该法团的董事的能担任临时清盘人或清盘人。

[2] 《公司（清盘及杂项条文）条例》第297条。

[3] 《公司（清盘及杂项条文）条例》第297A条。

[4] 《公司（清盘及杂项条文）条例》第262B条。

[5] 《公司（清盘及杂项条文）条例》第168E条。

[6] 《公司（清盘及杂项条文）条例》第168F条。

[7] 《公司（清盘及杂项条文）条例》第168G条。

[8] 《公司（清盘及杂项条文）条例》第168H条。

[9] 《破产条例》第79A条。

[10] 《破产条例》第79B条。

[11] 《公司（取消资格令）规例》附表1、附表2、附表3。

际上破产管理人资格分别是如何规定的。

（1）内地破产管理人的资格

内地破产管理人的任职资格条件在《企业破产法》第24条作了较为详细的规定，该条规定既包括积极条件，也包括消极条件。[1]

积极条件方面，规定破产管理人由律师事务所、会计师事务所、破产清算事务所等社会中介机构担任，并可根据实际情况，在征询社会中介机构的意见后，指定该机构中具备相关专业知识并取得执业资格的人员担任管理人。也就是说，内地破产管理人既可以由社会中介机构担任，也可以由社会中介机构中具有专业知识并取得执业资格的个人担任。作出这种规定的考虑是破产案件处理的难易程度不一样。对一些复杂案件，由机构担任管理人可以发挥机构调动人力、物力较为容易的整体优势，有利于案件处理；而对于一些简单的案件则不必劳师动众，由个人担任管理人处理起来更灵活方便及节省成本。

消极条件方面，规定因故意犯罪受过刑事处罚的、曾被吊销相关专业执业证书的、与破产案件有利害关系的及存在人民法院认为不宜担任管理人的其他情形的，均不得担任破产管理人。对于上述规定的解读，笔者认为，首先，因故意犯罪受过刑事处罚的不得担任破产管理人，强调的是因为故意犯罪而受到刑事处罚的情形。因此，过失犯罪受到刑事处罚的不受此限制，以及构成犯罪免予刑事处罚的亦应不受此限。其次，对于曾被吊销相关专业执业证书的，被吊销相关专业执业证书的情形包括被吊销律师执业证、注册会计师执业证等。其中，被吊销律师执业证书的

[1] 《企业破产法》第24条规定："管理人可以由有关部门、机构的人员组成的清算组或者依法设立的律师事务所、会计师事务所、破产清算事务所等社会中介机构担任。人民法院根据债务人的实际情况，可以在征询有关社会中介机构的意见后，指定该机构具备相关专业知识并取得执业资格的人员担任管理人。有下列情形之一的，不得担任管理人：（一）因故意犯罪受过刑事处罚；（二）曾被吊销相关专业执业证书；（三）与本案有利害关系；（四）人民法院认为不宜担任管理人的其他情形。个人担任管理人的，应当参加执业责任保险。"

情形规定于《律师法》第49条第1款，包括违反规定会见法官、检察官、仲裁员以及其他有关工作人员，或者以其他不正当方式影响依法办理案件的；向法官、检察官、仲裁员以及其他有关工作人员行贿，介绍贿赂或者指使、诱导当事人行贿的等九种情形。被吊销注册会计师执业证书的情形规定于《注册会计师法》第39条第2款，该款规定注册会计师违反《注册会计师法》第20条、第21条[1]关于出具报告的要求，违规出具报告或出具报告时存在不当行为的，可以由省级以上人民政府财政部门暂停其执行业务或者吊销注册会计师证书。执业人有以上情形导致被吊销律师执业证照的说明其行为有污点，不适宜担任破产管理人一职。再次，是与破产案件有利害关系的，该利害关系既包括人身方面有利害关系，也包括经济利益方面有利害关系。人身方面一般是指有亲属关系；经济利益方面则包括债权债务关系、雇佣关系等。最后，存在人民法院认为不宜担任管理人的其他情形的，这是一个兜底条款，方便法院根据案件的具体情形进行判断。

（2）国际上破产管理人的资格

破产管理人的工作涉及经济学、管理学、审计学和法学等多门学科，是一份复合型的工作。因此，一般国家都对破产管理人的执业作出一定要求。破产管理人的执业制度可分为执照制度和无执照制度。要求管理人需持执照才可执业的为执照制度，如英国、加拿大、澳大利亚等。另一

[1] 《注册会计师法》第20条规定："注册会计师执行审计业务，遇有下列情形之一的，应当拒绝出具有关报告：（一）委托人示意其作不实或者不当证明的；（二）委托人故意不提供有关会计资料和文件的；（三）因委托人有其他不合理要求，致使注册会计师出具的报告不能对财务会计的重要事项作出正确表述的。"《注册会计师法》第21条规定："注册会计师执行审计业务，必须按照执业准则、规则确定的工作程序出具报告。注册会计师执行审计业务出具报告时，不得有下列行为：（一）明知委托人对重要事项的财务会计处理与国家有关规定相抵触，而不予指明；（二）明知委托人的财务会计处理会直接损害报告使用人或者其他利害关系人的利益，而予以隐瞒或者作不实的报告；（三）明知委托人的财务会计处理会导致报告使用人或者其他利害关系人产生重大误解，而不予指明；（四）明知委托人的会计报表的重要事项有其他不实的内容，而不予指明。对委托人有前款所列行为，注册会计师按照执业准则、规则应当知道的，适用前款规定。"

种是无执照制度，管理人无须取得政府相关部门颁发的执照也可执业，如美国，这种制度下管理人为私人托管人。虽然私人托管人不要求破产管理人持有相关执照，但对私人托管人的要求也是相当严格的，私人托管人的责任非常重大，虽没有持有执照的要求，但也不能懈怠工作。从破产司法实践看，各国对破产管理人的执业能力要求非常高，一般只有经验丰富的注册会计师和律师才可能符合破产执业的基本要求，如美国和澳大利亚就把破产服务作为注册会计师的业务之一。国际上的四大会计师事务所都把破产服务作为自己的业务，如毕马威会计师事务所设有重整服务部，普华永道会计师事务所也把重整和破产服务列为公司的主要业务之一。

（三）香港清盘人的任免

根据香港法律的规定，公司提出清盘呈请后，在作出清盘令之前的任何时间，法院均可委任临时清盘人。[1]破产管理署署长在未委任其他人担任临时清盘人之前，凭借其职位成为临时清盘人，直到其本人或另一人成为清盘人或能够以清盘人的身份行事时为止。[2]当破产管理署署长担任临时清盘人时，如其认为公司财产不大可能超过20万元港币时，可随时委任他人代替其本人的职务。当破产管理署署长担任清盘人时，可向法院申请委任他人担任清盘人以代替其本人。[3]临时清盘人则在其本人或另一人被委任为清盘人之前以临时清盘人的身份行事。[4]如果要委任一名清盘人，则由临时清盘人召开债权人会议及分担人会议；如债权人会议及分担人会议不能作出决议，法院可决定是否委任清盘人。[5]如法院委任的清盘人多

〔1〕《公司（清盘及杂项条文）条例》第193条。
〔2〕《公司（清盘及杂项条文）条例》第194条。
〔3〕《公司（清盘及杂项条文）条例》第194条。
〔4〕《公司（清盘及杂项条文）条例》第194条。
〔5〕《公司（清盘及杂项条文）条例》第194条。

于1人，则法院应宣布清盘人的行为是否须由所有获任的清盘人共同作出，或可由1人作出，或多于1人作出。[1]

在债权人自动清盘的情况下，债权人和公司可以分别提名1名清盘人，如果债权人与公司所提名的不是同一人，则债权人提名之人担任清盘人；如果债权人没有提名，则公司提名的人担任清盘人。当债权人与公司提名了不同的人时，公司的任何董事、成员或债权人可在7日内向法院提出申请，要求法院作出命令，指示公司提名的人为清盘人；或公司提名的人与债权人提名的人共同作为清盘人；或委任另一人以代替债权人提名的人。[2]

如果基于任何事由而没有清盘人履职，则法院可委任一名清盘人。法院也可以在有人提出因由时，免任一名清盘人而委任另一名清盘人。[3]如由法院委任的清盘人职位出现空缺，则由法院加以填补。[4]

(1)清盘人的辞职。在由法院作出的清盘中，如果清盘人想辞去职位，需分别召开债权人会议及分担人会议以决定是否接受其辞职。如果债权人会议和分担人会议均同意其辞职，则清盘人可将辞职备忘录送交司法常务官存档，即将该存档通知送交破产管理署署长，清盘人完成以上工作之后，其辞职立即生效。但如果债权人会议和分担人会议不同意清盘人辞职，则清盘人需向法院报告会议结果，同时将该会议结果的报告送交破产管理署署长。之后，法院可应清盘人或破产管理署署长的申请，决定是否接受清盘人的辞职，并发出必需的指示或命令。[5]如果是债权人自动清盘，当清盘人想辞职时，只需召集债权人会议，如债权人会议同意辞职，则在会议作出同意决议时辞职即生效。如果债权人会议不同意，则清盘人应向

---

〔1〕《公司(清盘及杂项条文)条例》第196条。

〔2〕《公司(清盘及杂项条文)条例》第242条。

〔3〕《公司(清盘及杂项条文)条例》第252条。

〔4〕《公司(清盘及杂项条文)条例》第196条。

〔5〕《公司(清盘)规则》第154条。

法院报告会议结果，法院可决定是否接受清盘人辞职及发出必需的指示或命令。[1]如果是成员自动清盘的情形，当清盘人想辞职时，则召集公司大会，如公司成员通过决议同意其辞职，在该决议通过时辞职即生效。如果成员不接受清盘人辞职，则清盘人应向法院报告会议结果，法院可决定是否接受清盘人辞职，及发出必需的指示或命令。[2]

(2)临时清盘人及清盘人的免任。在申请人提交清盘呈请之后，法院可根据债权人、分担人、呈请人或有关公司的申请，在有人发出誓章的情况下，经审查委任临时清盘人。[3]法院可在作出清盘令之前委任临时清盘人，也可以基于临时清盘人本人的申请及破产管理署署长、债权人、分担人及其他呈请人的申请，在合适的因由下，对临时清盘人的委任予以终止。在临时清盘人提出辞职申请时，法院可对该申请进行审查以决定是否准许。[4]

在清盘人非由法院委任的情况下，占债权价值10%以上的债权人可以书面方式要求清盘人召开债权人会议以考虑免任某清盘人。清盘人收到该要求后，须在21日内召开债权人会议。如清盘人不召开该会议，任何债权人均可召开债权人会议以考虑免任该清盘人。召开债权人会议时，如果赞成免任的债权人人数超过一半、股权价值超过3/4，则免任决议通过。但法院可应任何债权人或分担人的申请阻止该种免任。[5]值得注意的是，因未提供保证而遭免任是指在由法院作出的清盘中，清盘人需作出令破产管理署署长满意的保证。如未有提供保证或保证期限届满后未能继续提供保证，破产管理署署长可向法院报告，由法院将该名清盘人免任。[6]

成员自动清盘的情况下，公司可在大会上以特别决议的方式将清盘人

---

〔1〕《公司(清盘)规则》第154A条。
〔2〕《公司(清盘)规则》第154B条。
〔3〕《公司(清盘)规则》第28条。
〔4〕《公司(清盘及杂项条文)条例》第193条。
〔5〕《公司(清盘及杂项条文)条例》第244A条。
〔6〕《公司(清盘)规则》第47、48条。

免职。但任何债权人或分担人可申请法院下令不得将该清盘人免职。[1]

（3）清盘人职位的免除。包括三种情形：第一种情形是公司资产已处置完毕。此种情形又包括两种细分情形：一是清盘人已对公司资产进行清理并将公司资产全部变现；二是清盘人为了清盘期不至于不必要地延长，对公司资产进行部分变现，并将末期分配款进行分配，并对分担人的权利进行了合理调整，且向该部分分担人提交了最后申报表（如有的话）。第二种情形是清盘人已辞职或被免任。第三种情形是清盘人已经去世。[2]当清盘人的职务被免除后，其在管理公司事务方面的任何行为，包括失责行为，都会被解除法律责任，包括在作为受托人的操守方面的不当也会被解除法律责任。但是，如果清盘人是借欺诈、隐瞒有关事实而获得免任的，则不能免责；当受托人根据《公司（清盘及杂项条文）条例》第276条构成犯罪时，还需归还犯罪所得或对相关人员进行赔偿。[3]在时间上，当清盘人失去任职资格时，立即被视为已免任该职位。[4]

如果是清盘人自己申请免除职务，则需向所有债权人及分担人发出请求免除职务的通知书，并将清盘中所有收支的撮要一并送交。如果是因清盘人去世而需要作出免任，则清盘人的遗产代理人需向所有债权人和分担人发出通知并将清盘中所有收支撮要一并送交。法院批准免除清盘人职务时须登报公告，该公告费用由清盘人提供，但可在清盘公司的资产中拨付。[5]

上述清盘人辞职或免任的情况下，清盘人所持有的簿册、文件、票据、账目等都需交付新的清盘人或破产管理署署长，否则上述辞职或免任不

---

〔1〕《公司（清盘及杂项条文）条例》第235A条。

〔2〕第（1）至（3）项的情况下，该清盘人或清盘人的遗产代理人可向法院提出申请，要求免除清盘人的职务。而法院将会安排拟备有关清盘人的账目报告。如符合条件，法院会作出批准免除职务。但债权人或分担人或利害关系人可提出反对意见。如清盘人不获准免除职务，则可能承担违反职责行为或失责行为的后果。

〔3〕《公司（清盘及杂项条文）条例》第205条。

〔4〕《公司（清盘）规则》第155条。

〔5〕《公司（清盘）规则》第189条。

生效。

当清盘人不能胜任其职位时亦会被申请免职。在HCMP 1202/2010一案中，C先生被破产管理署署长根据《公司条例》第168G条申请免去清盘人资格。该案法官认为，在香港，只有一宗个案（Re Well Bond Group Limited, supra.）涉及使用该条作出裁判，法院应接受在该案中确立的原则，并按《公司条例》第168G条的要求行事。根据上述个案中确立的原则及《公司条例》第168G条关于"在一间公司的清盘过程中，法院如觉得任何人有下述情况，可针对该人作出一项取消资格——(a)该人曾犯了根据第275条须负法律责任的罪行（不论该人是否已被定）；或(b)该人在身为该公司的高级人员、临时清盘人或清盘人或该公司财产的接管人或管理人期间，犯了与该公司有关的欺诈罪，或犯了违反其作为该等高级人员、临时清盘人、清盘人、接管人或管理人所应履行的责任之罪"的规定，法官确认破产管理署署长的指控成立，免去了C先生的清盘人职务。[1]

（四）香港清盘人的性质

关于清盘人的性质，一般来说，首先以清盘人对于公司意味着什么来进行判断。

其一，公司代表。香港法律中，公司正常运营情况下由董事行使代表公司的权力。在内地，一般以盖公司印章为代表公司的最主要方式，另外是法定代表人有权代表公司。但在香港，所有董事均有权代表公司，董事签名亦可代表公司，并不需要公司盖章。而进入清盘程序后，董事代表公司的权力很可能消失，取而代之的是清盘人。

清盘状态下，清盘人获得代表公司的权力有以下几种情形：

（1）在公司自动清盘情况下，根据《公司（清盘及杂项条文）条例》第

---

〔1〕 参见HCMP 1202/2010。

235条（2）款的规定，委任清盘人后，董事自动丧失代表公司及运营公司的权力。

（2）在困难经营清盘情况下，需委托临时清盘人。根据《公司（清盘及杂项条文）条例》第228A条（15）款的规定，“在临时清盘人获委任期间，董事的所有权力终止，但——（a）在为使董事能遵守本条所需的范围内，则属例外；或（b）如法院认许该等权力为任何其他目的而延续，则属例外”，董事代表公司及运营公司的权力亦告终止。但是，法院可以改变这一规则，在其认为有正当目的的情况下，仍可允许董事延续行使权力。

（3）在债权人自动清盘情况下，根据《公司（清盘及杂项条文）条例》第244条的规定，委任清盘人后，董事亦自动丧失代表公司及运营公司的权力。但如果审查委员会或债权人（当无审查委员会时）认许董事权力可以延续，则董事仍可继续行使其原有的权力。

（4）在法院清盘状态下，《公司（清盘及杂项条文）条例》并未明确规定董事代表公司和运营公司的权力丧失。至于董事此时是否仍能代表公司和运营公司，Re Oriental Bank Corp. Ex Guillemin（1884）28 Ch D 634一案确立了董事权力在法院清盘程序中终止的规则。

据以上规定可见，当清盘人开始接管公司之后，其就获得代表公司和对公司进行运营的权力。需要注意的是，董事权力的丧失不是于清盘程序开始之时，而是开始于清盘人被委任之时。

关于清盘人根据香港法律获得的代表公司及运营公司的权力能否得到内地法院的认可？这涉及当清盘人在内地履职时根据什么法律来确定其权利义务的问题，也有观点认为这是涉及香港公司代表权的准据法问题。[1]涉外当事人在内地的资格判断一般以《涉外民事关系法律适用法》为依据，根据该法第14条的规定，法人及其分支机构的资格判断适用登记

〔1〕 参见黄善端：《香港公司清盘与内地法律程序：公司代表权（下二）》，载微信公众号“跨境法务第一问”，http://www.bcisz.org/html/falvxinxihua/1092.html，2021年8月1日访问。

地法律。因此，如果登记地在香港的公司进入清盘程序，由谁来代表其参加在内地进行的法律程序还是依据香港法律来判断。而如前所述，依据香港法律，清盘人有代表公司的权力。因此，香港清盘人在内地履职时，首先可以确认为公司的代表。

其二，公司管理人。根据香港法律的规定，清盘人履职时，由于其有运营公司、保管财产、出售资产、分配资产等职权，如《公司（清盘及杂项条文）条例》第197条规定，清盘人有保管公司财产的权责；《公司（清盘及杂项条文）条例》第228B条规定，临时清盘人有保管或控制公司财产的权责；《公司（清盘及杂项条文）条例》第243A条规定，公司提名的清盘人有保管或控制公司财产，处置货品等权责。因此，清盘人实际上是公司事务的管理人，是对公司进行管理的主体。内地破产管理人对公司事务进行管理的规定主要见于《企业破产法》第25条，根据该条规定，破产管理人的职责包括：对债务人的财产、账簿、印章及其他资料进行接管；调查债务人的财产、涉及纠纷等情况；对债务人进行管理；对债务人财产进行处分；代表债务人参加诉讼、仲裁等法律程序；召开债权人会议等。可见由清盘人或破产管理人对公司进行管理，无论是香港法律还是内地法律均有相同的规定。

其三，财产所有人。清盘人可以成为公司财产的所有人，这是香港清盘人与内地破产管理人的最大区别之一。根据《公司（清盘及杂项条文）条例》第198条的规定，“凡公司正由法院清盘，法院可应清盘人的申请，藉命令指示所有属于公司或由受托人代表公司持有的财产或其中任何部分（不论属何种类），须按清盘人的正式名称归属清盘人，而命令有关的财产须随即据此而归属；清盘人在作出法院所指示的弥偿（如有的话）后，可以其正式名称提出任何与上述财产有关的诉讼或其他法律程序或在该等诉讼或其他法律程序中答辩，或以其正式名称提出任何为有效将公司清盘及追讨公司财产而需提出的诉讼或其他法律程序，或在任何为上述目的而需答辩的诉讼或其他法律程序中答辩”。进入清盘程序后，公司财产归属于清盘人。但清盘人享有此项权利仅体现在法院强制清盘程序中，临时清盘人和自动清盘程序中的清盘人是无此项权利的。需要注意的是，并非一进入法院强制清盘，清盘人即自动获得该项权利，此权利需清盘人向法院提出归属申请，由法院审查后作出vesting order。

综上所述，香港清盘人在清盘程序中具有公司代表、公司管理人、财产所有人等角色，其中财产所有人是区别于内地破产管理人的最大特点。

第二章　香港清盘程序在内地获得认可的依据

2021年5月，内地与香港达成《会谈纪要》及最高人民法院出台《试点意见》后，内地法院对香港清盘程序进行认可分为两种情况：一是根据《会谈纪要》，内地有三个地方（上海、厦门、深圳）可依纪要直接承认并协助香港清盘程序；二是内地其他地区承认与协助香港清盘程序仍需在法律规定及法理上找到依据。

一、《会谈纪要》达成及《试点意见》出台

（一）《会谈纪要》及《试点意见》出台的背景及相关情况

《会谈纪要》由最高人民法院与香港特别行政区政府达成，是较为概括的规定。总体而言，该纪要达成了在香港与内地三个试点城市（上海、厦门、深圳）进行破产（清盘）程序互认及管理人（清盘人）相互跨境履职的共识。

关于《会谈纪要》的达成，实际上内地与香港早在2017年8月即由最高人民法院与香港特区律政司启动了跨境破产协助的磋商工作。2017年至2021年，双方经过四轮磋商，数百次工作沟通，交换了上百份文件、案例，草拟文稿十余次，并征求了中央有关部门、全国法院系统的意见以及组织专题研讨。双方发现，因两地破产制度差异太大，又都缺乏跨境破产领域

的本地详细立法、司法解释，也缺乏实践经验，故很难采取此前开展民商事司法协助的方式来达成协助安排。为稳妥推进，最终双方就协助达成的是原则性的共识，也就是《会谈纪要》。因此，《会谈纪要》只是内地与香港双方关于开展跨境破产合作的概括性、指导性的文件，其在内容上主要是作指引意义的表述，不涉及具体操作。在内地法院认可香港清盘程序及香港清盘人如何到内地履职方面，最高人民法院则在《试点意见》中进行了较为明晰及详细的规定。

关于认可香港清盘程序，《试点意见》有几个重要条款，分别是第2条，明确了何为"香港破产程序"；第3条，明确了何为"香港管理人"；第4条，明确了何为"主要利益中心"；第10条，明确了内地法院如对香港破产程序予以认可，还应依申请同时认可香港管理人的身份；第14条，明确了内地法院认可香港清盘程序后，香港清盘人可在内地履职的具体内容；第17条，提出了内地法院有对香港清盘程序进行审查的权利，在发现有影响认可和协助的情形时，可变更、终止认可和协助。这些条款将指导两地司法机关及管理人（清盘人）在具体案件中如何行事。

（二）有关《会谈纪要》及《试点意见》的解读

《会谈纪要》及《试点意见》是目前内地法院认可香港清盘程序、许可香港清盘人到内地履职的最直接的法律依据，其位阶虽然不高，但非常重要。尤其《试点意见》规定了很多具体的细节及操作，是内地试点法院及香港清盘人必须精读的文件。鉴于《会谈纪要》及《试点意见》的重要性，有必要对该两文件进行详细分析。

第一，两文件确立了内地与香港区际跨境破产合作正式开展。根据《会谈纪要》的规定，香港清盘人可向内地试点地区中级人民法院申请认可在香港启动的清盘程序及公司债务重组程序，并申请认可清盘人身份及请求提供履职协助。内地破产管理人可向香港高等法院申请认可依据《企业破产法》启动的破产清算、重整、和解程序，并申请认可管理人身份及请求提供履职协助。

第二，《试点意见》第2条明确：香港破产程序是指“依据香港特别行政区《公司（清盘及杂项条文）条例》《公司条例》进行的集体清偿程序，包括公司强制清盘、公司债权人自动清盘以及清盘人或者临时清盘人提出并经香港特别行政区《公司条例》第673条批准的公司债务重组程序”。此处香港破产程序并不包括个人破产程序，主要是由于内地目前并未建立个人破产制度（虽在深圳试点个人破产，但仍在试点阶段，尚未成熟到可以全国推广并形成制度）。作为对应，两地之间只在企业破产方面开展合作。此外，香港的破产程序仅指“集体清偿程序”，即强制执行类的个别清偿及公司自行开展的在内部调整公司股权结构的重组程序不包括在内。〔1〕因此，虽然在第1章对香港的破产部分类型（清盘部分）已作分析，香港公司债务重组程序范围大于内地的重整程序，即既包括内地的破产重整程序，也包括内地的一般意义上的公司重组；但在认可香港破产程序时，该破产程序并不包括类似内地一般意义上的公司重组的香港公司重组程序。

第三，根据《试点意见》第4条第1款“本意见适用于香港特别行政区系债务人主要利益中心所在地的香港破产程序”的规定，内地对香港破产程序予以认可的条件之一是债务人主要利益中心在香港，且在时间上要求连续存在6个月以上。同时，债务人在内地要有财产，且主要财产位于上述三个试点地区，或在上述三个试点地区有营业地或代表机构。〔2〕这是从时间和地点的条件来判断是否属于“香港破产程序”。一方面，对于要求债务人主要利益中心在香港中“主要利益中心”的判断，《试点意见》第4条第2款规定：“本意见所称‘主要利益中心’，一般是指债务人的注册地。同时，人民法院应当综合考虑债务人主要办事机构所在地、主要营业地、主

〔1〕参见《试点意见理解与适用》之“三、重点问题”之“（一）关于认可和协助的程序范围”。

〔2〕参见《试点意见》第5条第1款。

要财产所在地等因素认定。”这是参考《跨境破产示范法》的规定作出的要求。[1]关于主要利益中心地在香港的要求，笔者理解是为了确定该清盘程序是香港公司的清盘程序，亦即内地法院所作的认可（包含权利让渡的因素）只能针对香港公司，这也是一国的体现。另一方面，关于时间上的要求，“旨在防止申请人通过临时变更主要利益中心的方式获得协助”。[2]

第四，根据《试点意见》的规定，“香港管理人”是指香港清盘程序中的清盘人和临时清盘人，此即确定了香港管理人不包括个人破产中的受托人，而是特定于清盘程序中的清盘人和临时清盘人，此与该意见第2条界定的“香港破产程序”是对公司进行清盘人的程序相匹配，亦与内地目前仅存在公司破产（个人破产仅在深圳作为试点）的现状相一致。

第五，两文件确定了目前在内地和香港之间开展区际跨境破产合作的地区范围。首先，香港清盘人到内地申请认可香港清盘程序的，只能在内地三个试点城市上海、厦门、深圳提出申请。其次，内地破产管理人到香港申请认可内地破产程序的，是向香港高等法院提出。再次，香港清盘人到内地申请认可香港清盘程序的，该清盘程序是在香港全境开展的程序。最后，《会谈纪要》及《试点意见》虽未明确内地什么地区的破产管理人可向香港高等法院申请认可内地破产程序，但从《会谈纪要》第3条“内地破产程序的管理人可以向香港特别行政区高等法院申请认可依据《企业破产法》进行的破产清算、重整以及和解程序，申请认可其管理人身份，以及申请提供履职协助”的表述分析，应视为内地所有地区的破产管理人均可就内地进行的所有破产程序向香港法院申请认可。2023年，广州中院审理的广东海外建设总公司破产清算案得到香港高等法院原讼法庭认可。香港

〔1〕《跨境破产示范法》第16条第3款规定：“如无相反证据，债务人的注册办公地或个人的经常居住地推定为债务人的主要利益中心地。”

〔2〕参见《试点意见理解与适用》之“三、重点问题”之“（二）关于对香港特区法院管辖权的审查标准”。

法庭认为，虽然协助请求非由《会谈纪要》规定的三个试点法院之一提出，但根据普通法，互惠不是获得认可和协助的一项要求。法庭在综合考虑该破产程序所涉因素后，对广州法院审理的这一破产程序进行认可并授予内地破产管理人包括查找、保护、保管、占有并控制香港高等法院管辖范围内的广东海外建设总公司有权或似乎有权享有的资产在内的一系列广泛的权利。这是内地首个非试点城市获得香港法院认可和协助的破产程序。该案例印证了关于内地所有地区的破产程序均有获得香港法院认可的判断。

第六，《试点意见》明确提出，内地法院认可和协助香港清盘程序有两种方式，一种是直接让香港清盘人到内地来履职；另一种是香港方面申请在内地指定管理人。〔1〕香港清盘人到内地履职，视同享有内地管理人的一般职责。而如在内地直接指定管理人，则内地管理人视为具有与香港清盘程序中的清盘人或临时清盘人同等资格者在内地行事，此种方式下，内地管理人适用《企业破产法》对破产人在内地的财产和事务进行管理处置。〔2〕

第七，两文件对认可破产（清盘）程序及管理人（清盘人）的法院级别要求较高，在香港是由香港高等法院进行审理；在内地是由上海、厦门、深圳三个试点地区的中级人民法院审理。因该三个试点地区或是直辖市，或是经济特区，因而该三个地区的中级人民法院的审判力量也相较内地一般中级人民法院要强。由两地级别较高、审判经验丰富的法院负责跨境破产（清盘）程序认可工作，一是体现了两地对此事的重视程序；二是表明此事具有相当难度；三是希望这些法院能够发挥自己的优势，创造出合适的认可规则。

---

〔1〕 参见《试点意见》第14条及第15条第1款。

〔2〕 参见《试点意见理解与适用》之“三、重点问题”之“（七）关于协助的方式”之“指定内地管理人后，由内地管理人行使职权，且债务人在内地的财产和事务适用《企业破产法》处理”。

第八，《试点意见》第14条第3款规定内地法院认可香港清盘程序后，香港清盘人履职的范围“不得超过《企业破产法》规定的范围，也不得超出香港特别行政区法律规定的范围”。该条明确了香港清盘人在内地履职同时受香港法律和内地法律的约束，也明确了香港清盘人履职的限制，“如涉及放弃财产权益、设定财产担保、借款、将财产转移出内地以及实施其他对债权人利益有重大影响的财产处分行为，需经人民法院另行批准”。[1]因此，在试点法院认可了香港清盘程序及香港清盘人身份后，香港清盘人如在内地履行以上职责的，还得另行提出申请，由内地法院进行审批。

第九，内地法院有较为灵活的审查权和处理方式。根据《试点意见》第14条第2款及第18条的规定，即使依据《会谈纪要》内地法院应对香港清盘程序及香港清盘人身份予以认可，但仍需对香港清盘程序及清盘人履职的具体内容进行审查。[2]根据《会谈纪要》第4条“申请认可和协助的程序、方式等，应当依据被请求方”的规定，内地法院对香港清盘程序及清盘人履职内容的审查依据内地法律的规定。根据《试点意见》第17条的规定，如发现影响认可和协助香港清盘程序的情形的，内地法院可变更、终止认可和协助。这表明，当内地法院通过某种方式发现香港清盘人在内地履职存在不当，或有其他影响两地跨境破产合作的情形时，可以变更协助的方式或直接终止协助。这实际是为出现可能损害社会公共利益或公序良俗的情形时给内地法院留出了停止协助的“口子”。

上述分析主要是对《会谈纪要》《试点意见》从文义上理解。综合上述

---

〔1〕《试点意见》第14条第2款。

〔2〕《试点意见》第14条第2款规定：“香港管理人履行前款规定的职责时，如涉及放弃财产权益、设定财产担保、借款、将财产转移出内地以及实施其他对债权人利益有重大影响的财产处分行为，需经人民法院另行批准。”第18条规定：“利害关系人提供证据证明有下列情形之一的，人民法院审查核实后，应当裁定不予认可或者协助香港破产程序：(一)债务人主要利益中心不在香港特别行政区或者在香港特别行政区连续存在未满6个月的；(二)不符合《企业破产法》第二条规定的；(三)对内地债权人不公平对待的；(四)存在欺诈的；(五)人民法院认为应当不予认可或者协助的其他情形。人民法院认为认可或者协助香港破产程序违反内地法律的基本原则或者违背公序良俗的，应当不予认可或者协助。”

理解，进一步对《会谈纪要》《试点意见》作以下深入判断。

《会谈纪要》《试点意见》界定了何谓“香港破产程序”及“香港管理人”，并对“香港破产程序”所涉利益中心的判断及“香港管理人”所受约束的准据法进行明确，划定了两地开展合作的地域范围，此表明：一是两地认可对方域内的独立的破产管辖权，体现了开放性的普及主义态度，当然，这种普及主义是建立在两地同属一国的前提上，与一般的国与国之间的认可完全不同。二是两地相互让渡了本法域的部分破产管辖权，这是由前述认可对方法域破产管辖权衍生而来的判断。至于《会谈纪要》《试点意见》是否有“避免平行破产程序”，即在两地间以一个统一的破产程序来处理两地的破产主体、破产财产、破产分配等事宜的立法意图，可以从以下几方面分析：一方面，最高人民法院在《试点意见理解与适用》“(一)《试点意见》的制定背景与过程”中将两地的合作表述为“跨境破产协助”。从“协助”一词来看，应理解为给对方提供方便，在仅是提供方便的情况下，尚不能得出将以统一的一个破产程序来覆盖两地的破产主体、破产财产、破产分配等事宜的结论。另一方面，从实际情况来看，“两地破产制度差异巨大、均无跨境破产领域的本地详细立法、实践经验较少”。〔1〕因此，目前尚不具备在两地间适用统一破产程序的可能。当然，这也为日后进一步融合发展留下广阔空间。

从《试点意见》可见，内地对香港清盘程序并非无条件认可，仍有根据公共秩序保留的需要进行审查的必要。同样，香港法院对内地破产程序亦不会无条件认可。至于认可的标准，有赖于香港法院及香港法官在具体案例中予以确立或明确。此表明内地与香港虽同为一国，但两地之间仍有不同的地区公共秩序需要关注及保留，两地对社会公共利益的判断亦仍有不同标准，甚至在某些特殊情况下，香港（清盘）程序对国家利益是否有影响

〔1〕《试点意见理解与适用》之“一、《试点意见》的制定背景与过程”。

亦需内地法院在审查中作出判断。理论上不排除可以用国安法对在香港开展的（清盘）程序进行审查。

内地法院认可香港清盘程序及香港清盘人资格后，香港清盘人到内地履职需受内地法律及香港法律双重约束，这是内地对香港清盘人上的“双保险”。鉴于香港清盘人在内地履职，行为人受行为所在地法律的约束是自然的，但由于内地对香港法律及实践仍未十分清晰，在此情况下，规定行为人仍需受其属人法约束，虽然是对清盘人念了双重“紧箍咒”，但这是确保清盘人不至于突破两地法律约束，或可能利用两地法律之间互未覆盖的空隙进行有违道德风险的操作等。此表明，现阶段的协助是一种试探性的、开拓性的合作，相关权利的让渡是有限的，且不排除以后根据实践的情况进行相关规定的调整。

业内认为，本次试点是香港与内地开展跨境破产司法协助的实质性、跨越性的一步，是首创之举，提供了解决两地特殊领域司法合作的新思路，是“一国两制”实践的新发展，对中国特色区际司法协助体系的建立是极大的丰富。[1]内地相关人士提出，香港与内地共建跨境破产合作机制是两地对“一国两制”方针的深入贯彻，对服务保障大湾区建设有重要意义。[2]香港方面表示，上述纪要的签署充分体现了“一国两制”的独特性，在破产程序相互认可与协助方面，香港是唯一与内地达成共识的地区。此表明，国家充分信任香港的司法制度及坚定支持香港作为国际法律的枢纽。[3]

《会谈纪要》达成了内地与香港关于区际跨境破产合作的新共识，打开了内地与香港破产（清盘）程序互认的大门，为管理人（清盘人）跨境履

---

〔1〕《最高法与香港特区政府签署〈关于内地与香港特别行政区法院相互认可和协助破产程序的会谈纪要〉》，载微信公众号“最高人民法院”，https://mp.weixin.qq.com/s/nBYztgfyFBGAPtkeZ72cRw。

〔2〕参见《内地与香港特别行政区跨境破产合作论坛在深成功举办》，载微信公众号“中国破产法论坛”，https://mp.weixin.qq.com/s/m24eyVR6wlLgm-R-vmFHCA。

〔3〕参见《内地香港互认破产程序　郑若骅：“一国两制”独特性》，载微信公众号“全国港澳研究会”，http://www.takungpao.com/news/232109/2021/0519/587101.html。

职提供了可能。在两地间扩大破产(清盘)程序的互认是未来的趋势。但是,《会谈纪要》未说明两地间进行区际跨境破产需要坚持什么原则,亦未明确本地法院在认可对方法域的破产(清盘)程序时具体审查什么内容。因此,笔者拟在本章“内地与香港区际跨境破产合作的基本原则”一节及第三章“内地法院对香港清盘程序进行审查的内容”中对此予以阐述。

二、依跨境破产合作法律及相关法理予以认可的情况

(一)内地的域外破产程序承认制度

根据《会谈纪要》和《试点意见》的规定,内地法院如发现影响认可和协助香港清盘程序的情形的,可变更、终止认可和协助,此表明,对香港清盘程序的认可和协助,即使在已有《会谈纪要》的情况下,仍受内地域外破产程序承认制度的影响。当然,在考察内地域外破产程序承认制度时,亦需考虑内地法院对香港清盘程序是否完全按照域外破产程序来对待。

1.内地有关域外破产程序承认的规定

《民事诉讼法》(2023年)对内地法院承认和执行外国法院或国外仲裁机构的裁判的规定见于第299条[1]和第300条[2]。根据该两条规定,内地法院对外国法院或国外仲裁机构的裁判进行承认和执行的依据是中华人民共和国缔结或参加的国际条约,或在无条约的情况下按照互惠原则进行审

---

〔1〕《民事诉讼法》(2023年)第299条规定:“人民法院对申请或者请求承认和执行的外国法院作出的发生法律效力的判决、裁定,依照中华人民共和国缔结或者参加的国际条约,或者按照互惠原则进行审查后,认为不违反中华人民共和国法律的基本原则或者国家主权、安全、社会公共利益的,裁定承认其效力,需要执行的,发出执行令,依照本法的有关规定执行。”

〔2〕《民事诉讼法》(2023年)第300条规定:“对申请或者请求承认和执行的外国法院作出的发生法律效力的判决、裁定,人民法院经审查,有下列情形之一的,裁定不予承认和执行:(一)依据本法第三百零一条的规定,外国法院对案件无管辖权;(二)被申请人未得到合法传唤或者虽经合法传唤但未获得合理的陈述、辩论机会,或者无诉讼行为能力的当事人未得到适当代理;(三)判决、裁定是通过欺诈方式取得;(四)人民法院已对同一纠纷作出判决、裁定,或者已经承认第三国法院对同一纠纷作出的判决、裁定;(五)违反中华人民共和国法律的基本原则或者损害国家主权、安全、社会公共利益。”

查，并应注意外国法院是否具有管辖权，该外国诉讼程序是否合法，被审查的裁判是否违反中华人民共和国法律的基本原则或者国家主权、安全、社会公共利益，或是否通过欺诈方式取得，或是否与第三国法院作出的裁判冲突。

中国关于破产程序域外效力的立法主要见于《企业破产法》第5条"依照本法开始的破产程序，对债务人在中华人民共和国领域外的财产发生效力。对外国法院作出的发生法律效力的破产案件的判决、裁定，涉及债务人在中华人民共和国领域内的财产，申请或者请求人民法院承认和执行的，人民法院依照中华人民共和国缔结或者参加的国际条约，或者按照互惠原则进行审查，认为不违反中华人民共和国法律的基本原则，不损害国家主权、安全和社会公共利益，不损害中华人民共和国领域内债权人的合法权益的，裁定承认和执行"的规定。上述规定是对跨境破产问题的原则性规定。其中，第1款规定了在内地开展的破产程序对债务人在境外的财产具有效力；第2款规定了内地法院承认和执行境外法院作出的生效破产裁判的条件：以中华人民共和国缔结或参加的国际条约或互惠原则为基础，且不违反中华人民共和国法律的基本原则，不损害国家主权、安全和社会公共利益，不损害中华人民共和国领域内债权人的合法利益。从上述内容看，目前内地没有关于认可外国法院所任命的破产管理人及为其提供相应协助的具体规定。〔1〕上述规定可视为《民事诉讼法》(2023年)第298条〔2〕、第299条、第300条关于破产的特别条款。根据上述规定，如果中国与申请承认与执行的破产裁判作出地有共同参加的国际条约，包括多边或

〔1〕 参见张欢:《香港与内地认可及协助处理跨境公司破产事宜之现行法律评述》，载李伟斌律师行，http://www.li-partners.com/cn/sys/488.html，2019年10月23日访问。

〔2〕《民事诉讼法》(2023年)第298条规定:"外国法院作出的发生法律效力的判决、裁定，需要中华人民共和国人民法院承认和执行的，可以由当事人直接向中华人民共和国有管辖权的中级人民法院申请承认和执行，也可以由外国法院依照该国与中华人民共和国缔结或者参加的国际条约的规定，或者按照互惠原则，请求人民法院承认和执行。"

双边条约，可依该国际条约的约定对跨境破产裁判进行审查。如果不存在共同参加的国际条约，则依照互惠原则进行审查。

根据上述法律规定，运用互惠原则是一种在未参与相关国际条约的情况下对外国判决进行承认与执行的可行的、有效的方法，适合中国的现状。目前，中国未加入有关跨境破产的多边条约。双边条约方面，与其他国家或地区签订的双边司法协助条约中目前为止涉及民事裁判的承认与执行且已经生效的有37项。〔1〕如果上述国家或地区的外国代表请求中国承认与协助该国的破产裁判，在不存在拒绝承认情形的情况下，理论上中国的法院可以依据《民事诉讼法》第293、294、298、299条以及《企业破产法》第5条予以承认与执行。但2019年1月18日，最高人民法院与香港律政司签署的《关于内地与香港特别行政区法院相互认可与执行民商事案件判决的安排》第3条中明确，该安排不适用于破产（清盘）案件。因此，如果当时内地与香港之间要进行跨境破产裁判的承认与执行，只能通过互惠原则进行审查。

另外，2015年最高人民法院在《关于人民法院为“一带一路”建设提供司法服务和保障的若干意见》第6点中提出：“要在沿线一些国家尚未与我国缔结司法协助协定的情况下，根据国际司法合作交流意向、对方国家承诺将给予我国司法互惠等情况，可以考虑由我国法院先行给予对方国家当事人司法协助，积极促成形成互惠关系，积极倡导并逐步扩大国际司法协助范围。要严格依照我国与沿线国家缔结或者共同参加的国际条约，积极办理司法文书送达、调查取证、承认与执行外国法院判决等司法协助请求，为中外当事人合法权益提供高效、快捷的司法救济。”该规定不再以对方国对我国裁判先行承认为前提，为互惠原则的适用作了灵活处理，为中国法院与境外法院进行司法协助及承认与执行外国裁判提供了空间。

---

〔1〕 数据来源：“中华人民共和国条约数据库”，http://treaty.mfa.gov.cn/Treaty/web/list.jsp? nPageIndex_=1&keywords=%E6%B0%91%E4%BA%8B&chnltype_c=all。

2017年6月，中国与东盟国家召开第二届中国—东盟大法官会议，在该会议上发表了《南宁声明》，该声明首次提出在中国与东盟国家之间适用推定互惠原则。2018年3月，最高人民法院发布了《全国法院破产审判工作会议纪要》，该纪要第49条规定，“人民法院在处理跨境破产案件时，要妥善解决跨境破产中的法律冲突与矛盾，合理确定跨境破产案件中的管辖权。在坚持同类债权平等保护的原则下，协调好外国债权人利益与我国债权人利益的平衡，合理保护我国境内职工债权、税收债权等优先权的清偿利益。积极参与、推动跨境破产国际条约的协商与签订，探索互惠原则适用的新方式，加强我国法院和管理人在跨境破产领域的合作，推进国际投资健康有序发展”。第50条规定，“依照企业破产法第五条的规定，开展跨境破产协作。人民法院认可外国法院作出的破产案件的判决、裁定后，债务人在中华人民共和国境内的财产在全额清偿境内的担保权人、职工债权和社会保险费用、所欠税款等优先权后，剩余财产可以按照该外国法院的规定进行分配”。

前述规定是内地关于国际跨境破产协助的规定，是内地法院对一般域外破产程序效力进行认可的法律依据。

2.内地有关域外破产程序承认的实践

在《会谈纪要》和《试点意见》出台之前，内地也有不少承认香港清盘程序的案例。这些案例中，有的属直接承认，有的属间接承认。其中较为典型的有以下几个案例。

（1）B*有限公司申请承认和执行意大利法院破产判决案。2001年佛山中院受理的B*有限公司申请承认和执行意大利法院破产判决一案，是内地法院第一次以司法裁定的形式承认境外破产程序的域外效力的案件。[1]2000年12月18日，意大利B*有限公司向佛山中院提出申请，要求承

〔1〕 参见肖煜吉：《跨境破产管辖权研究》，西南政法大学2010年硕士学位论文，第31-32页。

认意大利米兰法院的第62673号破产判决，并执行米兰市民事、刑事法庭作出的“被没收财产转让判处令”。[1]佛山中院经审理查明，“1993年3月4日，中外合资企业南海先某模具有限公司经当时的南海对外贸易委员会批准成立，中方为南海吉某陶瓷实业公司，外方为意大利N*公司（以下简称意大利公司）。至1995年12月26日，南海先某模具有限公司的投资为610万美元，注册资本为550万美元，其中中方出资11万美元，意大利公司出资539万美元。后来，意大利公司将在合资企业中所占的98%的股权转让给了香港隆某国际有限公司。1997年10月24日，意大利公司被意大利米兰法院宣告破产，并对该公司破产财产作出处理。申请人B*有限公司向米兰法庭报价购买。1999年9月30日，米兰市民事、刑事法庭颁布‘被没收财产转让判处令’，责令意大利公司破产监护人将该公司的财产完全交给B*有限公司。佛山中院认为，米兰法院和米兰市民事、刑事法庭的裁决符合我国的法律和我国与意大利之间订立的司法协助条约，故对其法律效力依法应予以承认”。[2]“该案被诸多媒体评价为我国加入WTO后第一起承认域外破产程序的案例。”[3]

（2）百某洋行破产案[4]。法国百某洋行于1998年10月2日被法国普瓦提艾商业法院作出判决，宣布进行破产清算。2005年6月20日，广州中院审查认为，法国普瓦提艾商业法院作出判决符合内地法律关于承认外国法院判决效力的条件，于是裁定对该判决予以承认。

（3）S*申请承认德国法院破产裁定案。[5]S*申请承认德国法院破产裁

---

〔1〕 参见姜曦：《跨国破产领域中的国际合作研究》，吉林大学2006年硕士学位论文，第26页。

〔2〕 杜涛、陈力：《国际私法》，复旦大学出版社2004年版，第544页。

〔3〕 杜涛、陈力：《国际私法》，复旦大学出版社2004年版，第544页。

〔4〕 广州市中级人民法院（2005）穗中法民三初字第146号民事裁定书。

〔5〕 参见马琳：《析德国法院承认中国法院民商事判决第一案》，载《法商研究》2007年第4期；陈亮、姜欣：《承认和执行外国法院判决中互惠原则的现状、影响与改进——从以色列承认和执行南通中院判决案出发》，载《法律适用》2018年第5期。

定一案中涉及一个案例作为前提。

德国旭某林国际有限责任公司（以下简称德国旭某林公司）与无锡沃某通用工程橡胶有限公司（以下简称无锡沃某通用公司）交易中产生纠纷，德国旭某林公司向国际商会（ICC）上海仲裁庭提出仲裁申请。ICC上海仲裁庭裁定无锡沃某通用公司向德国旭某林公司支付4,578,597元人民币和55,000欧元。因无锡沃某通用公司在仲裁过程中主张仲裁协议无效，德国旭某林公司遂向无锡中院提起诉讼，请求确认仲裁条款的有效性。无锡中院受理后通过江苏省高级人民法院向最高人民法院进行请示。最高人民法院作出复函，以双方未明确约定仲裁机构为由认为仲裁协议无效。无锡中院根据复函作出裁定，判定合同中的仲裁条款无效，驳回德国旭某林公司提出的执行ICC上海仲裁裁决的申请。而与此同时，德国旭某林公司在德国柏林高等法院亦提出了承认与执行该ICC上海仲裁裁决的申请。无锡沃某通用公司以无锡中院作出的仲裁条款无效及仲裁庭无管辖权的判决作为抗辩。2006年5月18日，德国柏林高等法院作出判决，承认无锡高新技术产业开发区人民法院的裁定，驳回申请人要求承认和执行仲裁裁决的请求。[1]在该案中，德国法官认为，承认无锡高新区法院裁定的关键问题在于是否存在互惠关系。德国法官在论述互惠原则时指出，“由于中德两国之间不存在相互承认判决的国际条约，那么具体司法实践就成了处理案件的依据。如果双方都等待对方先迈出一步，自己再跟进给予互惠的话，事实上永远不可能发生相互间的互惠，互惠原则也只能是空谈而已。这种情况并不是立法者或者执法者所希望的。为了在没有签订国际条约的情况下不阻止相互承认法院判决的向前发展，要考虑的是，如果一方先走出一步，另一方会不会跟进。按现在国际经贸不断发展的情况，中国有可能

〔1〕 参见马琳：《析德国法院承认中国法院民商事判决第一案》，载《法商研究》2007年第4期。

是会跟进的"。[1]因此，德国法官根据德国《民事诉讼法》第328条，基于互惠原则承认中国法院裁定的效力。

2012年，武汉中院受理了S*申请承认德国Montabaur地方法院作出的破产裁定的申请。武汉中院认为，鉴于德国柏林高等法院此前作出了承认无锡高新技术产业开发区人民法院作出的民事裁定的决定，可按互惠原则承认德国Montabaur地方法院破产裁定的效力。该案是内地法院首个基于互惠原则承认外国法院裁判的案例。从上述司法案例看，内地法律对跨境破产效力亦持普遍主义态度，但该普遍主义需受互惠原则和国家主权、安全及公共利益的限制。

（二）香港的域外破产程序承认制度

内地法院对香港清盘程序认可与否，除了与内地本有的规定与做法有关，也不排除基于对等或优惠原则对香港清盘程序的认可。在适用对等原则的情况下，内地法院对香港现有的域外破产程序承认制度也会有所考虑。因此，研究香港的域外破产程序承认制度也有重要作用。

香港并无有关跨境破产的成文法，在处理破产事务时，香港法院通常是适用普通法进行裁判。而香港的普通法规则在国际私法方面实行的是"修正的普遍性原则"（principal of modified universalism），或称"改良的普遍性原则"（principle of universality of improvement）。香港对域外裁判的承认与协助，在法律依据上，既有成文法，也有普通法。

1.香港对待域外破产程序的态度

香港法院对破产程序效力的理解可概括为修正的破产普遍主义。根据这一原则，在不违背公正及域内公共利益的情况下，香港法院是愿意配合域外的主破产程序所在法院展开一系列辅助行为的。如果域外程序的

---

〔1〕 陈亮、姜欣：《承认和执行外国法院判决中互惠原则的现状、影响与改进——从以色列承认和执行南通中院判决案出发》，载《法律适用》2018年第5期。

破产管理人提出申请，香港法院可以作出命令以使针对破产企业的法律程序中止，也可能作出认可域外破产管理人法律地位的令。这样，域外破产管理人可以在香港取得债务人财产，也可以要求债务人的控制人或高管交出相关文件资料，还可以对相关人士进行询问。

香港法院会审查域外破产程序是否由遵从普遍主义的国家的法院作出，审查破产程序启动法院是否为债务人住所地法院，并判断债务人是否愿意接受香港法院的管辖。如果香港法院作出承认该域外破产程序的命令，该破产程序就在香港生效，并对债务人在香港的财产产生效力。但在财产移交方面，动产可移交给域外破产管理人，而不动产则不予移交。如果针对同一债务人存在两个不同的域外破产程序，则动产移交给最早提出承认申请的域外破产程序管理人。〔1〕

香港高等法院原讼法庭的J法官在某案中提出，如果要实现全面的普遍主义，只能通过国际条约。《跨境破产示范法》中所提倡的普遍主义只是修正的普遍主义。不管全面普遍主义与修正普遍主义之间有何区别，这都是一个有约束力的原则。因此，区际冲突法虽然为内地与香港之间的跨境破产案件的解决提供了强有力的理论基础，但并不能排除《跨境破产示范法》在复合法域的诉讼程序中进行适用。〔2〕

香港法院关于破产程序效力的理解与英国法院一致。英国贺辅明勋爵在R* Ltd案中表示，破产程序具有单一性和普遍性，破产的管辖法院应

---

〔1〕 参见王芳:《香港与内地跨境破产的法律框架研究》，载《政法论坛》2009年第5期。

〔2〕 See Emily Lee, *Comparing Hong Kong and Chinese Insolvency Laws and Their Cross-Border Complexities*, 9 J. COMP. L. 259(2014)p.267. "Note that 'full universalism can be attained only by international treaty', said Harris J(of the Hong Kong Court of First Instance)in Re Pioneer Iron and Steel Group Co Ltd; consequently the principle of 'universalism' as seen in the Model Law is, technically speaking, 'modified universalism'. Regardless of the distinction between universalism and modified universalism(which is the pragmatic form of universalism), the principle is a potent one, said Harris J in Re Pioneer Iron and Steel Croup Co Ltd. Bearing this in mind, while regional conflict of laws provides a strong theoretical basis for Hong Kong-China CBI cases, the Model Law cannot be precluded from application in relation to proceedings in multiple jurisdictions."

当是债务人住所地法院，在该地法院开展的破产程序应当是一个统一的程序，在全球范围均应被承认，并对债务人的所有财产发生效力。根据这一原则，英国法院应当与外国法院合作，使全部债权人仅通过一个破产程序就能得到清偿。〔1〕在C* Corporation v O* plc案中，贺辅明勋爵亦代表英国枢密院发表了类似看法。〔2〕

香港法院对公司清盘所采取的态度是，认为公司受其住所地法即注册国法管辖，故宜在公司的注册地申请清盘令。但香港法院同时认为，其管辖的破产程序对公司所有的资产都产生效力，无论该资产位于何处，故香港法院作出的清盘令应被视为具有全球性效力。上述观点可视为是改良的破产普遍主义的观点。

"一般情况下，支持境外清盘程序的承认或救济都是由境外清盘人提出申请的。在实践中，境外清盘人会向该清盘法律与香港相似的外国法院申请一份请求书，请求书项下的命令为在香港破产制度下清盘人或临时清盘人有权申请的该等命令。请求书将向香港法院提交。""在决定是否承认或协助境外清盘人时，香港法院会考虑两个因素：(1)境外清盘法律与本地清盘法律是否大致相似。这是因为相关的协助必须符合本地法律和本地公共政策；(2)本地法律是否能提供境外清盘人所寻求的救济／承认。法院只能在其法定和普通法职权范围内行事。"〔3〕在香港的法律框架下并不存在一个完备的承认或协助境外清盘人的机制。过去境外清盘人希望在香港担任清盘人，必须在本地清盘程序中获得委任。但这一情况在R* Co v B[2014]4 HKLRD374案中被改变，该案确认了香港法院可行使其

---

〔1〕 参见王鸣峰、刘祉仁等：《香港清盘条例如何管辖跨境破产公司（一）》，载微信公众号"破产法快讯"，https://mp.weixin.qq.com/s/pu37y_abslC6rVRwzJWdxg。

〔2〕 参见王鸣峰、刘祉仁等：《香港清盘条例如何管辖跨境破产公司（一）》，载微信公众号"破产法快讯"，https://mp.weixin.qq.com/s/pu37y_abslC6rVRwzJWdxg。

〔3〕 王鸣峰、刘祉仁等：《香港清盘条例如何管辖跨境破产公司（一）》，载微信公众号"破产法快讯"，https://mp.weixin.qq.com/s/pu37y_abslC6rVRwzJWdxg。

固有管辖权承认或协助境外清盘人。[1]

2.香港承认域外破产程序的实践

香港承认域外破产程序的案例十分丰富。“香港法律对承认外国破产没有明确规定，对诸如‘外国程序’‘外国破产管理人’等也没有明确定义，更没有像美国破产法第303、304和305节一样，规定对外国破产管理人的承认和裁定破产救济。在更多情况下，香港法对此采取的是普通法的方法。”[2]根据普通法，外国破产在以下两种情况下可被香港法院承认，“一是该破产程序是在债务人的住所地国家进行的，二是债务人自愿接受该国法律管辖”。[3]香港法院对是否给予外国法院破产承认与协助有自由裁量权，在行使自由裁量权时，主要考虑该外国法院是否有适当的管辖权。另外，制约因素亦被考虑在内，如承认外国程序是否违反香港的公共政策，外国的破产宣告是否是欺诈行为及有无违反自然公平的原则，外国破产程序的目的是否主要在于执行外国的罚金或税收。如果香港法院认为存在以上情形之一，则不予承认与协助。[4]对于外国清算的承认，一般要求“清算在该公司的成立地法院进行，如果债务人在某国营业或自愿受某国的破产管辖，则该国对其进行的清算程序也可以被香港法院承认”。[5]以下观察几个案例。

（1）1985年爱尔兰某船运公司破产案。一家在爱尔兰成立的船运公司被爱尔兰法院作出清算裁定。爱尔兰清算人希望香港法院也作出清算裁定以使其可以控制和出售一艘位于香港的船舶，因如果香港法院作出清算裁定，将可以中止其他债权人针对该船舶实施个别行为。香港高等法院考

〔1〕 参见王鸣峰、刘祉仁等：《香港清盘条例如何管辖跨境破产公司（一）》，载微信公众号“破产法快讯”，https://mp.weixin.qq.com/s/pu37y_abslC6rVRwzJWdxg。

〔2〕 石静遐：《跨国破产的法律问题研究》，武汉大学出版社1999年版，第127页。

〔3〕 石静遐：《跨国破产的法律问题研究》，武汉大学出版社1999年版，第127页。

〔4〕 参见石静遐：《跨国破产的法律问题研究》，武汉大学出版社1999年版，第127页。

〔5〕 石静遐：《跨国破产的法律问题研究》，武汉大学出版社1999年版，第127页。

虑到未担保债权人的利益及协助外国破产程序的目的，及注意到反对作出该裁定的债权人是为了谋求不正当利益，因而作出了清算裁定。[1]

（2）K*寻求香港法庭认可和协助案。2018年3月，东京地区裁判法院民事诉讼第20支部向J* Ltd。颁发清盘令，并委任K先生为破产管理人。K先生需获取J* Ltd。在瑞穗银行及汇丰银行的香港分行所持有的银行账户记录。于是K先生寻求香港法庭的认可和协助，并处理J* Ltd。在香港的相关事务。香港高等法院对K先生的请求进行了审理，于2019年3月25日作出判决，认可了该日本清盘程序，并授予K先生一般香港破产管理人能在香港法庭区授予的相关权力，其中包括申请对某人开展调查或向第三方寻求有关该公司事务文件的权力。办理此案的H法官总结了认可外国破产程序及向外国公务人员提供援助的法律原则：首先，香港法庭将认可以下类型的外国破产程序：具有集体性质的破产程序；以及破产程序在该公司注册国为公开审讯。其次，在认可该外国破产程序后，香港法庭会向外国相关公职人员提供援助。若该外国破产管理人是在拥有与香港类似破产体制的司法管辖区中被委任，香港法庭会授予该外国破产管理人与香港清盘人员几乎同样的权力。[2]该案是香港法院首次承认日本清算程序的案件。

（3）俄某银行破产案。当然，在香港也存在不予承认外国破产程序的情况，如果缺乏公司成立地的清算程序，其他地区进行的破产程序往往得不到香港法院的认可，如俄某银行破产案。俄某银行在俄国成立，在香港、伦敦、上海等地设有分支机构。东欧剧变后，俄某银行在香港的分支机构被清算，香港的所有债权人得到全额清偿且该分支机构还有剩余财产。俄某银行位于伦敦和上海的分支机构亦在进行清算，两地的清算人都希望取

〔1〕 参见石静遐：《跨国破产的法律问题研究》，武汉大学出版社1999年版，第128页。

〔2〕 参见《香港跨境重组——日本清盘程序首次获香港法庭认可》，载微信公众号“罗夏信律师事务所”，https://mp.weixin.qq.com/s/qQXL-9F7t9r6Kc1c-PrgLg。

得香港分支机构的剩余财产。上海清算人认为俄某银行已被苏联政府解散，从而试图取得香港清算人手中的剩余财产。香港高等法院认为，根据早期英国上议院的做法，俄某银行应视为尚未被解散，如果俄某银行在成立地有清算程序，那么香港的清算程序将视为辅助程序。在缺乏成立地清算程序的情况下，其他地区法院均不能被看作是管辖清算程序的主要法院，据此，未同意上海清算人的申请。因伦敦清算人是代表伦敦债权人向香港清算人申报债权，香港高等法院批准了该申报，用剩余财产对伦敦债权人进行了偿付。[1]

香港高等法院原讼法庭法官提出，香港法院在判断是否承认一个境外破产程序时会考虑以下因素："(1)一名或多名债权人或利害关系人会合理地受惠于通过承认该程序所作的资产分配，以及该受惠能被外国程序承认；(2)根据本地法律，该程序是否是合适诉讼地，如债务人主要利益中心、成立所在地、各方同意选取的诉讼地、债务人进行某种非临时性经济活动的任何营业场所等；(3)该程序是否符合本地法院所保障的正当程序和公平处理，包括不能实质违反本地法律、公共政策或造成不公正的结果；(4)能否推进高效率的破产管理；(5)能否有助于整体上债务人破产的实务管理；(6)能否有助于识别、保存和以最大限度提升债务人资产(业务)的价值；(7)如存在法律程序上的冲突，两地法院应采取一切可行和合理的步骤制定程序，以避免不必要和耗资高昂的法庭聆讯和其他法律程序；(8)解释上述原则时，需适当顾及其国际渊源，以及其在应用中提倡真诚善意和统一性的需要。"[2]

操作上，如果香港法院同意对外国法院提供司法协助，一般会要求外国法院发一封请求协助函。如果破产人是外国自然人，外国破产裁定要求

[1] 参见石静遐：《跨国破产的法律问题研究》，武汉大学出版社1999年版，第128页。

[2] 丁海湖：《内地与港澳破产法律及司法规则的主要差异、司法应对》，载《法庭》2020年第3期。

将该自然人在香港的动产转移给外国破产管理人，在该破产裁定有国际效力的情况下，香港法院一般会予以承认。[1]如果该财产属于不动产，外国破产管理人可以要求香港法院指定一名接管人。

3.香港法院对待内地破产程序及大中华区其他地区破产程序的态度

自2021年5月香港特别行政区政府与最高人民法院达成《会谈纪要》之后，香港法院对内地破产程序予以认可及对内地破产管理人到香港履职提供协助有了初步的法律基础。而因香港的普通法规则中对承认与提供协助的要求之一是对方法院是一个"普通法司法区域的法院"，但内地法院并非普通法司法区域法院，香港法院在此前的法律框架下认可内地破产管理人及为其提供协助缺乏明确的依据。在很长一段时间内，香港法院承认内地破产程序的只有"广东国某破产案"。

该案是内地受理的一个具有重大国际影响力的破产案件。广东国某因经营混乱、负债巨大，于1999年2月被广东高院宣告破产。广某香港是广东国某100%持股的子公司，1998年10月12日，广某香港因背负巨额债务而进入自愿清算程序。中某兴业财务有限公司（以下简称中某公司）是一家在香港注册和营业的中、美、日合资金融机构，其向广某香港出借3500万美元，但广某香港不能按时还款。广某香港对广东国某也负有大量债务。中某公司以广东国某是广某香港的债务担保人为由向广东国某清算组申报债权，被以证据不足驳回。广某香港于是向香港高等法院起诉广东国某，要求广东国某承担还款责任。1999年10月27日，香港高等法院作出判决，支持了中某公司的请求。之后，香港高等法院根据中某公司的申请发出了扣押令，扣押了广某香港对广东国某的所有到期债务和利息，用来偿付判决债务。中某公司作为原告提出申请：请求使该扣押令成为绝对的或最终的（absolute）扣押令。相反的，广东国某则提出了中止包括扣押申

[1] 参见石静遐：《跨国破产的法律问题研究》，武汉大学出版社1999年版，第128–129页。

请在内的所有程序进行的申请。

该案主审法官在审理中考虑了三个方面的问题：第一，广某香港对广东国某是否负有债务，可以使香港高等法院有作出扣押令的权利？第二，在确实负有债务的情况下，是否行使扣押权仍取决于法官的自由裁量，则该自由裁量权应如何行使？第三，尽管扣押令的申请会引起相应的结果，但该程序仍旧应当被中止吗？对于第一个问题，即主审法官考察了《香港高等法院规则》第1、2、4条有关债务扣押的规定后认为：债务确实存在，清算的事实并不能改变债务的性质。对于第二个问题，即法官应当如何行使其自由裁量权，这是该案的关键问题。主审法官考察的重点是破产法中对债权人进行平等分配的原则。他援引了英美法上的有关案例，证明对债权人公平原则的考虑是非常重要的。关于第三个问题，主审法官考虑了广东国某在内地的破产程序的性质，特别是该程序是否具有域外效力及该效力是否及于广东国某位于香港的财产等问题，从而作出了不同意扣押令成为绝对的扣押令的裁判。[1]"广东国某破产案"所作破产裁定是香港法院承认的首个内地法院破产裁定。

香港法院对中国台湾地区的破产程序并不排斥，在以下案例中，香港法院还特别注意到台湾地区属于中国的一部分的这一特性。

丁某森是我国台湾地区一家集团公司的主席，该公司在当地接受公众存款后不能支付，1990年台湾法院判决丁某森对公司债务负责及判定他破产并委任了四名台湾地区破产受托人。丁某森同时是位于香港的一家公司香港日某酒店有限公司（以下简称日某酒店）股东。日某酒店已发行股本为500万股，登记在丁某森名下的有350万股，该部分股权已被台湾地区受托人予以变现。另外，日某酒店还有100万股登记在丁某森的太太陈某虹名下，25万股登记在陈某庸名下。台湾地区受托人认为，该登记于陈某

〔1〕 参见石静遐：《我国破产程序域外效力的实例分析——评香港高等法院对"广信"破产程序的承认》，载《政法论坛》2002年第3期。

虹和陈某庸名下的125万股亦属于丁某淼的财产，只是以信托的方式登记在该二人名下而已。陈某虹和陈某庸否定该说法。台湾地区受托人以丁某淼的名义提起香港案件的诉讼（是为香港诉讼一），陈某虹和陈某庸作为被告，诉讼中有关丁某淼的主张均来自台湾地区受托人的指示。另外，受托人亦在台湾对陈某虹所持100万股提起了诉讼，并获得有利判决。因丁某淼在台湾地区服刑期满并到香港对案涉股权主张权利，1995年，台湾地区受托人在香港诉讼中要求直接以自己的名义参加诉讼。香港高等法院于1996年就此进行聆讯（是为香港诉讼二），并提出两个问题：其一，香港法庭是否须执行台湾地区法院于1990年作出的破产命令；其二，台湾地区法院作出的破产命令是否对丁某淼位于香港的财产产生效力。该两问题由原讼法庭于1997年6月27日作出裁定，认为两项争议的答案都为否定。台湾地区受托人不服，提起上诉。1998年7月2日，香港高等法院上诉法庭裁定上诉得直。陈某虹和陈某庸不服，提起上诉，案件由香港终审法院受理，终审法院注意到，在诉讼中丁某淼的立场实际与陈某虹、陈某庸一致。台湾地区受托人提出担忧，如果自己不能参与到“香港诉讼一”中，那么该场诉讼将不可能进行下去，或者虽然继续进行，但丁某淼将与陈某虹、陈某庸相互串通。香港终审法院认为，诉讼中的情况表明受托人该担忧有充分依据。对于原讼法庭归纳的两个问题，终审法院认为应将它们的解决顺序予以置换，即先考虑台湾地区法院作出的破产命令是否对丁某淼位于香港的财产产生效力，在答案为是的情况下，再考虑香港法庭是否须执行台湾地区法院于1990年作出的破产命令。终审法院法官们考虑了台湾地区破产规定的性质。《最高人民法院关于人民法院认可台湾地区有关法院民事判决的规则》第1条说明，制定该规则是为了保障我国台湾地区和其他省、自治区、直辖市的诉讼当事人的民事权益与诉讼权利。因此，某些情况下，香港法院会执行不获主权国承认的法庭所作出的命令，包括：如该等命令所涵盖的权利为私人权利；如执行该等命令符合公正原则、常理判断及法纪的需要；如执行该等命令不会损害主权国的利益或在其他方面违反公共政策。因而，香港终审法院最终裁定，台湾地区法院所作命令对丁某淼位于香港的财产具有效力，且香港法院应执行台湾地区法院所作命令。〔1〕

香港法院对澳门破产程序的态度也可以通过案例予以反映，如“珠某公司破产案”。珠某集团公司（以下简称珠某集团）在澳门成立，根据《香港公司法》(Cap. 32)视为未注册公司，珠某集团在香港设立全资子公司，即珠某（香港）有限公司（以下简称珠某香港）。珠某集团和珠某香港都是珠海市政府的窗口企业。珠某香港因渣打银行申请于2003年8月12日宣告破产。在该案中，有3个平行破产程序：珠某集团在澳门、香港和内地的债权人分别在当地对其提出破产申请。渣打银行申请珠某集团破产时，珠某集团认为香港法院不具有启动破产程序的管辖权，破产程序应由澳门法院启动。但是，香港高等法院裁定香港法院对该案具有破产管辖权。就香港法院是否具有域外司法权的问题，香港高等法院认为，由于香港法院指定的清算人不被澳门法院承认，因此清算人实际上无法对该公司采取任何有效行动，澳门法院指定的清算人也无权在香港行使清算人的权利，而应借助香港法院指定的清算人行使权利。因此，香港法院放弃使用普遍性原则，而根据互惠原则适用地域性原则处理与内地和澳门平行破产的关系。〔2〕

从前述香港认可内地及我国台湾地区破产程序的案例可给内地法院一个启发，香港和台湾属于中国的一部分，内地法院在承认香港清盘程序时，应立足于区际跨境破产合作的角度，而非国际跨境破产的角度。同时，香港法院也认识到，虽然同属一国，但澳门与香港是不同的司法区域，为避免因香港的清盘程序得不到澳门法院承认带来的不利后果，香港法院会

---

〔1〕 参见香港特别行政区终审法院民事终审上诉1999年第2号案FACV 2/1999中译本。

〔2〕 参见王芳：《香港与内地跨境破产的法律框架研究》，载《政法论坛》2009年第5期。

选择在香港启动一个与澳门破产程序平行的清盘程序，并采取互惠原则来处理与澳门破产程序的关系。这或许是一个较为务实的处理方式，在海峡两岸暨香港、澳门地区，可以不排除平行破产程序的存在，对于平行破产程序具体该如何合作，互惠原则可作为一个考虑的原则。当然，除了互惠原则外，协商的方式也是可以的，如《会谈纪要》和《试点意见》就是一种协商的合作方式。

三、内地法院对香港清盘程序的认可实践

笔者通过"把手案例""法信""中国裁判文书网"等平台，搜索了2014～2021年内地法院对香港清盘令、清盘程序或清盘人身份予以评判的文书，相关情况见表2-1、表2-2。[1]共搜得案例8起，其中，予以认可的6起，不予认可的2起。

表2-1　不予认可的案例

法院	案号	裁判时间	当事人	相关主张	裁判情况
太原中院	（2019）晋01民终4669号	2020年4月15日	山西一某通（上诉人、一审被告）vs天某华夏（香港）（清盘中）（被上诉人、一审原告）	上诉人认为清盘人无权代表天某华夏（香港）提起撤销权之诉	二审法院认为，内地法院认可香港法院作出的清盘令没有法律依据，撤销一审判决
湖南高院	（2017）湘民终692、693号	2017年12月19日	（香港）宝某（清盘中）（复议申请人）	请求认可香港法院作出的清盘令	一审认可；后法院提起再审驳回认可申请；二审维持驳回裁定

〔1〕前述平台上搜索所得案例有的虽审理程序、案号不同，但均是处理同一纠纷，故选取其中终审案例进行研究。

表2-2　予以认可的案例

法院	案号	裁判时间	当事人	相关主张	裁判情况
山西高院	（2020）晋民再112号	2020年8月28日	山西天某华夏（再审申请人、二审上诉人、一审被告）vs天某华夏（香港）（清盘中）（被申请人、二审被上诉人、一审原告）	天某华夏（香港）（清盘中）的诉讼代表人（临时清盘人）不具有代表公司提起和参加诉讼的资格	本案不涉及对香港清盘令的认可和执行。根据公司法、外资企业法和山西天某公司章程，香港天某有权对山西天某的高管进行任免
广州中院	（2019）粤01民终14800号	2019年9月27日	鹏某国际（上诉人、一审被告）vs林某（被上诉人、一审原告）、启某控股（清盘中）（被上诉人、一审被告）	香港债权人对香港公司的债权未经法定程序认可，不应得到内地法院承认。内地律所不能接受香港清盘人的委托指派律师代表公司参加诉讼	香港债权已经公证，应予认可。当事人提供《香港法律意见》证实内地律所接受香港清盘人委托符合香港法例规定，二审法院予以认可
东莞中院	（2018）粤19民终7042号	2019年5月15日	东某纬强（上诉人、一审被告）vs海某公司（被上诉人、一审原告）、纬某手袋（清盘中）（一审被告）等	东某纬强不服一审判决提起上诉	二审认为，一审法院未通知清盘人参加诉讼剥夺纬某手袋的诉讼权利，案件发回重审
最高院	（2017）最高法民终580号	2017年10月30日	马某林（上诉人、一审原告）vs香港民某（清盘中）（被上诉人、一审被告）基某房地产（被上诉人、一审被告）	马某林不服一审判决提起上诉	二审认为，香港民某已被香港法院颁令清盘，一审法院应向香港破产管理署送达本案诉讼材料。裁定发回重审

续表

法院	案号	裁判时间	当事人	相关主张	裁判情况
北京高院	（2015）高民（商）终字第2409号	2018年12月29日	化某发光（香港）（上诉人、一审原告）vs源某公司（上诉人、一审被告）	化某发光（香港）要求源某公司提供公司章程等资料供查阅	清盘人有权代表化某发光（香港）提起诉讼，化某发光（香港）有权对源德公司行使股东知情权
福建高院	（2014）闽民终字第181号	2014年6月10日	大某指公司（上诉人、一审被告）vs环某公司（清盘中，注册地新加坡）（被上诉人、一审原告）	请求确认环某公司任免大某指公司董事和监事有效，请求大某指公司向环保公司交付公章等物品资料	环某公司司法管理程序合法性的判断应适用新加坡法律。清盘程序不影响本案诉讼继续。新加坡法院任命司法管理人和清盘人及该等人士正当履职的行为是适用新加坡法律的结果，中国法院无须履行承认与执行程序

综合上述案例可见，即便在2021年5月最高人民法院与香港特区政府达成有关破产承认与协助的安排之前，内地法院对香港法院作出的清盘程序的认可程度也是较高的。有些案件虽未直接认可香港清盘程序，并且特别说明在该案中不涉及对香港清盘程序的认可与协助问题，但实际上通过对清盘人行使股东权力任免内地公司高管的认可，间接认可了香港清盘程序及清盘人的身份及履职资格。

当然，部分案件也体现了内地法院在认可香港清盘程序及清盘人身份过程中出现了裁判不统一的情况，如湖南法院审理（香港）宝某机械厂申请认可香港法院清盘令一案时，就出现反复。2012年永州市中级人民法院曾作出认可的裁定，该案后于2014年进行再审作出驳回认可申请的裁定。湖南高院2017年作出维持驳回申请的裁定。而在关于天某华夏（香港）清盘程序及清盘人身份的确认方面，太原中院先后作出不同结果的裁定，（2019）晋01民终4669号裁定认为，内地法院认可香港法院作出的清盘令没有法律依据。但太原中院（2019）晋01民终1835号民事判决中认可了临时清盘人有在内地提起诉讼的资格。山西高院（2020）晋民再112号判决支持了（2019）晋01民终1835号民事判决的认定。此表明，内地法院在对香港清盘程序的认可上也在不断迂回探索。

四、内地与香港区际跨境破产合作的基本原则

内地与香港区际跨境破产合作推进缓慢，法律差异产生的障碍是大家有目共睹的。而除了表层的法律规范的障碍，更深层的原因是两地在司法系统、法律观念、法律文化等方面存在差异；尤其涉及经济利益分配，使两地跨境破产合作更添困难。王卫国提出，香港与内地分属不同法系，法系差别反映到破产司法协作中，就会产生程序差别、术语差别、规则差别、法官思维差别。[1]

为解决前述障碍，内地与香港进行跨境破产合作必须确立彼此共同遵守的原则。这些原则包括："一国两制"原则、互相尊重原则、充分诚信原则、依法处理原则。这四个原则之间，"一国两制"是政治基础，互相尊重是核心要求，充分诚信是思想共识，依法处理是行为准则。

（一）"一国两制"原则

香港与内地同属一国，有法理依据，有历史渊源，有事实基础，也有人文根基。内地与香港实行两制，两地相互尊重彼此的社会制度，经济上相互补充，协同发展，有利于两地共同繁荣。

---

〔1〕 王卫国：《关于香港与内地跨境破产机制建设的几点思考》，载微信公众号"人民法院报"，https://mp.weixin.qq.com/s/D4fCp9vsRVwbDP07VV9G2g。

香港与内地实行“一国两制”既有宪法保障，也有基本法基础。《宪法》第31条规定：“国家在必要时得设立特别行政区。在特别行政区内实行的制度按照具体情况由全国人民代表大会以法律规定。”《香港特别行政区基本法》第5条规定：“香港特别行政区不实行社会主义制度和政策，保持原有的资本主义制度和生活方式，五十年不变。”“一国两制”的实践是否成功在很大程度上依赖于两部基本法（香港、澳门）的实施是否妥当。“基本法里隐含着丰富的法治、宪政、人权、自治和民主的价值内涵。”〔1〕香港法律学者陈弘毅从法治和宪治实践的角度对香港回归至2007年的实践进行了总结，他认为，“香港特别行政区在‘一国两制’的框架下和《基本法》的基础上的自治、法治、人权和自由都得到相当成功的实现。不单是港人本身，即使是国际上也普遍承认，北京的中央政府十分尊重香港特别行政区的高度自治权，没有干预特区政府的决策或施政。香港的行政执法、独立司法和廉政制度健全，回归前原有的法治传统继续发挥活力。”〔2〕“一国两制”经过二十余年的实践，取得了巨大的成功。广东省委、省政府提出，“在坚守‘一国’之本前提下用好‘两制’之利，积极寻求最大公约数，把制度差异转化为制度优势、发展动能。严格依照宪法和基本法办事，注重运用法治化市场化方式推进与港澳合作。”〔3〕

根据《宪法》第6条的规定，中华人民共和国的社会主义经济制度的基础是生产资料的社会主义公有制，即全民所有制和劳动群众集体所有制。“国家在社会主义初级阶段，坚持公有制为主体、多种所有制经济共同发展的基本经济制度。”〔4〕这是内地实行社会主义市场经济，以公有制为主体、

〔1〕 陈弘毅：《一国两制下香港的法治探索》，中华书局（香港）有限公司2014年版，第79页。

〔2〕 陈弘毅：《一国两制下香港的法治探索》，中华书局（香港）有限公司2014年版，第91页。

〔3〕 《关于贯彻落实〈粤港澳大湾区发展规划纲要〉的实施意见》，载广东省人民政府网，http://www.gd.gov.cn/gdywdt/gdyw/content/post_2530491.html。

〔4〕 《宪法》第6条第2款。

多种所有制经济共同发展的宪法依据。香港经济制度的形成有其历史过程，自由市场经济是香港经济制度的基础，香港经济成功的重要支撑来源于此。自由经济下，价值规律调节供求关系，供求关系调节价格，价格涨跌调节竞争，以上调节是来自市场的自发调节，以此来实现社会资源的有效配置。在土地制度方面，很多人以为香港土地是私有制，其实这是一个误解。根据《香港特别行政区基本法》第11条的规定，特别行政区的经济制度以基本法的规定为依据。即根据规定，香港特别行政区境内的土地和自然资源属于国家所有。在土地国有制的情况下，香港特区政府以出租或以其他方式将土地批给各社会主体、经济主体使用。一般来说，土地出租的期限有75年、99年或999年三种，特殊情况例外。

近年来，中国经济的长足发展令世界为之瞩目。中国进一步走向世界舞台中心，中国经济与世界经济进一步融合。虽然此前受新冠肺炎疫情影响，内地经济增速曾有所放缓，但中国是世界上少有的经济仍然正增长的经济体之一。“香港作为国际金融、航运、贸易中心和国际航空枢纽，拥有高度国际化、法治化的营商环境以及遍布全球的商业网络”，[1]有自己的鲜明特点和突出长处，但香港也有自己的短板，如土地面积局限、经济体量有限、缺乏制造业、生活用品外部依赖性高等。香港与内地开展全方位的深度合作，是对内地经济制度的补充和启发，也是香港获得更广阔、更长远发展的必需。而内地倚托香港向外辐射，亦能给香港更多的回馈。两地经济制度虽不同，但正好可以相互补充、相互配合。2019年2月，中共中央、国务院发布了《粤港澳大湾区发展规划纲要》后，新的历史时期下粤港澳经济的新融合、新发展已经出现新局面。

现代社会是商业社会，破产法作为“经济宪法”，其制度完善与否是判断一国市场经济成熟与否的关键。境外投资者是否在一国进行投资，该

〔1〕 中共中央、国务院：《粤港澳大湾区发展规划纲要》，载新华网，http://www.xinhuanet.com/politics/2019-02/18/c_1124131474.htm。

国的（跨境）破产立法是影响其决策的重要因素；而一国的跨境破产立法更会对该国的资本输出产生深远影响。在香港与内地之间进行跨境破产合作是一国的内在需要，符合两地人民的利益。认可在香港作出的清盘程序，准许香港清盘人到内地履职，债权人就无须在内地再针对债务人提起一个新的破产申请，这样既避免了新启动一个破产程序造成的冗长时间的浪费，又避免了两地破产程序造成的冲突，可节省两地的司法资源。在跨境破产裁判得到互认的情况下，债权人可更方便地跨境参与破产（清盘）程序，避免重复诉讼，同时避免因为重新提起一个破产程序造成时间上的浪费而致破产财产发生贬损，可极大地提高程序效率。

"一国两制"原则中，"一国"是根本，2021年5月的《会谈纪要》和《试点意见》就是基于香港与内地同属一国而作出的安排，这种安排有别于内地与其他外国地区的跨境破产合作，其中有些权利的让渡并未附加具体条件，如《会谈纪要》指定香港清盘人可以向内地三个试点地区中级人民法院提出认可申请，其中并未载明需要什么条件，也未进行更多的法理上的解析，这种表述就是关于一国之内不同地区的合作的表达，实际就是基于"一国"作出的安排。

（二）互相尊重原则

互相尊重体现在以下方面：一是对各个区域内的法律制度予以尊重。海峡两岸暨香港、澳门各个区域内的法律制度不同。内地与香港要进行跨境破产合作，首先是要尊重各自不同的法律规定；然后要以务实的态度，对这些不同的规定寻求弥合的方式方法。二是对各个区域内实施的政治经济社会制度予以尊重。海峡两岸暨香港、澳门有各自的政治制度、经济制度及社会制度，这些制度有的是当地人民的自我选择，有的是基于历史原因而形成并保留适用至今，无论如何，这些制度在现今对当地社会发展发挥着重要作用，海峡两岸暨香港、澳门均应认识到这些制度的现实意义，对其予以尊重。三是对各个区域内的文化、生活方式予以尊重。海峡两岸暨香港、澳门的人们同为中华民族，在长期的社会发展中形成了各自不同的文化、生活方式及地区特色。要进行交往、互通、交流，彼此对这些不同的文化生活方式及特色亦应予尊重。四是各区域人民在交往中应有礼有节，和平友好。公民之间的交流来往是海峡两岸暨香港、澳门往来的具体承载，每段交往中传递的信息综合起来就是区域间交往的体现。每个人在交往中秉持团结友爱、平等互利的原则，那海峡两岸暨香港、澳门间的良好印象与互信也就易于形成。

(三)充分诚信原则

香港与内地的法律制度、法律观念和法律文化有较大差异，这对两地跨境破产合作的开展有很大影响。因此，两地间开展区际司法合作，对彼此的司法制度、司法能力须有互信。

内地法院系统分最高人民法院、高级人民法院、中级人民法院、基层人民法院四个等级，另还有若干专门法院，分别相当于中级法院及基层法院，[1]实行两审终审制。香港属于普通法系，设立终审法院、高等法院、区域法院、裁判署法庭和其他专门法庭，高等法院设原讼法庭和上诉法庭，实行三审终审制。其中，终审法院是因设立香港特别行政区而新设，其他法院、法庭均保留原有的体制。香港法院适用的法律为普通法、衡平法、条例、附属立法和习惯法。根据《香港特别行政区基本法》第82条和第84条的规定，香港终审法院可邀请其他普通法适用地区的法官参加审判，审判案件时可参考其他普通法适用地区的司法判例，此项司法制度设计与内地的司法制度有显著差别。另外，香港实行陪审制度，亦与内地迥异。香港刑事审判有陪审团制度，内地目前并无刑事陪审员。香港民事陪审仅限

〔1〕 例如，广州知识产权法院相当于中级法院，广州互联网法院相当于基层法院。

于诽谤类案件，而内地的民事陪审范围很广，基层法院审理的多种类型民事案件都可安排陪审员陪审。

有错必纠与尊重既判力的差异是两地司法制度的最大区别。有错必纠是内地法律观念的重要组成部分，内地司法讲求实事求是，有错必纠、有错必改。以事实为依据是裁判的基本原则之一。内地法官普遍认为，再审程序是提高司法公信力和保证司法公正的重要途径。〔1〕不少内地学者也认为再审程序的设立是对两审终审制的必要补充。因内地实行的是两审终审制，大部分案件终审审级较低，通过再审程序对生效裁判进行救济很有必要。〔2〕但在香港法官的法律观念里，生效裁判的既判力应得到尊重。与内地认为为了维护司法公信力应对存在错误的生效裁判进行纠正的观点相反，香港法律文化认为，生效裁判得到尊重与必须执行是维护司法公信力的重要方面。因此，目前生效的裁判日后是否会被改判？这种不确定性造成香港法律从业人员对内地裁判心生疑虑。虽然内地破产裁定未明确规定可进行再审，但在内地确也存在该类裁定是否能够启动再审程序的争论。即使破产裁定不进入再审，但破产衍生诉讼是可以再审的。也就是说，一个债权被确认为破产债权之后，不排除以后再被判决否定的可能。因此，清算程序中所作债权分配也很难说就是终局的，这确实为香港清盘人的工作带来困惑和阻碍。在此情况下，香港法院对内地裁判有确定性的担忧将影响其对内地裁判认可的积极性，而在香港法院缺乏积极性的同时，内地法院亦以同等心态对之。

内地更注重大局，强调保护国家利益、社会利益、集体利益，强调对社会稳定的维护。司法中以人民群众满意为追求。香港承袭英美文化，司法

---

〔1〕 参见王波、项坤:《“终审不终”与司法公信力——以民事再审程序为视角》，载《天中学刊》2013年第6期。

〔2〕 参见齐树洁:《再审程序：从“有错必纠”到“依法纠错”》，载《中国社会科学报》，2015年9月16日，第5版。

中较为注重对个体权益的保护，尊重个体利益，追求个案公正。在处理破产事务中，内地注重对职工权益的保护，劳动债权的优先级别高。为了保障社会稳定，金融机构一般不轻易进入破产程序。香港方面，公司清盘赋予临时清盘人和清盘人较大的权力，对临时清盘人和清盘人也给予充分的信任。临时清盘人和清盘人往往由个人担任，对公司财产、账册、经营事务有接收、决定、处置等权力。鉴于此，在利益保护方面，香港或许对在清盘过程中如获得内地的协助时会否被加以一些额外义务，或在行使权利时受到一些其他羁绊持怀疑态度。

内地在处置破产事务中注重发挥政府部门、金融机构、其他监管机构的协调作用。香港在监管方面主要由破产管理署行使职责，作出清盘令的往往是法官一人。在清盘过程中，香港并未要求政府部门、相关机构等承担过多的责任。这种行事的差别使两地在进行破产合作时，或内地觉得香港方面协调互助不够，或香港认为内地程序烦琐、环节过多、人员复杂等，而觉得困扰。

香港与内地的债权人有各自独立的经济利益。对域外破产裁判予以承认并执行意味着域外管理人可处置破产人位于域内的财产，而域内债权人到域外申报债权存在诸多不便。因此，对域外破产裁判的承认与执行纯属利益让渡，这种单方让利的性质对域内法院对域外破产裁判承认并执行的积极性影响较大。当然，如果两地共同建立，对彼此法域破产裁判进行承认与协助，共同相互让利，将有助于跨境破产合作的推进。

鉴于内地与香港在政治、经济、社会文化、法律制度等方面均存在较多差异，开展跨境法律合作存在诸多障碍。因此，构建一个帮助彼此相互了解、促进彼此相互信任的机制就尤为重要。此方面《美国宪法》的“充分诚信”条款有一定借鉴作用。该条款规定于《美国宪法》第4条第1节，英文原文为：“Full faith and credit shall be given in each State to the public Acts, Records and judicial Proceedings of every other State. And the

Congress may by general Laws prescribe the Manner in which such Acts, Records and Proceedings shall be proved, and the Effect thereof." 意指:"各州应予他州在公共法令、记录、和司法方面完全的尊重和信任。国会可以通过制定通行的法律规定这种公共法令、记录和司法程序的证明方式和效力。"[1]这一条款对一国之内的不同法域之间的协助有重要指引作用。"在美国的冲突法史上,充分信任条款在保障判决的承认与执行方面所起的作用是无可争辩的,它保证了在各州分权的状态下,联邦法律制度的统一性和完整性。"[2]美国宪法中的充分诚信条款对冲突法的作用不仅是约束与限制,更在管辖权、法律适用及判决的承认与执行方面对冲突法进行修正与维护,使冲突法获得更旺盛的生命力。[3]"充分诚信原则"在联邦制复合制国家澳大利亚的联邦宪法也有确立。"澳大利亚联邦宪法第118条规定:在澳大利亚全境,每一个州的法律、公共法案(public acts)和案卷(records)以及司法程序(judicial proceedings),应给予充分诚意和信任。"[4]加拿大宪法中虽然未直接规定充分诚信原则,但在司法实践中,加拿大法官会适用跨界效力限制原则,在解释限制地域效力时,加拿大法官经常"借用美国宪法实践的成果作出隐含'充分诚信'条款含义的判决"。[5]

对于内地与香港的司法合作而言,确立充分诚信原则重要且必要,它能够有效解决一国之内不同法域之间的法律冲突问题。内地与香港可通过两地间签署安排,明确在除非被认定有损国家安全、公共秩序或本地公

〔1〕 袁发强:《宪法与我国区际法律冲突的协调》,法律出版社2009年版,第69-70页。

〔2〕 周游:《美国"宪法限制"对冲突法方法论的启示》,中国政法大学2001年硕士学位论文,第12页。

〔3〕 参见周游:《美国"宪法限制"对冲突法方法论的启示》,中国政法大学2001年硕士学位论文,第4页。

〔4〕 See Commonwealth Constitution (Australia), 1901. Section 51.118. 转引自李晓述:《澳大利亚洲际法律冲突问题初探》,武汉大学2004年硕士学位论文,第14页。

〔5〕 袁发强:《宪法与我国区际法律冲突的协调》,法律出版社2009年版,第75页。

序良俗的情况下，两地应对彼此法域进行的法律程序、作出的裁判（包括法令等）给予充分信任与尊重。

（四）依法处理原则

根据《涉外民事关系法律适用法》第19条之规定，内地与香港之间有关法律适用的问题参照适用该法规定。《香港特别行政区基本法》第95条[1]亦对香港与内地开展司法协助进行了规定。近年来，内地与香港特区政府达成的有关司法协助方面的意见包括最高人民法院《关于内地与香港特别行政区相互执行仲裁裁决的安排》（1999）、最高人民法院《关于内地与香港特别行政区法院相互委托送达民商事司法文书的安排》（1999）、最高人民法院《关于内地与香港特别行政区法院相互认可和执行当事人协议管辖的民商事案件判决的安排》（2006）、最高人民法院《关于内地与香港特别行政区法院相互认可和执行婚姻家庭民事案件判决的安排》（2017）、最高人民法院《关于内地与香港特别行政区法院相互认可和执行民商事案件判决的安排》（2019）、最高人民法院《关于内地与香港特别行政区法院就仲裁程序相互协助保全的安排》（2019）等。在上述法律之外，目前破产合作方面尤为重要的法律依据是2021年5月最高人民法院与香港特区政府达成的《会议纪要》及最高人民法院为配合《会议纪要》而颁布的《试点意见》。

上述有关司法协助的安排是两地进行司法合作的法律依据，对于上述安排未涉及部分，亦可参照或适用最密切联系原则推定适用两地最接近的法律予以解决。

---

〔1〕《香港特别行政区基本法》第95条规定："香港特别行政区可与全国其他地区的司法机关通过协商依法进行司法方面的联系和相互提供协助。"

第三章　内地法院对香港清盘程序进行审查的内容

《试点意见》第18条规定："利害关系人提供证据证明有下列情形之一的，人民法院审查核实后，应当裁定不予认可或者协助香港破产程序：(一)债务人主要利益中心不在香港特别行政区或者在香港特别行政区连续存在未满六个月的；(二)不符合《中华人民共和国企业破产法》第二条规定的；(三)对内地债权人不公平对待的；(四)存在欺诈的；(五)人民法院认为应当不予认可或者协助的其他情形。人民法院认为认可或者协助香港破产程序违反内地法律的基本原则或者违背公序良俗的，应当不予认可或者协助。"根据上述要求，即使《会谈纪要》商定香港清盘程序可以到内地特定法院申请承认，但内地法院在作出承认裁定前仍应对香港清盘程序进行具体审查。

考虑上述规定，结合对域外破产程序认可的一般要求，内地法院对香港清盘令予以承认主要考虑四个方面：一是作出清盘令的法院是否为合适的管辖法院；二是作出清盘令的程序是否正当；三是清盘令有无严重违背内地的社会公序良俗和社会公共利益；四是清盘人请求对该清盘令予以认可的申请有无超过时效。对清盘令予以承认后，可据清盘令对清盘人的法律地位予以确认。

一、合适管辖法院的判断

判断作出清盘令的法院是否是合适的管辖法院主要解决的是管辖权问题。管辖权的冲突既包括积极的冲突，又包括消极的冲突，即包括争夺管辖和推诿管辖两种情况。在为内地法院对审查香港清盘程序的启动是否符合管辖要求提供意见之前，有必要先了解一下香港的跨境破产管辖情况。

（一）香港的跨境破产管辖情况

1.香港的跨境破产管辖法律

"香港并没有统一的成文破产法，有关破产的法律条文，主要见于《公司条例》及其附属条例，如《公司条例》中的有关无力偿债的条文及《公司（清盘及杂项条文）条例》等。"[1]根据以往的做法，香港高等法院对所有的公司清盘都具有管辖权。香港的公司清盘可分为公司自动清盘、债权人自动清盘及法院强制清盘。上述可在香港被清盘的公司可分为注册公司与非注册公司两大类。[2]"《香港公司法》规定外国公司也可依据香港法律在香港启动破产程序。当外国公司不能清偿到期债务或有其他法定事由时，可作为'未注册的公司'可以参照香港注册的公司破产程序申请破产。香港法院对于有可执行财产在香港的外国公司均具有破产管辖权。"[3]

《公司（清盘及杂项条文）条例》第177（1）条规定了法院可命令在香港注册成立的公司清盘的情况：（1）公司已作出特别决议，议决公司由法

---

〔1〕 See Emily Lee, *Comparing Hong Kong and Chinese Insolvency Laws and Their Cross-Border Complexities*, 9 J. COMP. L. 259（2014）p.275. "Hong Kong does not have a uniform corporate insolvency law; statutory provisions relating to corporate insolvency are embedded in the Companies Ordinance and its subsidiary legislation such as the Companies（Winding-up）Rules."

〔2〕 参见王鸣峰、刘祉仁等:《香港清盘条例如何管辖跨境破产公司（一）》，载微信公众号"破产法快讯"，https://mp.weixin.qq.com/s/pu37y_abslC6rVRwzJWdxg。

〔3〕 王芳:《香港与内地跨境破产的法律框架研究》，载《政法论坛》2009年第5期。

院清盘；(2)公司在其成立为法团时起计一年内并无开始营业，或停业一整年；(3)公司并无成员；(4)公司无能力偿付其债项；(5)公司的章程细则订定某事件(如有的话)一旦发生则公司须予解散，而该事件已经发生；(6)法院认为将公司清盘是公正公平的。

《公司(清盘及杂项条文)条例》第177(2)条规定了法院应破产管理署署长的申请，命令公司清盘的情况：(1)公司的经营是为一项非法目的，或为一项本身合法但并非可以由一间公司予以贯彻的目的。(2)公司在截至清盘呈请日期的整段不短于6个月的期间内并无以下情形：其一，(就私人公司而言)最少1名董事；其二，(就不是私人公司的公司而言)最少2名董事。(3)公司在第2项所提述的整段期间内并无公司秘书。(4)公司存在以下情形：没有缴付根据修订前的该条例附表8须予缴付的每年注册费用；没有缴付根据《公司条例》(第622章)第26条订立的规例须予缴付的每年注册费用；在不损害前述原则下，公司持续违反其指明义务。

根据《公司(清盘及杂项条文)条例》第327(3)条的规定，非注册公司可被清盘的情形包括如下几种情况：如公司解散或已停业，或只为将事务结束而继续营业；如公司无能力偿付其债项；如法院认为将公司清盘是公正公平的。

2.香港的跨境破产管辖实践

香港作为国际金融中心之一，有大量的跨境企业在此设立总部、营业地、办事处等，香港企业的跨境业务属香港经济的重要组成部分，因而香港的跨境破产管辖理论及实践较为成熟，相比内地案例较多。如对香港跨境破产管辖权发展有重要影响的“镛某控股清盘案”。[1]本书将对该案进行详细分析。

---

〔1〕 该案例参见杨靖：《跨境企业集团破产管辖权的确定依据——以香港镛记控股清盘案为借鉴》，载《人民司法》2020年第25期。

案例一："镛某控股清盘案"。镛某酒家（Y* Restaurant）是一间以炭烧烧鹅享誉香港的餐饮公司，素有"名人饭堂"之称，曾被《财富》杂志评为世界十五大食府之一。镛某酒家由甘某辉于20世纪30年代创办，经过多年经营，由最初的大排档逐渐发展成为一个颇具规模的家族企业集团。企业集团中，镛某控股有限公司（以下简称镛某控股）是集团的最终控股公司，其在英属维尔津群岛注册成立，自身并无经营任何业务。镛某控股旗下百分百控股L* Ltd（英属维尔津群岛注册成立），L* Ltd旗下有包括镛某酒家（香港注册成立）、镛某置业等公司在内的十家企业。

甘某辉去世前，将镛某控股的股份分予妻子、三个儿子及一个女儿，其中大儿子甘某成和二儿子甘某礼各获得35%的股份，妻子麦某珍、三儿子甘某岐和女儿甘某玲各获得10%股份。之后，甘某成获得麦某珍10%股份，所持股份增至45%。甘某礼从甘某岐、甘某玲处各获得10%股份，所持股份增至55%，成为镛某控股大股东。甘某礼成为大股东后，安排自己的儿子进入董事局，阻挠甘某成查阅财务资料等，造成兄弟决裂。甘某成认为甘某礼损害其权益，兄弟间已无法合作，故要求甘某礼收购其持有的45%镛某控股股份。因甘某礼未正面回应，甘某成遂于2010年3月向香港高等法院提出申请，要求将镛某控股清盘。

香港高等法院原讼法庭审理了该案，原讼法庭认为甘某礼利用其大股东的地位改组公司董事会，确实对甘某成的权益造成不公平损害，但是：第一，镛某控股并非在香港注册成立的公司，亦未在香港设立营业地点，因而它不是《公司（清盘及杂项条文）条例》第32章第332条（现为第622章第2条）所指的"非香港公司"〔1〕，也并非该条例第32章第168A条〔2〕所指的

〔1〕 香港法例第622章《公司条例》第2条中对"非香港公司"（non-Hong Kong company）作了规定：指在香港以外地方成立为法团并符合以下说明的公司——(a)在第16部的生效日期当日或之后，在香港设立营业地点；或(b)在该生效日期前，已在香港设立营业地点，并在该生效日期继续在香港设有营业地点。

〔2〕 已由2012年第28号第912条及第920条废除。

"指明法团"。第二，因镛某控股与香港并无充分关联，因此不能根据该条例第32章第327(3)(c)条[1]之规定，以公正公平为理由将其清盘。因此，原讼法庭以无司法管辖权为由，驳回了甘某成的呈请。[2]

甘某成在一审判决前不久去世，其遗孀就一审判决提起上诉。另甘某礼亦就原讼法庭认定其构成不公平损害提出上诉。上诉法庭维持了原讼法庭就《公司(清盘及杂项条文)条例》第32章第327(3)(c)条关于司法管辖权所作出的裁定，其理由是：其一，基于独立法人原则，香港附属子公司所进行的活动和事务与镛某控股无关。其二，镛某控股的股东及董事在香港作出内部行政决策的事实不足以证明存在该公司与香港之间所需要的联系。上诉法庭认为，该法庭没有根据该条例第32章第168A条提供救助的司法管辖权，理由是：其一，就"于香港设立营业地点"而言，镛某控股所进行的内部企业活动未能符合该要求。其二，就"于香港设立营业地点"而言，附属公司所进行的活动及事务不应当在考虑之列。上诉法庭推翻了原讼法庭关于甘某礼对甘某成的权益造成不公平损害的结论，理由是：没有证据显示在股东或董事持不同意见时必须作出一致表决，甘某成在衡平法下亦无权否决应以投票决定的事项。因此，原讼法庭法官并没有就甘某成与甘某礼之间的相互理解作出充分裁断。[3]

甘某成的遗孀就司法管辖权问题及上诉法庭推翻原讼法庭关于不公平损害的裁断，向终审法院提出上诉。终审法院裁定上诉得直。终审法院认为，"在本案中，香港的法庭并无司法管辖权根据第168A条颁令。本

---

〔1〕 该条对非注册公司可被清盘的情况进行了规定：(a)如公司解散或已停业，或只为将事务结束而继续营业；(b)如公司无能力偿付其债项；(c)如法院认为将公司清盘是公正公平的。

〔2〕 参见《镛记清盘案：终审法院的裁决》，载香港律师协会，http://www.hk-lawyer.org/tc/content/%E9%8F%9E%E8%A8%98%E6%B8%85%E7%9B%A4%E6%A1%88%EF%BC%9A%E7%B5%82%E5%AF%A9%E6%B3%95%E9%99%A2%E7%9A%84%E8%A3%81%E6%B1%BA，2019年10月2日访问。

〔3〕 参见《镛记清盘案：终审法院的裁决》，载香港律师协会，http://www.hk-lawyer.org/tc/content/%E9%8F%9E%E8%A8%98%E6%B8%85%E7%9B%A4%E6%A1%88%EF%BC%9A%E7%B5%82%E5%AF%A9%E6%B3%95%E9%99%A2%E7%9A%84%E8%A3%81%E6%B1%BA，2019年10月2日访问。

案没有证据显示该公司在镛某大厦设有界定或有此需要，亦无证据显示该公司把其账簿及纪录存放在该大厦。该公司没有在香港设立界定以处理股份转让或股份登记事宜，于2009年4月之前亦无举行过董事局会议或股东大会。其后仅有八项由该公司或其董事作出的书面决议，而该等决议全部关于内部事务。因此，本院裁定该公司未曾在香港设立营业地点。”“然而，本院裁定，就第327(3)(c)条而言该公司与香港有充分的联系。本院裁定，所需的联系可以透过该公司的股东及附属公司确立。在本案中，该公司及其附属公司的股东和董事均居于香港。该公司的相关资产及其附属公司的附属公司所经营的业务均在香港，其收入亦来自香港的业务。该公司的行政决定及导致有关争端的相关事件均在香港发生。基于这些极为有力的因素，本院裁定该公司符合有关与香港的充分联系规定。”“本院继而考虑本呈请是否有理据支持。本院同意原审法院的裁决，即两兄弟的共识是每人均有权参与该公司的业务及每一方均须妥善地咨询另一方。已故的甘某辉生前是该公司的创办人及控权人，其意愿是把生意交由其两名儿子共同经营。第一答辩人由于在业务上排除及没有妥善咨询呈请人，因此已违反该项共识。本院裁定将该公司清盘是公正公平的。”〔1〕

“镛某控股清盘案”适用的原则及所确立的标准与美国的“长臂管辖”原则有同工之妙。长臂管辖权原指“当被告的住所不在法院所在的州，但和该州有某种最低限度的联系，而且所提权利要求的产生又和这种联系有关时，就该项权利而言，该州对于该被告有属人管辖权（虽然他的住所不在该州）”。这一原则要解决的核心问题是如何对非居民行使管辖权。〔2〕通

〔1〕 参见香港终审法院FACV 4/2015号裁定书。

〔2〕 长臂管辖权的类型包括两大类：一类适用于特定的争议类别，如“商业交易”“侵权行为”等，只有权利请求符合所指明的类别时，才可适用此种管辖权；另一类不指明所涉争议类型，而是规定只要符合正当程序和效果原则要求即可行使该权利。参见何雨亭：《美国涉外民事案件中的长臂管辖原则》，载中国法院网，https://www.chinacourt.org/article/detail/2017/02/id/2540647. shtml，2019年10月6日访问。

过“长臂管辖”原则，美国对其司法管辖权进行了世界性的扩张。

香港终审法院在“镛某控股清盘案”中作了两个判断，一是镛某控股与香港有充分联系；二是甘某礼对甘某成造成了不公正损害。基于上述两个判断，终审法院裁定香港法院对“镛某控股清盘案”有司法管辖权且镛记控股应予清盘。〔1〕该案确定了一家海外公司与本地（香港）产生关系的连结点，包括公司及附属公司股东和董事的居住地、公司的相关资产所在地、附属公司经营业务所在地、公司收入来源地、公司行政决定地及争端发生地等。该案以公平公正为理由将一家海外公司清盘，这在普通法系国家及地区的终审法院里尚属首次。由于清盘裁定是由终审法院作出，可预见将成为未来香港法院类案裁判的依据，也可能成为其他普通法系国家及地区的参照标准。

案例二：“R*案”。在“R*案”中，新加坡X公司于2003年5月14日在新加坡主动申请破产。同年6月初，包括PS公司在内的原告在香港扣押了X公司的四艘船。同年6月13日，法院下令变卖船只并于7月7日将船只卖出。根据变卖令，变卖所得应先存至法院，部分优先权尚待确定。PS公司就扣押的船只提起海事诉讼。X公司认为PS公司提起的海事诉讼应被撤销。香港法院认为香港并未启动针对债务人的破产程序，为保护香港债权人的利益，香港法院撤销了海事诉讼，否定了新加坡法院的破产管辖权。〔2〕

在这个案件中，香港法院以香港未启动破产程序为由撤销了相关海事诉讼。因此，该案中香港法院并未认可新加坡法院的破产管辖权。通过这个案件可以看出，香港法院对是否认可一个域外破产管辖权的判断，考虑的方面包括香港债权人利益是否受到影响，此与内地法院考虑社会公共利

---

〔1〕 终审法院在下达清盘令的同时，准许该令暂缓28日执行，给诉讼双方达成收购协议的机会。若双方未能达成协议，清盘令自动生效。最终双方未能达成协议，而清盘令生效。

〔2〕 参见王芳：《香港与内地跨境破产的法律框架研究》，载《政法论坛》2009年第5期。

益、公序良俗是类似的。

3.香港跨境破产管辖之分析[1]

在香港对一个非注册公司申请清盘有两种途径：一是先向该公司的注册地国申请清盘，待注册国受理清盘后，援引香港法院的固有管辖权，通过申请特定的救济方式或承认境外清盘人的权力的方式，寻求香港法院的协助。二是直接向香港法院申请清盘令。如果在香港法院申请清盘令前非注册公司已在其注册国进行清算，则在香港进行的清算一般会被认为是附属破产程序。此时，香港法院的做法是命令香港清盘人取回香港境内的资产、列出香港债权人的名单及将上述资产和名单发给主权破产程序的清盘人，使其可以宣布和支付分红。[2]

因此，在香港申请对一家公司进行清盘首先应分辨其是“注册公司”（registered company）还是“非注册公司”（unregistered company）。注册公司是指：其一，根据《1865年公司条例》、《1911年公司条例》、《公司条例》（第622章）在香港注册成立的公司；其二，少于8名成员并在香港注册成立的合伙、社团或公司；其三，根据《有限责任合伙条例》（第37章）在香港注册的合伙。非注册公司是上述公司以外的其他公司[3]，包括“注册非香港公司”。理解什么是“注册非香港公司”需先了解“非香港公司”（non-Hong Kong company）。“非香港公司”指在香港以外地区成立为法人并于《公司条例》生效后在香港设立营业地点的公司，以及在香港以外地区成

---

〔1〕 参见杨靖：《跨境企业集团破产管辖权的确定依据——以香港镛记控股清盘案为借鉴》，载《人民司法》2020年第25期。

〔2〕 参见王鸣峰、刘祉仁等：《香港清盘条例如何管辖跨境破产公司（二）》，载微信公众号“破产法快讯”，https://mp.weixin.qq.com/s/7SC2NO1PkEnDCbPBxM04sA。

〔3〕 香港法例第32章《公司（清盘及杂项条文）条例》第X部第326条对“非注册公司”（unregistered company）作了规定：（1）就本部而言，非注册公司（unregistered company）乃包括任何有限责任或非有限责任的合伙、任何社团及任何公司，但下述者除外——（a）根据以下条例注册的公司：《1865年公司条例》（1865年第1号）、《1911年公司条例》（1911年第58号）、《修订前的本条例》或《公司条例》（第622章）；（b）少于8名成员而并非在香港以外成立或设立的合伙、社团或公司；（c）根据《有限责任合伙条例》（第37章）在香港注册的合伙。（2）为免生疑问，现宣布在第（1）款中，非注册公司包括注册非香港公司。

立为法人并于《公司条例》生效前已在香港设有营业地点而且在《公司条例》生效时仍继续在香港设有营业地点的公司。[1]“注册非香港公司”则指在香港设有营业地点并根据《公司条例》第776条在香港注册处办理了注册(非指成立的注册,而是其他营业事务的注册)的非香港公司。[2]

在香港,如果拟对一家注册公司清盘,直接申请即可。而如果直接向香港法院对一家非注册公司申请清盘令,则需判断该公司是否属于可在香港清盘的非注册公司。根据《公司(清盘及杂项条文)条例》第327(3)条的规定,非注册公司可被清盘的情形包括:一是公司解散或已停业,或只为将事务结束而继续营业;二是公司无能力偿付其债项;三是法院认为将公司清盘是公正公平的。三种情形中的前两种比较易于判断,至于何种情况下法院会以公正公平为理由对一家非注册公司清盘[3],需要考虑以下两种因素。

一方面,是否在香港设有营业地点。如在香港设有营业地点,可认定为注册非香港公司,可根据《公司(清盘及杂项条文)条例》第327条的规定清盘。在考虑一家公司怎样才被视为在香港设有营业地点时,S* Lad. v. A*(UK)Ld.,[2011]5 HKLRD 145案的主审法官的判词有重要参考作用。该判词强调,“公司在香港设立的营业地点”与公司在香港经营业务的地点并不等同。“镛某控股清盘案”中原讼法院对上述问题采取了较为严格的标准,法官指出,“在香港设立的营业地点”反映该公司在香港有充分的实质业务活动,以致须在香港设有永久机构。公司仅在香港设有经营业务

〔1〕 参见《香港公司的分类》,载瑞丰德永,http://www.rf.hk/hkzn/hkys/16539.html。

〔2〕 非香港公司中,某些需要申请注册。《公司条例》第16部第776条规定:(1)本条适用于——(a)在本部的生效日期当日或之后在香港设立营业地点的非香港公司;及(b)符合以下说明的非香港公司——(i)在上述生效日期当日,在香港有一个于该生效日期前设立的营业地点;及(ii)没有遵守在紧接该生效日期前有效的《前身条例》第333条。(2)第(1)(a)款所指的非香港公司须在设立营业地点后的一个月内,向处长申请注册为注册非香港公司。(3)第(1)(b)款所指的非香港公司须在本部的生效日期后的一个月内,向处长申请注册为注册非香港公司。

〔3〕 非注册公司包括但不限于海外公司,本书只讨论海外公司的情形。

的地点并不足够，因为外国公司的职员也可经常来港公干，在同一家酒店或商务中心工作，这类地点当然不算是营业地点。该案上诉后终审法院维持了该判断。[1]

另一方面，与香港是否具有充分联系。如果公司在香港没有营业地点，也没有按照《公司（清盘及杂项条文）条例》第333条[2]或《公司条例》第777条[3]注册的，则考虑该司与香港是否具有充分联系。关于一家外国公司与本国是否有充分联系的考虑，最早在英国的R* Co.[1991]BCLC 210案中已有提出。主审法官在该案中确立了英国法院对外国公司行使清盘权力的三个要求：(1)有关公司必须与英国有充分关联；(2)清盘令必须有合理的可能性会令申请颁令者得益；(3)法院必须能够对1名或多名在公司资产分配中享有权益的人士行使司法管辖权。[4]以上要求亦在香港法院被遵循，被作为判断是否公平公正的因素之一。至于三个要求中有"充分关联"的判断，则在"镛记控股清盘案"中由香港终审法院作出了一个突破性的认定。

以上是一家公司能否在香港法院被清盘管辖的程序性判断，相关流程参见图3-1。

---

〔1〕 参见《控股公司在BVI香港法庭无管辖权？》，载新浪财经头条，https://cj.sina.com.cn/articles/view/6543835119/1860affef04800g7t1?wm=3049_0032。

〔2〕 已由2012年第28号第912条及第920条废除。

〔3〕 《公司条例》第 777 条规定：非香港公司的注册（1）处长如收到第776（2）或（3）条所指的申请，须将有关非香港公司注册为注册非香港公司。（2）如有关申请不属第776（5）条规定须载有本土名称的经核证译名的申请，处长须——（a）将有关非香港公司的以拉丁字母的字组成的本土名称或中文字本土名称，或同时将该两名称；及（b）将依据《程序规例》载该申请的某本土名称的经核证英文译名或中文译名（如有的话），记入公司登记册，作为法团名称。（3）如有关申请为第776（5）条的目的载有本土名称的经核证译名，则处长须将该译名记入公司登记册，作为法团名称。（4）处长如根据第（1）款注册非香港公司，须——（a）向该公司发出有处长签署的注册证明书，以核证该项注册；及（b）登记有关申请及随附的文件。

〔4〕 参见《基于公众利益把外国公司清盘的适用原则》，载柯伍陈律师事务所官网，http://www.onc.hk/zh_CN/principles-applicable-public-interest-winding-foreign-companies/。

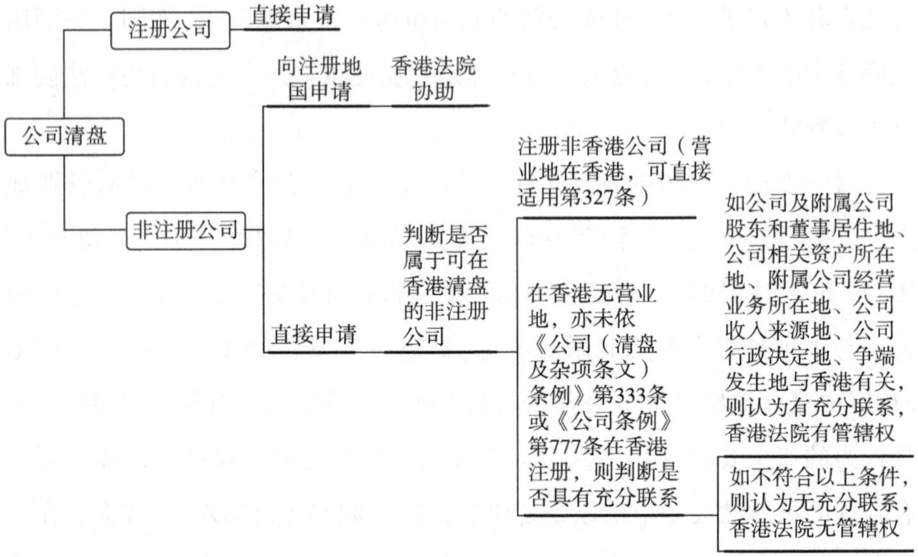

图3-1　香港公司清盘流程

（二）内地跨境破产管辖情况及与香港的比较

1.内地跨境破产管辖情况[1]

《企业破产法》第3条规定："破产案件由债务人住所地人民法院管辖"。内地关于企业的破产管辖，未作境内与境外之区分，关键在于判断该企业在境内是否具有住所。一家企业能否由一个法院管辖其破产，应先确定其住所是否在该法院辖区。

关于住所如何确定，《民法典》第63条规定："法人以其主要办事机构所在地为住所。依法需要办理法人登记的，应当将主要办事机构所在地登记为住所。"此前在司法实务中，常以注册地作为法人的住所地。但实际上，法人为了经营的需要，也可以在注册地之外的其他地方设立主要办事机构所在地或主要营业地，因此，法人的住所地并不限于注册地。关

〔1〕 参见杨靖：《跨境企业集团破产管辖权的确定依据——以香港镛记控股清盘案为借鉴》，载《人民司法》2020年第25期。

于主要办事机构所在地和主要营业地，曾在1992年最高人民法院《关于适用〈中华人民共和国民事诉讼法〉若干问题的意见》第4条中进行过表述，该条规定“法人的住所地是指法人的主要营业地或者主要办事机构所在地”。而《民诉法司法解释》(2015年)在确定法人住所地时删除了“主要营业地”这一判断依据。《民诉法司法解释》(2015年)第3条规定：“法人或者其他组织的住所地是指法人或者其他组织的主要办事机构所在地。法人或者其他组织的主要办事机构所在地不能确定的，法人或者其他组织的注册地或者登记地为住所地。”《公司法》(2018年)第10条规定：“公司以其主要办事机构所在地为住所。”《公司登记管理条例》第12条规定：“公司的住所是公司主要办事机构所在地。经公司登记机关登记的公司的住所只能有一个。公司的住所应当在其公司登记机关辖区内。”根据上述规定，确定法人住所地就是要确定其主要办事机构所在地，在主要办事机构所在地不能确定时，以注册地或登记地作为住所地。因此，法人的主要办事机构所在地应指法人事务的决策地与执行地。一般来说，“总部”就是主要办事机构所在地，但主要办事机构所在地不限于总部。“注册地”是指营业执照上登记的住址。公司登记是指公司在设立、变更、终止时，依法在公司注册登记机关由申请人提出申请，主管机关审查无误后予以核准并记载法定登记事项的行为，包括设立登记、变更登记和终止登记。因此“登记地”是指登记公司法定登记事项的地点。

确定一家企业能否在内地被破产管辖的流程见图3-2。

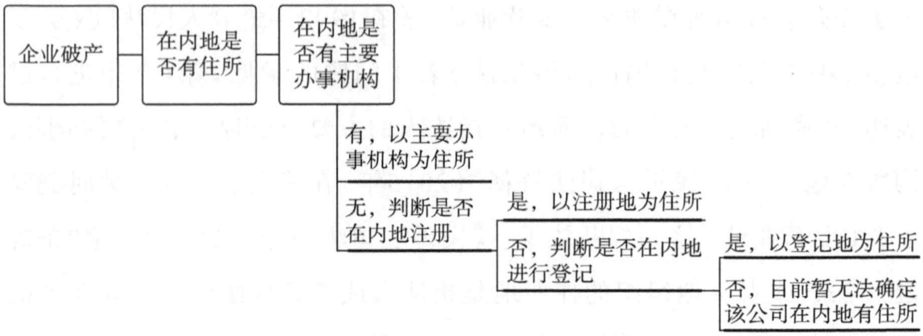

图3-2 内地破产管辖流程

现最高人民法院提出以主要利益中心地为管辖法院地的标准，而主要利益中心地宜以最充分联系原则进行判断。具体考虑以下因素："一，公司的大部分资产和雇员配置在哪个或哪些国家。二，世界各地的分支机构被谁拥有和控制，母公司在哪一国被拥有和控制。三，在母公司的组织机构中，重要职位人员（如执行官和董事会成员）的国籍如何，在东道国的分支机构中，最高决策者的国籍如何。四，母公司的法定国籍是什么。五，在出现突发事件情况下，公司整体向谁寻求外交保护和政治支持？六，哪一国的政府税收机构，如果愿意的话，有权向公司的全球收入而非其在当地的收入课税？"[1]判断最充分联系时，利益衡平原则应予顾及，并在确定最充分联系地时，同时考虑是否存在不方便法院的情况。如果几个法域均为合适的管辖地，可适用先受理原则，或者尊重当事人的意思自治适用协商原则。

内地目前尚未有专门的跨境破产管辖案件。内地法院在案件处理中论及跨境破产管辖的极少，一般不将管辖权作为一个问题来论述或对待。因此，难以找到专门处理跨境破产管辖问题的案例。在一些案例中，如2009年北京市第一中级人民法院受理北某汽车工业控股有限公司（以下简

〔1〕 贾琳：《跨国公司法律与实务》，知识产权出版社2012年版，第58页。

称北某公司）申请认可香港特别行政区法院作出的委任临时清盘人对北某公司命令案。内地法院在作出裁定时提到《最高人民法院关于内地与香港特别行政区法院相互认可和执行当事人协议管辖的民商事案件判决的安排》，虽然这个“安排”的主要内容是关于对民商事判决的认可和执行的，但针对的是当事人协议管辖的案件，因此算是涉及管辖的内容。只是该案的情形不属于该“安排”中可以认可和协助的协议管辖的情形，从而作出不予认可和协助的裁定。这个案件体现了内地法院在较早时期对待跨境管辖的谨慎态度。

2.内地与香港关于跨境破产管辖法律概念与司法观念的比较〔1〕

一方面，是相关法律概念的比较。从内地和香港分别使用的法律概念的含义来看：其一，内地的“主要办事机构所在地”基本相当于香港的“营业地点”。主要办事机构所在地要求必须是法人事务的决策地及执行地。如腾讯，其总部在深圳，经营决策主要在深圳作出，执行指令亦在深圳发出，因而其主要办事机构所在地为深圳。香港法律中并非仅有营业场所的地点就可以成为营业地点，如“镛某控股清盘案”中原讼法庭所述，“在香港设立的营业地点”应反映该公司在香港有充分的实质业务活动，以致须在香港设有永久机构。因此，这两个概念都反映出一个地点与法人有实质性的联系、有决策性的事项的作出及执行，才可考虑被作为破产管辖地。其二，香港法律中的“注册”有两层含义，“注册公司”中的“注册”与内地“注册地”中的“注册”含义相同。此两者的“注册”都指依据当地法律进行公司设立的登记活动。香港的“注册非香港公司”中的“注册”是指公司依海外法律成立以后，在香港设立营业地点，并根据香港法律进行有关营业事项的登记。此“注册”与内地的“登记地”中的“登记”含义类似，但内地的“登记”包括法人的设立、变更、终止等事项的登记，范围比香港

〔1〕 参见杨靖：《跨境企业集团破产管辖权的确定依据——以香港镛记控股清盘案为借鉴》，载《人民司法》2020年第25期。

"注册非香港公司"中的"注册"稍广。

另一方面，是司法机构关于跨境破产的观念的比较。香港法院对境外公司清盘所采取的态度是认为公司受其住所地法即注册国法管辖，故宜在公司的注册地申请清盘令。但香港法院同时认为，其管辖的破产程序对公司所有的资产都产生效力，无论该资产位于何处，香港法院作出的清盘令应被视为具有全球性效力。上述观点可视为是改良的破产普遍主义的观点。[1]内地未就跨境破产管辖单独立法，有关跨境破产管辖的法律直接适用前述《企业破产法》第3条"破产案件由债务人住所地人民法院管辖"的规定。

在香港，当一家境外公司与本地存在充分联系时香港法院可对其进行破产管辖，而对"充分联系"的判断则包括公司及附属公司股东和董事的居住地、公司的相关资产所在地、附属公司经营业务所在地、公司收入来源地、公司行政决定地及争端发生地是否在香港等。对于这些支点的数量需要达到多少才能视为有充分联系，笔者倾向认为，如果有三个支点以上可视为有足够的充分联系的证据；如是单个支点，支撑力稍弱，则需结合案件的其他具体情况再作判断。

（三）管辖的借鉴与合适管辖的确定

在跨境破产合作中，要使破产程序得到域外法院的承认与协助，拥有适合的破产管辖权是首要条件。破产管辖一般以破产人住所地为管辖法院地，普通民事诉讼的管辖也包括以当事人住所地为管辖法院地的情形。跨境破产管辖的特殊之处在于为了方便破产财产管理与分配，破产财产所在地应当被考虑作为破产管辖法院所在地的重要因素。跨境破产管辖冲突有积极冲突和消极冲突之分。积极冲突是针对同一债务人，各国或地区法院都主张自己享有破产管辖权；消极冲突是针对同一债务人，各国或地

---

〔1〕 参见王鸣峰、刘祉仁等:《香港清盘条例如何管辖跨境破产公司(一)》，载微信公众号"破产法快讯"，https://mp.weixin.qq.com/s/pu37y_abslC6rVRwzJWdxg。

区法院都主张自己没有破产管辖权，即没有法院愿意行使破产管辖权。内地目前尚无纯粹的跨境破产管辖案例，如何确定内地法院或香港法院对一个破产（清盘）程序享有合适的管辖权？我们可以对美国、欧盟及《跨境破产示范法》的相关规定与实践进行研究，以作参考。

1.美国的跨境破产管辖情况

美国民事司法管辖的一个重要特征是"长臂管辖"，破产作为民事司法的一个类型，对"长臂管辖"原则也是有适用的。"长臂管辖"源于属人管辖，在诉讼中，非本州或非本国的被告只要与受诉法院之间存在某种"特定联系"，则受诉法院可在保证原被告双方享有平等权利的前提下对被告行使管辖权。这一原则最早确立于1945年的"国际鞋业公司诉华盛顿州案"。成立于特拉华州、在密苏里州主营业的国际鞋业公司在华盛顿招聘了推销员，国际鞋业公司认为自己在华盛顿州没有设立营业地，故与该地没有"实际存在"，即没有关联。但联邦最高法院认为，只要被告与法院所在地有最低限度的联系，即可认定存在关联。此成为"长臂管辖"的最初理论。〔1〕此后，1955年伊利诺伊州制定了《长臂管辖原则法》，将"长臂管辖"原则纳入立法。后明尼苏达州等三十多个州跟进颁布了同样的法案。〔2〕这是对"长臂管辖"适用范围的再一次拓宽。20世纪60年代后，美国开始运用"可预见性"作为适用"长臂管辖"的标准。在"汉堡王诉鲁兹维奇案"中，美国法院又将"合理性"标准作为适用的审查要素。后金斯伯格法官提出"持续、系统的商业联系"标准，这是对"长臂管辖"的一个收缩。〔3〕跨境破产方面根据美国破产法之规定，如果破产人有财产位于美

〔1〕 参见霍政欣、金博恒：《美国"长臂管辖"权研究——兼论中国的因应与借鉴》，载《安徽大学学报（哲学社会科学版）》2020年第2期。

〔2〕 参见于倩：《美国"长臂管辖"原则的本质、影响及应对》，载《湖北经济学院学报（人文社会科学版）》2020年第8期。

〔3〕 参见霍政欣、金博恒：《美国"长臂管辖"权研究——兼论中国的因应与借鉴》，载《安徽大学学报（哲学社会科学版）》2020年第2期。

国，则美国法院可行使破产管辖权。此并非要求主要财产位于美国，只要有财产即可。[1]

我们可从一些案例窥见美国跨境破产管辖的实践情况。

B* v. B**案。在一个破产程序中，第三人B**为一笔财产向破产财产受托人D支付了对价，但未能获得相应财产。美国联邦最高法院认为，B**支付了对价却还失去财产，这不公平，因此同意区法院对由破产财产提起的反对B**追回财产和取代其财产权利的诉讼拥有管辖权。[2]这是在必要破产管辖权原则下发展出来的补充破产管辖权。

Stern案。该案涉及一个在破产受理州外的其他州的民事诉讼，按照得克萨斯州的法律，这种情况下其他州的法院有权启动破产程序。但是联邦最高法院认为，其他州的民事诉讼未涉及核心事项，因此不能建立破产管辖的关联。[3]这是美国法院对于破产管辖权进行收缩的一个案例。

上述案例体现了美国在跨境破产及其衍生诉讼的管辖中既有扩张也有收缩，从作出或扩张或收缩决定的理由来看，公平原则、核心事项原则是法院考虑的重要因素。

2.欧盟的跨境破产管辖情况

欧盟现行关于跨境破产案件管辖权规定见于《欧盟破产程序条例》第3条第1款和第2款。而根据《欧盟破产程序条例》说明部分第14条的规定，《欧盟破产程序条例》适用的情况限于债务人主要利益中心地（centre of main interests）位于条例缔约国境内的情形。[4]

---

〔1〕 参见黄少彬、张旭、温文治：《国外跨国破产管辖制度及对我国立法的启示》，载《湖南财政经济学院学报》2011年第4期。

〔2〕 参见李宜利：《美国破产法院管辖权研究》，华东政法大学2015年硕士学位论文，第13-14页。

〔3〕 参见杨晓楠：《美国宪法破产条款下法院管辖权的诠释：一种联邦主义的视角》，载《中国法律评论》2020年第6期。

〔4〕 参见肖永平、邓瑾：《论欧盟法中跨国企业集团破产的管辖权》，载《江苏警官学院学报》2010年第6期。

欧盟国家之间跨境破产管辖权如何分配与主破产程序及从破产程序有关，区分两种程序的关键在于对债务人主要利益中心地的确认：以债务人主要利益中心地为主破产程序的启动地，而从破产程序则可由债务营业所所在地进行启动。这两种破产程序构成《欧盟破产程序条例》主、从破产程序并行模式的核心框架。在确定主、从破产程序时，主要利益中心地是重点。

"主要利益中心地"在介绍美国破产法时曾提到过，实际上，美国破产法中的这一概念即源于欧盟跨境破产法。对"主要利益中心地"的判断是最密切联系原则的一个体现。而以主要利益中心地确定主、从破产程序同时体现了国际礼让的国际法渊源。

实践中，欧盟各法院在审理案件时对"主要利益中心地"的判断的自由裁量权非常大。欧盟法院对"主要利益中心地"的认定也经历了一个认识不断变化的过程。下面通过三个案例来看看这种发展。

（1）E*案。在E*案中，欧盟法院首次对"主要利益中心地"的理解问题作出判断。1997年，E*有限公司在爱尔兰都柏林注册登记成立，作为位于意大利的P* SPA公司的全资子公司，E*公司的主要作用是为P*集团提供金融服务，其在爱尔兰并无雇员，亦无办事机构。2004年1月，E*公司因陷入财务危机而被债权人向都柏林高等法院提出破产申请。都柏林高等法院认为，债权人美国银行确信都柏林为E*公司的主要利益中心地，因此都柏林高等法院对该破产案件享有管辖权。因P* SPA公司当时已在意大利进入重整程序，随后，P* SPA公司的清算人向意大利的帕尔玛法院亦提出对E*公司的破产申请。帕尔玛法院认为，E*公司设立的目的是作为母公司的融资工具，其主要管理职能受母公司P* SPA公司控制，E*公司的主要利益中心地应跟随母公司，因此应认定其主要利益中心地位于意大利。因存在分歧，爱尔兰最高法院将争议提交欧盟法院进行裁判。欧盟法院认为，一是《欧盟破产程序条例》仅调整单一企业，不调整母子公司的关系，母子公司有独立的法人格，可有各自独立的主要利益中心。二是公司内部的经营决策权在谁的事实很难为外人所知晓，当公司的主要利益中心地与其注册登记地不一致时，仅凭公司的经营决策受到位于另一成员国的母公司的控制这一点，并不足以推翻关于该司主要利益中心地在哪里的推定。因此，客观的且第三人可辨别的标准非常重要，这样有利于统一各成员方法院的观点，保障判断结果的确定性和可预见性。最终，欧盟法院认定E*公司的主要利益中心位于都柏林，爱尔兰法院有管辖权并该地启动的破产程序为主要破产程序。〔1〕

（2）I*案。I*公司原在意大利设立，2001年7月，该司的注册地址由意大利的莫诺波利转移到英国的伦敦，在英国的工商局进行了注册登记，同时在意大利被注销。此后几个月，I*公司将其位于意大利的房产进行了转让，之后在英国亦被注销。I*公司的一个债权人向意大利的巴里法院对I*公司提出破产申请。I*公司认为意大利法院并无权受理，其理由是公司已从意大利迁移至英国，其破产程序只受英国法院管辖。为解决该管辖权争议，巴里法院将此案提交给欧盟预先判决程序。欧盟法院受理后，在该案中进一步发展了E*案中对“主要利益中心地”的判断标准，认为在推翻“主要利益中心地”的推定规则时，需综合公司的经营地或财产所在地等能够被他人识辨的因素。如果债务人在破产前对主要利益中心地进行了变更的，可以新地点作为受理地。〔2〕

（3）E*集团破产案。E*是一个跨境企业集团，其在荷兰注册，子公司遍布欧洲，但主要业务由法国的三家子公司管控。2006年，集团企业在法国提出重整申请。法国法院认为，虽然企业集团未在法国注册，但集团有

〔1〕 参见张玲：《欧盟跨界破产管辖权制度的创新与发展——“主要利益中心”在欧盟适用的判例研究》，载《政法论坛》2009年第2期；邓瑾：《论欧盟破产法中“主要利益中心地”的确定及其对我国的启示》，载《法律适用》2010年第8期。

〔2〕 参见刘思利：《欧盟新破产程序条例研究》，大连海事大学2017年硕士学位论文，第20页。

位于欧洲各地如德国、比利时等地的子公司，集团的主要决策地在法国，那么可认为集团是一个一体化程序很高的集体，对这一集体的主要利益中心的判断可适用整体法。因此，法国法院同意受理E*集团重整。〔1〕

前述三个案例一方面表明主要利益中心地是欧盟法院对跨境破产程序予以认可的基本的、重要的要素；另一方面反映了欧盟法院对主要利益中心地的认识与判断是一个不断深化的过程，这种认识是一种灵活且务实的认识。

3.跨界破产贸易示范法的规定与实践

《跨境破产示范法》关于管辖权的直接规定并不多，其中第10条规定："仅仅基于外国代表依照本法向本国某一法院提出了申请的事实，不得造成外国代表或债务人的外国资产和事务因申请以外的任何理由受本国法院的管辖。"杨立认为，该规定称为安全通行规则，旨在防止本国法院不能仅以外国破产管理人请求对外国破产程序予以承认就对债务人所有破产财产行使管辖权。〔2〕上述规定是关于有限的管辖权的规定。根据《跨境破产示范法》的规定，跨境破产管辖权可分为三类：一是主破产程序管辖权，二是从破产程序管辖权，三是平行破产程序管辖权。

区分跨界破产案件管辖权类型最主要的就是对债务人主要利益中心进行判别，此与《欧盟破产程序条例》把握的标准基本一致。但是，《跨境破产示范法》中未直接对主要利益中心地进行定义，而是在一些具体条款中提到这一概念。根据《跨境破产示范法》第2条关于"定义"的规定，"'外国主要程序'系指在债务人主要利益中心所在国实施的某项外国程序"；〔3〕"'外国非主要程序'系指有别于外国主要程序中某项外国程序，

〔1〕参见张玲：《欧盟跨界破产管辖权制度的创新与发展——"主要利益中心"在欧盟适用的判例研究》，载《政法论坛》2009年第2期。

〔2〕参见杨立：《跨境破产法律制度研究》，吉林大学2014年博士学位论文，第144页。

〔3〕《跨境破产示范法》（中文版）第2条（b）项。

该程序发生在本条(f)项涵义内的债务人营业所所在的国家"。[1]其中第2条(f)项对营业所进行了规范:"'营业所'系指债务人以人工和实物或服务进行某种临时性经济活动的任何营业场所。"《跨境破产示范法》第16条"关于承认的推定"第3款规定:"如无相反证据,债务人的注册办事处或个人的经常居住地被推定为债务人的主要利益中心。"《跨境破产示范法》第17条"承认外国程序的决定"第2款规定:"该外国程序应承认为:(a)外国主要程序,如果该外国程序发生在债务人主要利益中心地所在国;或(b)外国非主要程序,如果债务人在该外国拥有第2条(f)项涵义内的营业所。"

《跨境破产示范法》实质上是通过对域外破产程序的承认间接地确立以主要利益中心地为管辖地的原则,实际上未直接规定跨境破产统一管辖。[2]如以下两个案例。

P* Limited案。该案中,债务人在百慕大注册,而将主要营业地放在香港。债务人先在香港启动破产程序,后在百慕大也启动了破产程序。为了避免管辖权冲突及保证香港任命的清盘人对香港之外的财产有权处置,香港和百慕大的破产程序均任命了来自同一家国际律所的清盘人,此过程中签订了协议,同意将百慕大程序作为主破产程序,香港程序作为非主要破产程序,但同意债务人资产在香港地区进行清算。[3]

P* & T* Inc.案。这个案件涉及在美国和加拿大并行的两个重整程序,债务人在两国均有大量资产,因而制订了便利统一的和协调在两个法域中同时活动的破产协议,该协议纳入了《法院对法院联系准则》,允许两国法

[1] 《跨境破产示范法》(中文版)第2条(c)项。

[2] 张玲:《跨国破产国际合作的框架——联合国跨界破产示范法述评》,载《经济论坛》2004年第22期。

[3] 参见《贸易法委员会跨国界破产合作实务指南》(中文版)案例30,第132页,载https://uncitral.un.org/sites/uncitral.un.org/files/media-documents/uncitral/zh/practice_guide_ebook_chinese.pdf,2024年4月9日访问。

院协商以找到管辖权冲突的适当方法。财产所在地是这一重整程序进行各项考量的一项重要因素，协议约定，在正常经常程序之外涉及债务人资产的处理都要得到财产所在地法院的许可。[1]

4.国际规定与实践对内地法院审查香港清盘程序是否具有合适管辖的启示

综观美国、欧盟及《跨境破产示范法》的司法实践，可得如下启发：一是“长臂管辖”是美国司法管辖的一个重要特点，不仅体现在民事、刑事的一般案件中，也体现在破产案件中。中国的诉讼案件包括破产案件，也可参照设定管辖条件。管辖连结点可考虑属人方面的连结点，如债务人所在地、债权人所在地，属地方面的连结点，如财产所在地、主要营业场所所在地、主要决策地、利益中心所在地等。二是欧盟国家间跨境破产管辖权的分配特点是认可平行破产程序，按照是否债务人主要利益中心地来区分主破产程序与从破产程序的管辖权。因此，在上述连结点中，经一些国家或地区实践，主要利益中心地是一个较为合适的考虑因素。同时，允许平行破产程序的开展，可区分主破产程序与从破产程序，从破产配合主程序。三是《跨境破产示范法》强调了对主要利益中心地的判断，并未基于其一部国际私法的地位而要求对跨境破产进行统一管辖，而是务实地认可了主、从破产程序。这种务实的做法容易赢得各国或地区的青睐，使其更广泛地被各国或地区所采纳。《跨境破产示范法》关于主要利益中心地的确定为内地法院作类似判断提供了很好的参考，我们可以对主要财产所在地、主要营业场所所在地、主要决策作出地等进行充分考虑，在对上述因素进行综合评判的基础上作出相关认定。

---

〔1〕 参见《贸易法委员会跨国界破产合作实务指南》（中文版）案例33，第132页，载https://uncitral.un.org/sites/uncitral.un.org/files/media-documents/uncitral/zh/practice_guide_ebook_chinese.pdf，2024年4月9日访问。

跨境破产管辖与普通民商事管辖有相似之处，在对跨境破产管辖进行判断的时候，也可以参考跨境民商事管辖的做法。在国际民事诉讼中，中国法院在因合同或财产产生的纠纷的诉讼中，即使被告在中国没有住所，也可以因合同在中国境内签订或履行，或有诉讼标的物或可供扣押的财产或有代表机构在中国境内对被告进行管辖，而有权管辖的法院包括合同签订地、合同履行地、诉讼标的物所在地，可供扣押财产所在地、代表机构所在地法院。此外，如果是侵权诉讼，侵权行为地法院将有管辖权。〔1〕

再结合内地与香港的司法实践，笔者认为，宜将债务人住所地、主要破产财产所在地、利益中心所在地等因素作为连结点，综合考虑以确定最充分联系地（可能不止一地），由该地法院对跨境破产案件进行管辖。承认在不同地点启动的平行破产程序，以利益中心地为破产主程序的管辖法院地，以债务人住所地、主要破产财产所在地、债务人营业地法院地为破产从程序的管辖法院地较为合适。在对前述几个因素确认时，应考虑在时间上这些地点有效连续存在一段时间（6个月）以上。

此外，《民事诉讼法》在国际民事诉讼中还有一些关于专属管辖的规定，例如，对于“三资”企业〔2〕所涉诉讼，如果属于在中国境内履行的中外合资经营企业合同、中外合作经营企业合同和中外合作勘探开发自然资源合同项下产生的纠纷，则由内地法院专属管辖。〔3〕但是，如果破产企业是“三资”企业，是否必须由内地法院行使专属的破产管辖权？值得注意的是，2023年《民事诉讼法》对于第279条有两个重大修改，其中之一是增加了“（一）因在中华人民共和国领域内设立的法人或者其他组织的设立、解散、清算，以及该法人或者其他组织作出的决议的效力等纠纷提起的诉讼”

〔1〕 参见《民事诉讼法》（2023年）第276条。

〔2〕 “三资”企业是指中外合资企业、中外合作企业、外商独资企业。

〔3〕 参见《民事诉讼法》（2023年）第279条第3项。

由人民法院专属管辖的规定。这表明不仅是“三资”企业，凡在中国领域内设立的企业有关清算的纠纷均由内地法院专属管辖。那么，鉴于“三资”企业的特殊属性，此类企业的破产案件则应由内地法院行使破产专属管辖权。

还有一个问题，如果在香港进入清盘程序的企业是国有企业，是否应由内地法院行使专属管辖权？“各国都只是在很少的案件中规定专属管辖权。一般除审判管辖权仅仅属于法院国的情况外，主要是在有关国家本身的实体法制度支配下的案件和私人权利的主张会影响到国家的政治利益以及国家机构的利益大于当事人利益的案件中采用专属管辖权。专属管辖权因此成为内国实体法适用的最后和最有力的担保。”〔1〕一般来说，在以下情况下可能会适用专属管辖，一是涉及特定国家机构的案件；二是涉及国家安全的案件；三是涉及本国特有制度，从而涉及特别权利义务的案件，此属外国法律无法解决相关纠纷的情形。中国的国有企业数量多，经济体量大，在国际上是一个独特的存在。中国是否可能会以国有企业涉及国家利益为由，对国有企业在诉讼程序上实行专属管辖、在审判实体上进行优先保护，从而可能损害民营企业、个人或外国经济体的利益？事实上，我们从改革开放四十年的司法实践看，国有企业并未在相关诉讼中获得特殊待遇。例如，在中学生报社诉中报公司合同纠纷案中，最高人民法院通过再审审查认定，中学生报社虽系国有企业，但其利益不能简单认定为国家利益。〔2〕而从《合同法》及《民法典》等规定看，亦并未对国有企业规定有比其他经济体更特别的保护。据此看来，在香港进行经济活动的国有企业，应接受香港法律的规制，内地法院不会以国有企业需专属管辖为由排斥香港法院对其清盘管辖权。

---

〔1〕　李双元、谢石松：《国际民事诉讼法概论》，武汉大学出版社2001年版，第175页。

〔2〕　参见（2017）最高法民申*号民事裁定，载“把手案例”，https://www.lawsdata.com/#/documentDetails?id=5abd2f96e138232d98247922&type=1&keyword=WyLkuK3lrabnlJ%2FmiqXnpL4iXQ%3D%3D。

二、域外破产程序正当性的判断

作出清盘令的程序具有正当性是清盘令得到认可的前提。

（一）程序正当性原则

“正当程序原则起源于英国普通法传统中的‘自然公正’原则，后经美国法沿袭与发展为‘正当法律程序’原则。”[1]程序正当是一国破产法院考虑是否承认他国破产程序的重要因素之一。“程序正当是指外国破产程序能否确保东道国债权人可以实质参与其中、进行适当交流，并能够拥有充分的时间进行考虑和回复。”[2]

美国州法院在跨界破产案件中就对外国破产程序需满足正当程序作出要求。例如，俄克拉荷马州东区法院在2012年审理一起跨界破产案件时提出，如果一个外国破产程序不满足正当程序及告知的要求，那么有可能触发《美国破产法》第15章中的公共政策例外条款，从而不能得到承认。该案中“债务人于2008年在意大利进入破产重整程序，2011年债务人向美国法院申请破产保护，请求美国法院中止其债权人正在美国进行的诉讼活动。经查明，该案涉及的主要债权人是一家美国公司，由于未收到意大利程序的启动通知，导致债权人错失了申报债权的期限，从而无法在意大利重整程序中行使表决权等法定权利。美国法院认为，该意大利程序剥夺了债权人受美国立法保护的被告知及出庭听审的权利，考虑到这两项权利是最为基本的程序性权利，最终美国法院援引公共政策例外条款，拒绝对该

〔1〕 崔梦雪：《正当程序原则法律价值浅议》，载《合作经济与科技》2019年第17期。

〔2〕 郭玉军、付鹏远：《我国跨国破产承认与协助制度：理论、实践与规则完善》，载《武大国际法评论》2018年第4期。

意大利程序予以承认和救济”。[1]

在判断程序是否正当上，欧盟法院同样强调被告知权和出庭权。欧盟法院认为，债权人或其代表人在破产案件中是否得到与对方当事人对等的权利，案件中控辩双方的权利义务是否平等，是判断一个破产程序是否公平的重要因素。欧盟法院在2006年的“欧洲食品公司破产案”中就强调了这一权利。当然，这一权利的具体表现是可以根据破产案件的具体情况有所变化的。[2]

内地司法观念中，程序正义越来越受到重视，程序正义与实体正义并重。因此，内地法院对一份域外裁判进行审查时，作出该域外裁判的程序是否合法恰当就是审查的一项重要内容。

（二）程序正当性的判断

一个域外程序必须具有正当性才能获得域内法院的认可。判断清盘程序是否具有正当性主要考虑以下几个方面。

1.破产流程是否依照法院地法恰当开展

民事诉讼涉及送达程序、开庭（听证）程序、举证质证程序、辩论程序等方面。在破产程序中，还涉及债权申报程序、债权人会议召开程序、各种方案的通过程序尤其是重整计划草案的通过程序等。

（1）送达程序中涉及的问题包括送达形式与送达效果两个方面。送达形式上，随着现代科技的发展，很多法院启用了电子送达，即将以前的以邮寄方式寄送纸质文书改为以电子邮件或短信方式送达电子文书。这是随着人口迁移加量、加速，大量个人当事人离开身份证住所地到其他城市工作生活，为解决新型“送达难”而提出的创造性、务实性的送达方式。电

---

〔1〕 See in re Sivec SRL, 476 B.R.310（E.D.Oklahoma 2012）.转引自黄圆圆:《公共政策例外条款在跨界破产中的适用与启示》，载《时代法学》2018年第4期。

〔2〕 See in re Eurofood IFSC, 2006 E. C. R. I–3813. 转引自黄圆圆:《公共政策例外条款在跨界破产中的适用与启示》，载《时代法学》2018年第4期。

子邮箱与手机号码在当事人离开住所地之后仍可保持不变，具有相对稳定性。此外，电子送达还具有即时送到、高效快速的作用。

香港法院关于送达的规定见《高等法院规则》[1]，其常用的送达方式包括邮寄和面交，其中邮寄又包括平邮和挂号，而面交这种方式当事人可通过己方律师向对方当事人进行送达。香港法院对送达经历了"从保守到开放再到创新的转变"[2]的过程。在北京橙天嘉禾影视制作公司诉张某某案中，香港法院认为原、被告在诉讼期间有多次电邮沟通，但原告未在电邮中告知被告其在香港对被告提起诉讼的情况，从而认为原告未对被告进行有效送达。虽香港法院作出了缺席判决，但最终认为该判决因送达缺陷而无效。[3]该案例表明，当电子送达成为常态之后，在有条件使用电子送达而未使用时，反而会成为送达缺陷从而影响相关程序的效力。而随社会的进一步发展，香港法院还将社交媒介送达纳入替代送达方式进行考量，如在Z* Co. Ltd. v. P*（HCZZ 10/2020）案中，法院批准了通过脸书关联的聊天软件"飞书信"送达[4]。

（2）在开庭程序中，电子化、视频化的发展使"云庭审"成为现实，而在线诉讼如何保障当事人的参与权、辩论权，庭审过程是否公开直播，线上开庭是否征得当事人同意等，是判断"云庭审"正当性的重要考量因素。

最高人民法院在2020年2月18日发布了《关于新冠肺炎疫情防控期间加强和规范在线诉讼工作的通知》，提出"各级人民法院要积极引导各方诉讼主体依法有序开展在线诉讼活动，大力完善在线办理流程和在线诉讼规程，制定发布内容全面、指引清晰、简便易行的在线诉讼操作指南"的要

---

〔1〕《高等法院规则》第65号命令第5条规则（1）项。转引自张烁：《香港地区法院的电子送达》，载《中国审判》2020年第19期。

〔2〕张烁：《香港地区法院的电子送达》，载《中国审判》2020年第19期。

〔3〕参见张烁：《香港地区法院的电子送达》，载《中国审判》2020年第19期。

〔4〕参见张烁：《香港地区法院的电子送达》，载《中国审判》2020年第19期。

求及“相关内容不得突破现行法律和司法解释规定”，要“尊重当事人对案件办理模式的选择权……当事人同意案件在线办理的，应当在信息系统确认、留痕，确保相关诉讼活动的法律效力。当事人不同意案件在线办理，依法申请延期审理的，人民法院应当准许，不得强制适用在线诉讼”。[1] 2021年2月3日，最高人民法院发布《关于为跨境诉讼当事人提供网上立案服务的若干规定》，提出“人民法院为跨境诉讼当事人提供网上立案指引、查询、委托代理视频见证、登记立案服务”，[2]此处的跨境诉讼当事人包括外国人、港澳台居民、经常居所地位于国外或者港澳台地区的内地公民以及企业和组织。[3]与之相仿，英国在《2020年冠状病毒法案》（Coronavirus Act 2020）中对法庭扩大使用录像和音频技术进行了规定，允许在刑事案件中使用音视频的实时链接，允许公众通过音视频参与诉讼等。[4]

（3）程序正当性还包括保障当事人以本国或本民族语言进行诉讼等权利。中国是多民族国家，各民族人民在国家中均享有平等的权利，语言文字是一个民族区别于其他民族的重要特征之一。因此，《民事诉讼法》（2023年）第11条第1款规定了各民族公民都有用本民族语言、文字参加民事诉讼的权利，这是宪法规定了的我国各民族一律平等的原则的体现。根据这一原则，中国公民在香港参加诉讼应当可以使用汉语（普通话），如法庭使用了英语，诉讼当事人有权要求法庭提供翻译。

（4）破产程序中，涉及程序正当性的方面包括预重整的效力判断、重整计划草案中的分组表决、重整计划草案的强裁等。

---

〔1〕《关于新冠肺炎疫情防控期间加强和规范在线诉讼工作的通知》，载最高人民法院网，https://www.court.gov.cn/fabu-xiangqing-220071.html，2023年4月6日访问。

〔2〕《关于为跨境诉讼当事人提供网上立案服务的若干规定》，载最高人民法院网，https://www.court.gov.cn/zixun-xiangqing-286341.html，2023年4月6日访问。

〔3〕参见《关于为跨境诉讼当事人提供网上立案服务的若干规定》，载最高人民法院网，https://www.court.gov.cn/zixun-xiangqing-286341.html，2023年4月6日访问。

〔4〕See “Coronavirus Act 2020”，“legislation.gov.uk”，https://www.legislation.gov.uk/，visit on 06/04/2023.

内地关于预重整的首个全国指导性文件是最高人民法院2018年3月4日发布的《全国法院破产审判工作会议纪要》，该纪要提出"探索推行庭外重组与庭内重整制度的衔接。在企业进入重整程序之前，可以先由债权人与债务人、出资人等利害关系人通过庭外商业谈判，拟定重组方案。重整程序启动后，可以重组方案为依据拟定重整计划草案提交人民法院依法审查批准"的主张。前述的"庭外重组"实质即预重整。因此，预重整的效力通过以会议纪要为表现形式的司法政策得到了确认。

关于重整计划草案的分组表决，主要是考察分组及财产分配方案是否合理等。比如在内地，一般对小额债权人会给予特殊照顾，很多重整程序会将债权额在50万元以下的小额债权人分为一组，并且在重整计划草案中对该部分债权人给予全额清盘或较高比例的清偿。企业进入重整程序，其股东的权益本已归零，但在重整计划表决中，一般还会将出资人分为一个组，股东仍有相关表决权。当然，大多数情况下因为企业资不抵债，股东对企业已不具有实际利益，因此在重整计划草案中往往会将出资人的权益归零。也有情况下出资人组会对该种安排投反对票，此时重整计划草案因未能得到全部级别的通过而可能需要提交法院强裁。内地法院对重整计划草案进行强裁主要是根据《企业破产法》第87条的规定，考虑重整计划草案是否做到以下几个方面：一是特定债权得到清偿；二是普通债权的清偿比例不低于在清算程序中的清偿比例；三是对出资人权益的调整公平公正；四是对同一表决组成员公平对待；五是企业继续经营的方案可行等。此外，重整计划草案是否照顾了各方利益；表决的分组如出资人组、劳动者组、小额债权组等是否安排齐全；重整计划草案的表决中如关于参与表决的人数、通过表决的人数的规定等亦需要考虑。

对香港清盘程序正当性的判断，内地法院一般会根据内地法律的相关规定对前述是几个重点方面进行判断；而在一般性的判断方面还需要注意：(1)法院受理破产案件后，是否在规定的时间内指定管理人，管理人的指定是否符合法定要求，如是否摇珠选定等。(2)是否给予债权人足够的申报债权的时间，有关申报债权的事宜是否进行了公告，公告是否在符合规定的媒介上进行等。(3)是否在规定时间内召开债权人会议，尤其是第一次债权人会议。债权人委员会的选举是否符合相关规定，如部分未确定的债权人是否能够保留表决权等。(4)重整程序中，重整计划草案是否在规定的时间内提交表决。(5)破产财产的价值评估是否按照规定的程序进行，是否委托了适当的评估机构，评估机构的评估是否符合法定程序。(6)破产财产的变价是否经过法定程序。(7)破产财产的分配是否经法定程序并合理。

除上述审查事项外，对香港清算程序正当性的判断，还可结合香港清算程序的特点进行。例如，临时清盘人或清盘人的资格是否适格、临时清盘人或清盘人是否按照法律的要求进行履职、清算程序中各个时间节点是否符合法律规定、破产财产的评估、变价、分配是否符合法律规定等。

2.是否公平对待所有债权人

债权人是否得到公平对待主要通过各国债权人在该外国破产程序中是否享有同等的表决权及其他时间性、辩论性权利考察。这个考察主要是关于程序性事项的考察。“根据国外立法和司法实践，大多数国家对本国债权人利益保护的重点放在了程序性权利方面，在国外破产程序中受偿份额的差异不应成为阻碍本国法院承认的考量因素。”[1]因此，在实体处理中，由于债权本身分为不同类别，因此不同类别之间的债权人不能直接进行对比，只能是同一类别的债权人之间进行对比。

关于债权的种类，一般分为优先债权，如劳动债权、税收债权(在内地，税收的利息作为普通债权)、劳动债权和普通债权，有的国家和地区还设有劣后债权。

---

〔1〕 宋建立：《跨境破产案件的司法应对》，载《人民司法(应用)》2018年第22期。

在内地，劳动债权具有非常靠前的优先性，仅次于共益债务清偿，这是与我们的国家制度、社会制度密切相关的。劳动债权体现的是人民群众获得劳动报酬的基本权利，是宪法关于劳动权保障的一个重要体现。并且，劳动债权不仅涉及劳动报酬的兑现，还涉及基本生存的权利。因此，在内地破产债权的排序中，劳动债权是除共益债务外的第一顺位债权。此外，在实践中，劳动报酬还区分为一般职工劳动报酬和农民工工资两大类。在制度设计上，对农民工工资还有更特殊的保护，例如，规定在建设工程纠纷案件中，承包人对所建设工程享有优先受偿权，实际就是考虑到承包人所雇佣的工人大部分为农民工，属于弱势群体，他们法律知识较少，保障自己权利的能力较弱。因此，通过承包人对建设工程享有优先受偿权的方式保障承包人能够拿到足够的工程款以支付农民工工资。

此前内地还有担保债权与劳动债权优先之争，在内地破产法中，担保债权并未明确表述为优先债权，但根据《企业破产法》第109条的规定，“对破产人的特定财产享有担保权的权利人，对该特定财产享有优先受偿的权利”，实际上，这种债权还具有优于优先债权的权利。根据上述规定，享有担保权的人在对该特定担保财产进行优先受偿后，如有剩余财产才纳入破产财产对其他债权人（包括具有优先级别的债权人）清偿。也就是说，抵押的财产甚至需要先用于清偿该担保债权后再列入破产财产进行分配。但是，考虑到劳动债权的特殊性，《企业破产法》还是在第132条规定了“本法施行后，破产人在本法公布之日前所欠职工的工资和医疗、伤残补助、抚恤费用，所欠的应当划入职工个人账户的基本养老保险、基本医疗保险费用，以及法律、行政法规规定应当支付给职工的补偿金，依照本法第一百一十三条的规定清偿后不足以清偿的部分，以本法第一百零九条规定的特定财产优先于对该特定财产享有担保权的权利人受偿”。对上述规定的理解，该版《企业破产法》于2007年1月1日起施行，破产企业在该日期前如有欠劳动者工资和医疗、伤残补助、抚恤费用等款项的，如破产财产不足以清偿该部分债权，则还需要以担保财产来优先清偿。也就是产生于2007年1月1日之前的劳动债权具有比担保债权更优先的顺位。

不同的国家或地区在实体上对各类债权的清偿顺位排序多不相同，一般来说，不会以实体上这种顺位不同而否定在其他国家或地区启动的破产程序的正当性。郑维炜就提出："若在外国破产程序中，由于当地法律规则的不同导致我国债权人的清偿序位和赔偿份额降低，原则上不宜将该情况视为对我国债权人合法权益的损害。"〔1〕但是，基于对人民群众基本权利的保护等各种综合考虑，在审查一个域外破产（清盘）程序时，还是会将一些债权的顺位予以考察，即使对域外破产（清盘）程序予以认可，但仍可能在用境内财产进行分配时要求按照本地债权顺位来清偿，这也是维护社会公共利益和遵守公序良俗原则的体现。

另外，还有一种债权，就是因侵权形成的债权需要特别考虑。该类债权内地《企业破产法》未明确规定为优先债权，但有观点认为应作为优先债权。〔2〕笔者赞同这种观点，被侵权之人因受到侵权的损害，其亟须侵权人的赔偿进行救治或进行其他恢复性治疗，这部分债权人相比其他债权人来说，可以认为是处于弱势的债权人，也是权利尤需受到保护的债权人。如"三鹿奶粉案"中的被侵权债权——因食用毒奶粉而患病的婴儿急需救治，这部分债权的清偿理应优先于其他合同之债产生的债权。"我国法院在考虑是否对国外破产程序予以承认时，为体现保护我国债权人的利益，应注意考虑以下因素：一是我国债权人实际参与国外破产程序的基本情况；二是国外破产程序对外国债权人给予何种待遇；三是国外破产程序与我国破产程序的差异性；四是我国债权人通过何种途径参与，担保债权、

〔1〕 郑维炜：《中国应对跨国破产法律问题的策略选择》，《当代法学》2012年第1期。转引自郭玉军、付鹏远：《我国跨国破产承认与协助制度：理论、实践与规则完善》，载《武大国际法评论》2018年第4期。

〔2〕 参见郭丁铭：《我国破产债权受偿顺序之完善》，载《昆明理工大学学报（社会科学版）》2013年第2期。

特定债权在外国法下的法律地位及偿付可能，适当的通知形式及文书材料采用的语言版本；五是对外国破产程序的承认与执行，不得损害我国境内职工债权、税收债权等优先权的清偿利益，等等。”[1]上述可作为内地法院对香港清盘程序进行审查时的参考。

三、清盘程序是否符合公序良俗的判断

不得违背公序良俗原则需要考虑的问题包括公共秩序保留和不合适裁判的排除两方面。公共秩序保留主要是尊重、维护拟对清盘令作出认可的法院当地的对风俗习惯，包括对风俗习惯、社会秩序的维护。不合适裁判的排除则包括欺诈裁判的排除与冲突裁判的排除。公共秩序保留可认为是从抽象的原则出发进行考虑的因素，而不合适裁判的排除则是从具体裁判入手，基于对裁判的具体判断作出的考量。

（一）公共秩序保留

受理法院为了平衡国家利益与国际跨境破产合作的需要，有时会适用公共政策例外条款。[2]这个公共政策例外条款就是平常所称公共秩序保留。“公共秩序在法语中称 ordre public；在英国、美国，称作public policy（公共政策）；在德语中称‘保留条款’或‘排除条款’（vorbehaltsklausel 或 ausschie bungsklausel）。”[3]“公共政策，即公共秩序、社会和公共利益，是国际私法的安全阀。这一概念最早可被追溯至中世纪晚期，出现在大学者巴托鲁斯的著作中，巴托鲁斯对‘有利的’法令与‘可恶的’法令作了

---

〔1〕 宋建立：《跨境破产案件的司法应对》，载《人民司法（应用）》2018年第22期。

〔2〕 参见黄圆圆：《公共政策例外条款在跨界破产中的适用与启示》，载《时代法学》2018年第4期。

〔3〕 郑维炜：《破产的国际私法问题研究》，吉林大学2010年博士学位论文，第77页。

区分。"[1]

公共秩序保留是一国司法的安全线，是保护一国社会基本价值观、社会基本利益、社会基本秩序的一道重要防线。公共秩序保留的适用是有相对性的。"公共政策的概念具有相对的性质，在适用这一条款时，起决定作用的并不是外国法律规范的内容，而是指外国法律规范在某一具体案件中的适用将损害内国法的基本制度。"[2]为了举例说明这一政策的适用，李双元、谢石松指称，"对于外国离婚判决在法国的承认，就像处理重婚情况下第二个妻子的生活费用请求一样，在把重婚视为一种与公共法律和秩序相冲突的制度的国家内仍可得到承认，可以用同样的理由来进行解释"。[3]

我们可以从一些具体案例来观察公共秩序保留原则的适用情况。

"拒绝承认以色列接管程序案"。2008年，一个债务人在以色列进入接管程序，之后该债务人向美国法院申请重整，该申请被美国法院受理，美国法院发布自动中止命令，并说明该命令对债务人所有的破产财产均适用。但该案在以色列的接管程序并未中止，该程序中还选任了接管人。2009年，接管人向美国法院提出破产保护请求，其依据是《美国破产法》第15章。[4]美国纽约东区破产法院审理认为，"一旦承认该以色列接管程序，美国最基本的国家政策和破产法机制将受到严重腐蚀，因此应当适用公共政策例外条款以拒绝承认和协助"。[5]

"拒绝协助德国破产程序案"。2011年，美国纽约南区破产法院审理了一起跨界破产案件，该案的债务人在德国进入破产程序，德国破产管理人

〔1〕 See Meirong Zhang, Developments in Inter-Regional Conflict of Laws within China, 48 Hong Kong L.J. 1130（2018）："Public policy, ie, public order, social and public interests, is a safetyvalve in private international law. It can trace its beginnings to the late Middle Ages in the works of the great Bartolus who distinguished the 'favourable' from the 'odious' statutes."

〔2〕 李双元、谢石松：《国际民事诉讼法概论》，武汉大学出版社2001年版，第465页。

〔3〕 李双元、谢石松：《国际民事诉讼法概论》，武汉大学出版社2001年版，第465页。

〔4〕 参见黄圆圆：《公共政策例外条款在跨界破产中的适用与启示》，载《时代法学》2018年第4期。

〔5〕 See in re Think 3 Inc., Case No. 11-11252. 转引自黄圆圆：《公共政策例外条款在跨界破产中的适用与启示》，载《时代法学》2018年第4期。

以外国代表人的身份请求美国法院对德国破产程序予以承认并进行协助。该外国代表人的协助要求主要是请求美国法院批准其进入债务人的两个主服务器位于美国境内的电子邮箱，进而可以了解债务人在美国的财产状况及破产财产变卖的情况。该破产法院认为："侵犯隐私权会成为援引公共政策例外条款的法律基础。"[1]"审理该案的艾伦法官(Allan L. Cropper)认为，德国代表人请求的救济措施涉及债务人隐私，而隐私权是美国众多法律规定的基础性权利，同时也是美国《宪法第四修正案》以及众多州宪法力图保障的基本权利。最终，艾伦法官以承认德国程序并予以协助将明显违背美国的公共政策为由，拒绝对该破产程序予以协助。"[2]

以上案例反映的是美国法院对外国裁判适用公共秩序保留原则的情况。而在美国国内，因其各州法律并不相同，因此美国冲突法亦允许适用公共秩序保留制度来维各州的法益。当然，适用这一原则时，需受充分诚信条款的限制。[3]一般来说，侵犯当事人宪法性权利，违背跨界破产的核心机制、价值、宗旨等，均有可能构成公共秩序保留的适用。[4]

此外，公共秩序保留是当事人加以援引对域外破产程序效力予以否定的一个重要条款，但该条款并不是总是能够被成功引用。如一方以域外破产程序中的清偿率较低为由主张适用公共秩序保留，该主张将不被采纳。例如，在美国，"在'KDI破产案'中，债务人在加拿大进入破产程序，并请求美国科罗拉多州破产法院予以承认和协助。但争议方请求美国法院适用公共政策例外条款，理由是较之美国本地的破产程序，美国投资者在加拿大程序中的受偿额较少，且加拿大程序的成本明显偏高。最终，法官

---

〔1〕 See in re Toft, 453 B. R. 186(S. D. N. Y. 2011). 转引自黄圆圆:《公共政策例外条款在跨界破产中的适用与启示》，载《时代法学》2018年第4期。

〔2〕 黄圆圆:《公共政策例外条款在跨界破产中的适用与启示》，载《时代法学》2018年第4期。

〔3〕 参见吴雅琪:《论区际法律冲突下的公共秩序保留制度》，西南政法大学2012年硕士学位论文，第8页。

〔4〕 参见黄圆圆:《公共政策例外条款在跨界破产中的适用与启示》，载《时代法学》2018年第4期。

认为上述理由不足以构成适用公共政策例外条款的基础"。[1]另外，在美国，以实体法差异、法律适用差异作为公共秩序保留的理由并不能被法院采纳。[2]

当破产企业的主要利益中心在香港时，既然与内地同为一国，此时是否已没有公共秩序保留的必要？根据《试点意见》第18条的规定，"人民法院认为认可或者协助香港破产程序违反内地法律的基本原则或者违背公序良俗的，应当不予认可或者协助。"可见，一方面，"公共秩序保留"在《试点意见》中作了清晰的规定；另一方面，因为内地与香港在政治、经济、社会制度及法律制度等方面均有不同，即使同属一国，仍有适用公共秩序保留的必要。例如，赛马、六合彩等在香港是合法行为，但该行为在内地未予准许，因此，如果债权人对债务人所持有的债权形成于赛马、六合彩，在内地将无法被确认为合法债权，故而根据公共秩序保留原则，内地管理人或法院将不能对该类债权予以确认。适用公共秩序保留时应注意，内地与香港之间适用该原则的情形应予限制，不能随意扩大公共秩序的范围，应尽量从充分诚信原则出发，扩大、加强两地的合作。

（二）不合适裁判的排除

1.欺诈裁判的排除

一份裁判如果是通过欺诈获得，就不应当得到承认。因而裁判是否通过欺诈获得对其是否具有既判力也有影响。也就是说，如果一份裁判是通过欺诈方式获得，那么它就不具有既判力。

如何判断一份破产裁判是否具有既判力？破产裁判既判力的排除因素是什么？既判力首先应当是针对终审裁判而言的。既判力既包括前诉限制后诉，如前诉确定的事实后诉应当采纳；也包括一事不再理，如果前

---

〔1〕 黄圆圆:《公共政策例外条款在跨界破产中的适用与启示》，载《时代法学》2018年第4期。

〔2〕 参见黄圆圆:《公共政策例外条款在跨界破产中的适用与启示》，载《时代法学》2018年第4期。

诉已经审理该事，后诉则不应再予审理。一份破产裁判具有既判力即意指其是一份对破产事务予以处理的终局性裁判，如以破产债权确认表作为附录的裁定书。具有既判力意味着被该份裁判文书处理的事项一事不再理，如此，如果本国法院认可一份域外裁判，则对该裁判所已经处理的事项不应再次审理。因此，如果一份域外破产裁判在本国得到承认，则应视为在本国具有既判力。但是，如果一份破产裁判是通过欺诈手段而获得的，如是通过虚假诉讼获得的裁判，则不应具有既判力，也因此不能被承认。

虚假诉讼是指行为人单独或者与他人恶意串通，采取伪造证据、虚假陈述等手段，捏造民事案件基本事实、虚构民事纠纷，而向人民法院提起的民事诉讼。

最高人民法院、最高人民检察院等部门历来对虚假诉讼采取严厉打击的态度。2016年6月20日，最高人民法院发布了《关于防范和制裁虚假诉讼的指导意见》，对识别和防范虚假诉讼作出指引。2018年9月27日，最高人民法院、最高人民检察院联合发布了《关于办理虚假诉讼刑事案件适用法律若干问题的解释》，指出近年来，民商事审判领域中的虚假诉讼现象呈现多发态势，虚假诉讼违法犯罪行为严重侵害他人合法权益，损害司法权威和司法公信力，人民群众反映强烈，应依法惩治。2021年3月4日，最高人民法院、最高人民检察院、公安部、司法部联合发布《关于进一步加强虚假诉讼犯罪惩治工作的意见》，对打击虚假诉讼犯罪作了进一步的规范。

在系列规定中，2021年11月11日最高人民法院发布的《关于在民事诉讼中防范与惩治虚假诉讼工作指引（一）》，对甄别虚假诉讼作了详尽的指导。指引明确：一是当事人存在下列情形之一的，人民法院应当重点甄别可能存在虚假诉讼：（1）离婚案件，特别是被告下落不明、涉及共同财产分割或涉及共同债务分担的案件；（2）以明显缺乏清偿能力的自然人、法人、非法人组织为被告的财产纠纷案件；（3）以改制中的国有、集体企业为被告的财产纠纷案件；（4）以拆迁区划范围内的自然人为诉讼主体的离婚、分家析产、继承、房屋买卖合同纠纷案件；（5）以同一当事人同时在多起案件中作为被告的财产纠纷案件 。二是有下列情形之一的，人民法院应当重点甄别可能存在虚假诉讼：（1）原告起诉依据的事实、理由不符合常理，存在伪造证据、虚假陈述可能 ；（2）原告诉请司法保护的诉讼标的额与其自身经济状况严重不符 ；（3）在可能影响案外人利益的案件中，当事人之间存在近亲属关系或者关联企业等共同利益关系；（4）当事人之间不存在实质性民事权益争议和实质性诉辩对抗；（5）一方当事人对于另一方当事人提出的对其不利的事实明确表示承认，且不符合常理；（6）认定案件事实的证据不足，但双方当事人主动迅速达成调解协议，请求人民法院制作调解书；（7）当事人自愿以价格明显不对等的财产抵付债务；（8）其他异常情形。

对照上述情形进行审查，如果一份破产裁判具有以上情形将被认定涉嫌虚假诉讼，有很大可能不会得到承认。

此外，欺诈手段获得裁判与程序不正当或违反公共政策之间是否有所区别？笔者认为三者之间是有区别的。以虚假诉讼为例，欺诈手段获得裁判所通过的诉讼程序可能是合法的，如经过了正式的开庭，进行了充分的辩论（虽然这个辩论是演戏），进行了依法送达。也就是说，表面上的程序是正规的合法的，但因实质的法律关系虚假，当事人进行诉讼的目的不当，因而该诉讼结果所得之裁判文书属以欺诈手段获得，应予撤销。而程序不正当，就是程序在形式上不合法，如未经开庭审理、未给予当事人辩论的权利、定案证据未经质证或未经依法送达等。而违反公共政策，主要是裁判在实体结果上与一国或地区所认可的价值、公共利益不符。因此，在判断一份裁判是否能够得到承认的时候，除了考虑程序的正当性和公共政策，还需考虑其是否通过欺诈手段获得。以欺诈手段获得的跨境破产裁判，如债务人与某债权人通过虚假诉讼以确认虚假的债权等，此类裁判不应予以承认与协助。

2.冲突裁判的排除

一份裁判如果与其他裁判相冲突，也有可能不被获得承认，或者至少法院需要在冲突裁判之间作出一个选择。因此，当一份破产裁判呈现在审理跨境破产案件的法官面前时，其所涉破产案件是否在本国或第三国法院审理中或已作出裁判，或者另案对破产案件所作裁判与该份破产裁判有所冲突，就需要该破产法官作出审查。

对冲突裁判进行排除的理由无须赘述，关键是如何在有冲突的裁判之间作出选择。如果两份裁判审理结果不一样，就要考察它们的事实认定和法律适用。如果法律适用不一样，则应当考察准据法如何指引适用哪种法律。如果事实认定不一样就涉及破产法院是否需要对事实作出重新认定这样一个棘手的问题。但是，如果对事实重新认定，似乎违反了一事不再理的原则；如果不对事实作出认定，又如何判断哪个判决认定的事实是准确的呢？如此，笔者倾向还是得对事实作出一个认定，当然，可以是间接的认定，即通过当事人的举证，对冲突裁判所涉事实作出一个判断，这个判断可以是一种评价性的判断，从而避免对事实进行直接的认定。之后，就可以对冲突裁判进行选择。

四、申请认可的时效

域外裁判到本国申请认可须受一定的时效限制。之所以有时效限制的要求，主要基于以下考虑：一是从诉讼经济的角度出发，一份域外裁判作出后，其所处理的法律关系应当在一个较短的时间内予以了结；如果长期处于悬挂状态，不利于权利义务关系的了结。二是从社会稳定的角度出发，对一份权利义务予以了结，有助于社会关系的回复与稳定。三是从跨境破产的特点来看，位于本国的债务人财产很可能被其他债权人在执行程序中予以瓜分，或在本国同样启动了一个破产程序，在这个程序中也会对债务人财产进行处置和分配。因此，如果存在一个域外破产裁判，该域外程序未能尽快得到认可，那么会错失参与本国破产程序的可能，对域外债权人来说，这样很可能无法保障其权益。同时，如果破产财产已被分配完毕，再来确认债权人的身份也变得没有实际意义。

另外，郭玉军、付鹏远认为，“为了兼顾对我国境内善意债权人利益的保护和对债务人破产欺诈和偏袒性清偿的预防，我国立法应规定对外国破产程序的承认与协助措施具有溯及力，但是出于保护本国债权人的合理预期和合法权益，宜对我国境内的善意债权人予以豁免；与此同时，还可以通过赋予外国管理人申请临时救济的权利来限制债务人在法院作出裁定前处置财产的权利”。〔1〕

关于申请认可的时效，有观点提出，在裁判生效后1年内申请认可。〔2〕也有观点认为可参照适用一般民事裁判申请执行的两年时效。〔3〕笔者认为，1年时间太短，对于破产程序来说，其处理周期相比一般案件的诉讼程序较长，诉讼程序适用一年诉讼时效尚且很少，故不宜以1年期来限制破产程序的申请时效。如何确定破产程序申请认可的时效？该问题还回到《民事诉讼法》关于裁判申请承认及执行的相关规定来。根据《民事诉讼法》（2023年）第298条的规定，外国法院作出的生效裁判，当事人可向内地中级人民法院申请承认和执行，也可由外国法院提出相关申请。《民诉法司法解释》（2022年）第545条规定，当事人申请承认和执行外国法院生效裁判的，所涉期间适用《民事诉讼法》相关规定，而《民事诉讼法》（2023年）第250条对申请执行的期间规定为2年。

---

〔1〕 郭玉军、付鹏远：《我国跨国破产承认与协助制度：理论、实践与规则完善》，载《武大国际法评论》2018年第4期。

〔2〕 参见杜涛、陈力：《国际私法》，复旦大学出版社2004年版，第526页。

〔3〕 参见刘桂强：《外国法院判决执行中的时效问题研究》，载《中国应用法学》2020年第4期。

在金某某申请承认和执行大韩民国首尔南部地方法院2013NA7306号、2013NA7313号判决一案中，沈阳市中级人民法院（以下简称沈阳中院）以被申请认可的裁判已于2013年12月发生法律效力，但金某某直到2020年4月才向沈阳中院申请承认和执行，该期间已超过原《民事诉讼法》第239条（现第250条）规定的2年的期间，且金某某未能提供期间中止、中断的证据，因此其申请不符合法律规定，裁定不予支持。[1]

在弗某股份有限公司申请认可波兰共和国弗罗茨瓦夫上诉法院作出的IACa231／9判决一案中，被申请人甬某公司抗辩认为，弗某股份有限公司提出的认可申请已超出强制执行期限，且IACa231／9判决不合法，请求驳回弗某股份有限公司的申请。受理法院宁波市中级人民法院（以下简称宁波中院）认为，弗某股份有限公司在IACa231／9判决生效后两年内首次提出承认与执行的申请，此行为导致申请承认与执行的时效中断，期限重新计算。虽然弗某股份有限公司因提交的资料不足，其于2013年2月5日又补充提交相关申请，此时距其首次提出申请未满二年，故认定其申请未过法定期限，经过综合分析，最后宁波中院裁定承认IACa231/9判决。[2]该案争议焦点之一是当事人曾提出过承认与执行的申请，但因资料不充分又经历了一段补充资料的时间，而补充完资料之后再重新申请的时间距生效裁判作出已超过两年，此时如何判断是否超过申请承认与执行的期限。该案例中，宁波中院以当事人首次提出申请的时间为基础，对补充资料的时间亦进行了判断，认为补充资料后再次提出申请的时间距首次提出申请的时

---

〔1〕 参见（2020）辽01协外认7号，载中国裁判文书网，https://wenshu.court.gov.cn/website/wenshu/181107ANFZ0BXSK4/index.html?docId=dv6wNnAVYW9mGgcWWdQNexB64iWHfSx0xdr8gEm4D/lqDaf9Rlw8/p/dgBYosE2gC+chstoyLSMoPcXkV9hAVpVknwuQiLHCymAm7NoxWdPOKTmObSjsE+0N1R+UqEie，2023年4月7日访问。

〔2〕 参见（2013）浙甬民确字第1号，载中国裁判文书网，https://wenshu.court.gov.cn/website/wenshu/181107ANFZ0BXSK4/index.html?docId=MK+xUnmVnDOaSIBuH7fIx71gV3Zo7ZpPkzFLuKMSno/Gj8oOaIe0MZ/dgBYosE2gC+chstoyLSMoPcXkV9hAVpVknwuQiLHCymAm7NoxWdPOKTmObSjsE8XvnkhjkAPZ，2023年4月7日访问。

间不超过两年，从而认定该申请符合《民事诉讼法》的相关规定。

从前述案例可见，内地法院对申请承认与执行外国裁判适用《民事诉讼法》关于2年期间的规定。而根据2022年《民诉法司法解释》第549条的相关规定，涉港澳台民事诉讼案件的承认与执行参照涉外民事诉讼程序的特别规定。因此，对香港清盘令的承认与协助，适用《民事诉讼法》关于2年的期间是具有法律依据的。

需要注意的是，如果本国的破产程序在域外裁判生效2年之后才开始启动，就不应以2年为限来限制该域外裁判的申请承认。关于申请认可的时效，有以下几种类型需要区别对待。

一是域外破产裁判作出时，域内未启动破产程序。此情况下，应以域内法院启动破产程序的时点为判断域外破产程序提出申请的时效的起算点；如在2年内，域内法院应予受理申请并进行实质性审查。

二是域外破产裁判作出时，域内已启动破产程序。此又区分为：若域外破产裁判刚作出，域内也刚启动破产程序；或域外破产裁判刚作出，域内破产程序已启动相当长一段时间，甚至超过2年，此情况下，只要域外破产代表人提出认可申请时域外破产程序启动未超过2年，应予受理该认可申请并进行实质性审查。若域外破产裁判已作出相当长一段时间，如超过2年，域内破产程序也启动了很长时间，如也已超过2年，此情况下，笔者认为可以时效限制为由，受理其认可申请后作出驳回的裁定。

三是域外破产程序启动时，域内破产程序已终结。此情况下，因域内已对债务人的债权债务进行了处理，债务人财产也已分配完毕，此时对域外破产程序的认可已无实际意义，因此提出申请时无论域外破产程序启动是否超过2年，对域外代表人所提认可申请均宜不予受理。

第四章　内地与香港区际跨境破产协助的情况及清盘人跨境履职的准据法

香港清盘人到内地履职，需得内地法院承认其法律地位，而承认香港清盘人法律地位的前提是承认香港法院作出的清盘程序。《试点意见》第10条规定："人民法院裁定认可香港破产程序的，应当依申请同时裁定认可香港管理人身份，并于五日内公告。"因此，如依内地法院前述章节认可了香港清盘程序，即自然应对香港清盘人的身份予以确认。如此，香港清盘人即可依规到内地履职。但是，《试点意见》第14条第2款还规定，内地法院应对清盘程序及清盘人履职的情况进行审查。因此，清盘人履职过程中具体可做什么、不能做什么，仍然需要界定；如其履职不当，资格能否一直保有亦有不确定因素。

一、内地与香港区际跨境破产协助的规定与实践

（一）内地与香港区际跨境破产协助的规定

1.内地的规定

如前所述，内地关于跨境破产协助的立法主要见于《企业破产法》第5条，该条规定了对外国破产裁判的承认与执行的条件。一般来说，对域外裁判的承认与协助在法条中是一并规定的。因此，本章所涉协助的法律规定与第三章承认的法律规定一致。

此外，地方法规方面涉及跨境破产的，广东和深圳曾有较为简单的规定。如《广东省经济特区涉外公司条例》第40条规定："合资公司、合作公司和外资公司的客商在境外宣告破产，其在特区内的资产，可由客商本人或委托代理人提出处分意见。"这里允许客商提出处分意见即包含了对该意见予以协助的意思。广东省的经济特区除深圳外还有珠海和汕头，因此，上述规定在深圳、珠海、汕头三地均适用。《广东省经济特区涉外公司条例》第41条规定："客商代理人行使前条规定的权利，应提交公司董事会会议通过，并报市人民政府批准。"另外，该条例第42条规定："客商代理人申请处分客商在特区内的资产，必须向市人民政府提交下列文件：(一)客商代理人身份及代理权证明书；(二)客商破产宣告的有关文件；(三)客商在特区投资所订立的合同、章程和出资证明书等文件；(四)董事会决议。缺少上款所列文件之一的，市人民政府不予受理。"第43条规定："客商代理人的申请经市人民政府批准后，客商资产所在的公司董事会应核定客商的全部资产金额。"前述第41～43条规定反映了对客商予以协助的主体主要在政府，而非法院。这是基于当时的历史条件而决定的，在当时，政府是招商引资的主体和主要责任人，因此，在法律未有明确规定的情况下，由政府来处理此事更符合实际情况。该条例第44条规定："客商代理人处分客商资产，应采用股权或权益转让形式，不得影响公司正常的生产经营活动。"这条规定主要作用在于保障公司仍能正常经营，以免对当地经济造成太大影响。根据该条例第45条的规定，转让客商资产所得的款项，扣除核算费用、国家税收和境内其他债务之后，全部由客商代理人处理。这条规定是最具价值的规定，转让资产所得款项扣除必要税费后可归客商处置，应该说，这条规定对吸引境外投资者起了很大作用。上述规定具有很大的原则性和灵活性，体现了一种开放性的态度，既维护了我国的经济利益，也照顾到了外商的利益，可以说是一种在坚持属地主义原则基础上的变通性做法。[1]而《深圳经济特区涉外公司破产条例》第5条规定“依外国破产法宣告的破产，对破产人在特区的财产不发生效力”，该规定是保护主义的一种体现。

然而，上述两个条例现在都已经失效。1993年5月14日，广东省第八届人民代表大会常务委员会第二次会议通过了《广东省公司条例》，取代了原来的《广东省经济特区涉外公司条例》。1993年11月10日，广东省深圳市第一届人民代表大会常务委员会第十九次会议通过了新的《深圳经济特区企业破产条例》，取代了原来的《深圳经济特区涉外公司破产条例》。无论是新的《深圳经济特区企业破产条例》还是新的《广东省公司条例》均没有再对破产程序的域外效力及协助问题作出规定。[2]

截至目前，内地尚未加入涉跨境破产的国际公约，已生效的民事双边司法协助条约有27个。上述条约中，与西班牙的条约明确排除了破产裁决的承认与执行；与韩国、新加坡的条约只约定承认与执行仲裁裁决，排除了判决；与其他国家的条约对民事裁判的承认与执行均进行了约定。如果上述国家的外国代表请求中国法院承认与协助该国的破产程序，如不存在拒绝承认的情形，理论上内地法院可以依据《民事诉讼法》第293、294、298、299条予以承认与协助。

2.香港的规定

香港企业破产（liquidation/winding up）主要以《公司条例》和《公司（清盘及杂项条文）条例》为规范。企业破产开始后，临时清盘人/清盘人将接管财产，债务人丧失其对财产的所有权。破产程序中，债权人具有相当的自主权，其表现形式为债权人会议和监察委员会。[3]

外国公司符合一定条件下可在香港申请破产，比如在香港有营业地点

---

〔1〕 参见杜涛、陈力：《国际私法》，复旦大学出版社2004年版，第539页。

〔2〕 参见杜涛、陈力：《国际私法》，复旦大学出版社2004年版，第539页。

〔3〕 参见韩中节：《香港地区破产法述评及其借鉴意义》，载《东莞理工学院学报》2006年第2期。

或与香港有充分联系。当一个外国破产程序符合以下条件时，香港法院有望对其予以承认和执行：(1)破产申请提交时，债务人的住所地位于破产程序启动国；(2)债务人主动要求香港法院管辖。[1]一个被香港法院承认的外国破产（清盘）程序，其效力可及于债务人所有位于香港的财产。当一个外国破产程序被香港法院承认后，债务人位于香港的动产需交付外国破产程序指定的破产管理人（清盘人），不动产则无须办理移交手续，但破产管理人（清盘人）均可获得该财产处置权。[2]

因香港未有关于跨境破产的成文法，本书主要通过下文介绍和分析的案例来研究香港的相关情况，也同时总结分析内地与香港关于跨境破产协助的态度与做法。

(二)内地与香港区际跨境破产协助的实践

香港清盘人到内地履职是内地与香港开展区际跨境破产协助的重要内容之一。判断香港清盘人到内地履职的职责如何，有必要考察内地与香港此前开展区际跨境破产协助的情况。

内地与香港区际跨境破产往来中既有成功协助的案例，也有无法顺利履职的案例。本书对部分成功协助及部分无法顺利履职的案例进行具体介绍，再研究分析其成因及所揭示的法律问题。

1.管理人或清盘人无法顺利跨境履职的案例

“欧某公司案”。香港公司欧某中国财产有限公司（以下简称欧某公司）与广州市荔湾区某建筑公司（以下简称荔湾建筑）进行合作，过程中产生纠纷因而成讼。荔湾建筑在内地法院起诉欧某公司。而此时欧某公司在香港已被清盘。内地法院认为，香港清盘人不能代表欧某公司在内地参加诉讼。石静遐提出，在该案中，法院作出的裁决主要是依据合同法原则，

---

〔1〕 参见王芳:《香港与内地跨境破产的法律框架研究》，载《政法论坛》2009年第5期。

〔2〕 参见王芳:《香港与内地跨境破产的法律框架研究》，载《政法论坛》2009年第5期。

而很少关注香港的清算程序。进一步而言，法院的裁决没有承认香港程序中任命的清盘人，认为其缺乏在内地的诉讼中代表被告的资格。因此，香港清盘人不能行使诸如《企业破产法》赋予清算组的权力。从跨界破产的角度来看，中国法院实际上适用了地域性方法来解决该案的问题。法院裁决的主要目的在于保护原告的权益，也符合当时生效的《广东条例》中的若干原则。〔1〕

"泰某眼镜案"。泰某眼镜贸易有限公司（以下简称泰某眼镜）成立于1960年，是泰某集团旗下规模最大的全资子公司。泰某眼镜的母公司泰某眼镜控股公司（以下简称泰某眼镜控股）在百慕大注册成立，在香港上市，集团中的眼镜加工厂位于内地。2006年泰某眼镜与泰某眼镜控股一起在香港进入了破产程序，当其时，泰某集团在内地有大量资产，但内地法院并未与香港法院就集团的破产财产处置问题开展合作。〔2〕

"海某控股案"。海某控股有限公司（O* Limited）（以下简称海某控股）是在百慕大和香港都进行过注册的公司，该司在香港上市，旗下有多个分布于内地珠海、佛山的子公司。2006年7月，海某控股在香港和百慕大都进入破产程序。在香港的破产程序中，香港法院任命了临时清盘人代表海某控股向佛山中院提出针对海某控股子公司三某铝业的破产申请，佛山中院裁定不予受理该申请。临时清算人对该裁定不服，上诉至广东高院，广东高院审理认为，申请人与被申请人之间的债权债务关系无法认定，从而维持了佛山中院的裁定。因三某铝业未进入破产程序，佛山中院在2007年至2008年以普通民商事诉讼的方式审理了大量涉三某铝业的债权债务的案件，相关案件最终是以进入执行程序进行个案清偿的方式予以了

〔1〕 参见石静遐：《中国的跨界破产法：现状、问题及发展》，载《中国法学》2002年第1期。

〔2〕 参见石静霞、黄圆圆：《论内地与香港的跨界破产合作——基于案例的实证分析及建议》，载《现代法学》2018年第5期。

结。[1]在该案中，广东高院是以实体上不能确定申请人与被申请人之间是否存在债权债务关系为由作出裁定，而回避了临时清盘人能否代表海某控股向内地法院提出针对其子公司的破产申请的问题。

"黄某时代案"。2008年，香港法院受理了黄某时代清盘案，并选任了临时接管人。黄某时代有大量财产位于内地，为防止破产财产被内地债权人瓜分，临时接管人希望内地法院对香港清盘程序及临时接管人予以承认，以使临时接管人能够控制黄某时代在内地的财产。但内地法院未对香港的清盘程序予以承认与协助，理由之一是内地破产法并无"接管"(receivership)概念。最终，内地法院与香港法院分别对黄某时代的财产进行了处置。[2]

"北某公司案"。2009年，北京市第一中级人民法院受理了北某汽车工业控股有限公司（以下简称北某公司）申请认可香港法院作出的委任临时清盘人令案。[3]北京一中院经北京高院逐级请示至最高人民法院，最高人民法院作出〔2011〕民四他字第19号复函，认为香港法院作出的清盘令不属于最高人民法院《关于内地与香港特别行政区法院相互认可和执行当事人协议管辖的民商事案件判决的安排》第1条规定的可以相互认可和执行的裁决的范围，而《民事诉讼法》（2007年）第265条及《企业破产法》第5条所规定的是对外国法院所作判决的承认和执行，不能自动适用于"北某公司案"，内地法院承认香港高等法院作出的清盘令缺乏法律依据，因此拒绝对香港清盘程序予以承认。[4]

---

〔1〕 参见石静霞、黄圆圆：《论内地与香港的跨界破产合作——基于案例的实证分析及建议》，载《现代法学》2018年第5期。

〔2〕 参见石静霞、黄圆圆：《论内地与香港的跨界破产合作——基于案例的实证分析及建议》，载《现代法学》2018年第5期。

〔3〕 参见石静霞、黄圆圆：《论内地与香港的跨界破产合作——基于案例的实证分析及建议》，载《现代法学》2018年第5期。

〔4〕 参见石静霞、黄圆圆：《论内地与香港的跨界破产合作——基于案例的实证分析及建议》，载《现代法学》2018年第5期。

“赛某案”。赛某是一家跨境企业集团，母公司在开曼群岛注册，旗下子公司遍布全球，其中在内地新余市有四家子公司，分别是江西赛某太阳能高科技有限公司、赛某太阳能高科技（新余）有限公司、江西赛某光伏硅科技有限公司、江西赛某太阳能多晶硅有限公司。[1]2014年，赛某集团母公司及其子公司在全球各地进入破产程序，在中国香港地区、美国及开曼群岛进行了跨界破产合作并完成了企业重整，但该部分重整未包括位于中国内地的子公司。[2]2015年，江西省新余市中级人民法院根据新余市城某建设投资公司和国家电网江西省电力公司赣西供电分公司的申请，裁定上述四家位于新余市的子公司进入破产重整程序。[3]该案例中境内破产程序未与境外破产程序进行合作。

“厦门进某案”。厦门进某曾经是全球最大的户外用品制造企业，位列中国外企500强。厦门进某由香港进雄持股19.14%，由N* Limited持股80.86%。因为香港进某是N* Limited的全资子公司，故实际上厦门进某由N* Limited百分百控股。N* Limited通过截留销售款、虚构投资项目以及关联企业间进行的复杂借贷从厦门进某处获取了大量资金，令厦门进某成为N* Limited的最大债权人。N* Limited与厦门进某均经营不善，但N* Limited抢在厦门进某重整之前开始清盘。N* Limited在香港进入债权人自愿清盘程序，指定德勤会计师事务所为其清算人，并于2012年6月召开了债权人清算会议。根据香港法例，在债权人自愿清算程序中，债权人可以对清算人施加影响。厦门进某作为最大的债权人，至少应该被选入“审查委员会”中对清算人的工作进行监督。但厦门进某因为授权书没有盖公章、没有通过董事会决议、董事授权未达到董事会2/3票数等瑕疵，不

---

〔1〕 参见石静霞、黄圆圆：《论内地与香港的跨界破产合作——基于案例的实证分析及建议》，载《现代法学》2018年第5期。

〔2〕 参见石静霞、黄圆圆：《论内地与香港的跨界破产合作——基于案例的实证分析及建议》，载《现代法学》2018年第5期。

〔3〕 参见江西省新余市中级人民法院（2015）余破字第4-14号民事裁定书。

符合香港法律的要求，无法参加债权人会议，从而错失了选择自己意向清算人的机会，最终被排斥在清算监督之外。厦门进某直到2014年才在内地进入破产重整程序，其管理人和债权人将主要精力放在内地的重整程序上。但是，重整的成功依赖于对境外债务的追讨，厦门进某不能有效参与到N* Limited的清算程序之中，很难实现其债权清偿。[1]

2.内地与香港区际跨境破产成功开展协助的案例

"南某纺织品案"。南某纺织品商行是一家由香港公司经营的企业，因香港公司经营失败，导致南某纺织品商行资不抵债，当时香港公司也在香港法院被清算，香港法院对香港公司任命了接管人，接管人到深圳要求接管南某纺织品商行在深圳的财产。[2]当时是1983年，按照当时的法律，没有关于境外母公司的清盘人或接管人是否可以到境内对子公司的财产进行接管的规定，内地法院未对该事件按照正式的破产程序来处理，而是允许接管人与深圳市政府进行谈判。经过谈判，深圳市政府同意接管人对南某纺织品商行位于深圳的财产进行控制，并用香港的清算程序进行分配。[3]

"拿某公司案"。拿某公司（N* limited）是一家香港公司，1993年该司与广州一家房地产公司签订合同，约定共同合作经营位于广州番禺的福某房地产开发有限公司（以下简称福某公司），拿某公司成为福某公司的全资股东。2005年，拿某公司因资不抵债，被香港高等法院发布清盘令，香港法院委任了临时清盘人接管拿某公司的全部资产。根据香港法律，拿某公司管理人可根据委任令对福某公司进行接管。为了实现接管的目的，临时清盘人召开福某公司股东会议，对福某公司董事会进行重组，撤销原法定

---

〔1〕 参见ManivestAsia：《被"门口的野蛮人"耍了后》，载《跨境清算VS资产追踪》，https://www.manivestasia.com/library/2014/201412/P98.pdf。

〔2〕 参见石静遐：《中国的跨界破产法：现状、问题及发展》，载《中国法学》2002年第1期。

〔3〕 参见石静遐：《中国的跨界破产法：现状、问题及发展》，载《中国法学》2002年第1期。

代表人及董事总经理的职务，将临时清盘人之一选举为福某公司副总裁，从而实现对福某公司的直接管理，该股东会决议被广州中院依据《公司法》认定合法有效。[1]

“某天然食品公司清盘案”。某天然食品公司是一家从事速冻食品、功能保健食品生产销售的香港公司，该司旗下的江门食品制造工厂位于江门市。受国际经贸环境持续不稳、同行业竞争激烈及内部行政管理成本增加等因素的影响，某天然食品公司于2009年在香港进入清盘程序，并由香港法院任命了临时清盘人。为管理该司位于内地的财产，临时清盘人采取通过董事会决议的方式，撤销了原江门食品制造工厂创始人及前任主席的任职，改为由临时清盘人对江门食品制造工厂进行管理。该董事会决议经福建省福州市中级人民法院进行审理，得到支持。[2]

“港某裘革厂公司案”。香港企业北某皮草厂（香港）有限公司（以下简称北某皮草厂公司）是内地企业港某裘革厂（深圳）有限公司（以下简称港某裘革厂公司）的唯一股东。2018年，北某皮草厂公司以港某裘革厂公司债权人的身份申请深圳中院裁定港某裘革厂公司进行破产清算，提供了双方之间的付款凭证、收款收据、催款函等作为证据。港某裘革厂公司辩称其并未拖欠北某皮草厂公司的款项，但其提交的审计报告显示，其资产已不足以清偿所负债务。深圳中院一审裁定认为，在港某裘革厂公司对其与北某皮草厂公司之间是否存在债权债务提出异议的情形下，不宜受理北某皮草厂公司提出的申请，故裁定驳回北某皮草厂公司的破产清算申请。北某皮草厂公司不服裁定，提起上诉。广东高院二审裁定认为，北某皮草厂公司已提供其与港某裘革厂公司之间存在债权债务的相关证据，现有证据亦显示港某裘革厂公司的资产已不足以清偿其债务，北某皮草厂公司具

[1] 参见石静霞、黄圆圆：《论内地与香港的跨界破产合作——基于案例的实证分析及建议》，载《现代法学》2018年第5期。

[2] 参见福建省福州市中级人民法院（2009）榕民初字第166号民事判决书。

有申请港某裘革厂公司破产清算的主体资格，故裁定撤销一审裁定，指令一审法院受理本案。[1]该案确定了香港债权人享有在内地申请内地企业破产的权利。

“可某香港案”。中国工商银行（亚洲）有限公司（以下简称工银亚洲）是一家香港公司，该司作为原告与被告可某工业（香港）有限公司（以下简称可某香港）、香港居民库某及内地居民郑某因金融借款、保证合同纠纷产生诉讼在内地法院审理，内地法院作出判决，工银亚洲胜诉。因三被告未履行判决义务，工银亚洲向法院申请强制执行。在此过程中，可某香港及库某在香港进入破产程序。深圳前海合作区人民法院审查认为，因可某香港公司及库某已分别确定了破产清盘人和破产受托人，“根据香港法律，公司破产清盘人有权以公司名义或代表公司在任何诉讼或其他法律程序中答辩，个人破产受托人可在与破产人财产有关的任何诉讼或其他法律程序中答辩，故认定可某香港公司的破产清盘人、库某的破产受托人分别系二者的合法代表人”。[2]因此，在执行程序中，深圳前海合作区人民法院向可某香港的破产清盘人及库某的破产受托人送达了相关法律文书，最终两个破产主体位于内地的财产被顺利处置。

“罗某辉案”。香港居民罗某辉于2002年被香港法院受理破产，债权人大会委任了受托人，负责处置和分配破产人的资产。清算持续了相当长的时间，在这个过程中，受托人发现破产人所有的一家公司有5个香港幸运车牌，且价值不小。为了将该破产财产实现价值最大化处置，受托人在得知深圳有破产财产拍卖平台后，于2019年2月向深圳中院提出申请，请求在该破产财产拍卖平台上处置破产人位于香港的破产财产。深圳中院经

---

〔1〕《广东法院粤港澳大湾区跨境纠纷典型案例（第一批）》，载广东法院网，https://www.gdcourts.gov.cn/index.php?v=show&cid=170&id=54990。

〔2〕《广东法院粤港澳大湾区跨境纠纷典型案例（第二批）》案例19，载广东法院网，https://www.gdcourts.gov.cn/index.php?v=show&cid=170&id=55384。

审查认为，现有法律未禁止境内管理人组织为境外破产受托人提供司法协助，因此指引受托人与深圳破产管理人组织协商，在对香港受托人的地位、香港清算程序的性质以及财产处置的合法性等进行审查后，作出了由境内管理人组织作为代表，协助香港受托人处理目标财产的决定。[1]

“上海华某案”。2019年12月18日，香港高等法院作出一份裁决，决定承认并协助由上海市第三中级人民法院（以下简称上海三中院）受理的上海华某国际集团有限公司（以下简称上海华某）破产案，这是香港法院自2001年承认广东国投破产案的法律效力之后，第二次承认内地破产程序。[2]上海华某的主要业务包括石油开采、基础建设、资本融通等，是中国华某能源有限公司旗下的重要融资平台。2019年11月12日，债权人东莞证券以上海华某不能清偿其到期债务且明显缺乏清偿能力为由向上海三中院申请其破产清算。两天后上海三中院作出裁定，受理东莞证券的申请，并指定三名管理人组成联合管理团队。管理人接管上海华某的财产账册之后发现，上海华某对其香港子公司拥有一笔高达72亿元的应收账款，而该香港子公司已在香港法院进入清算程序。虽然在该清算程序中，上海华某已提交了债权证明，但是，该香港子公司有一位债权人时某资产管理公司（以下简称时某公司）于2018年即获得确认对香港子公司享有一笔价值2.53亿元港币的债权，而为了执行该债权，时某公司获得了针对上海华某对香港子公司的应收账款的暂时性扣押令。如果没有人对该暂时性扣押令提出异议，该暂时性扣押令可变为绝对的担保令可予执行。为了避免上海华某该应收账款被时某公司个别执行，管理人提出紧急申请，请求香港高等法院承认并协助上海华某的内地破产程序。香港高等法院对该申请进行了审理，认为，内地法院的破产程序满足以下两个

---

〔1〕 参见《广东法院粤港澳大湾区跨境纠纷典型案例（第二批）》案例18，载广东法院网，https://www.gdcourts.gov.cn/index.php?v=show&cid=170&id=55384。

〔2〕 审理该案的夏利士法官认为该案是香港法院第一次承认和协助内地法院的破产程序。

条件：一是为集体性程序；二是由公司成立地法院开启，因而符合香港法律的要求。庭审当日法官即作出裁决，承认上海华某破产程序在香港的效力，并赋予内地管理人在香港履职的权力。上述裁决于2020年1月13日公布。[1]

“年某公司案”。2020年6月4日，香港高等法院再次作出裁决，认可深圳中院对深圳市年某供应链有限公司（以下简称年某公司）开展的破产程序，并承认管理人的身份及提供相关司法协助。年某公司是一家从事供应链管理、物流管理及境内外货物运输代理业务的公司，其业务与香港有密切关联，其位于香港的两家子公司升某（香港）有限公司和联某国际发展有限公司持有对外应收账款约价值人民币41亿元。年某公司于2018年12月进入破产清算程序，为了收回位于香港的两家子公司的资产，管理人向香港法院提出承认与协助的申请，并获得香港法院有关同意的裁决，理由同“上海华某案”。[2]

香港高等法院法官指出，在“上海华某案”与“年某公司案”中，“申请都是以管理人的名义在香港提出，但都由相关中级人民法院出具正式的协助请求函作为支持。香港法院签署命令，承认有关法院任命的管理人是相关公司在香港的授权代表，并明确授权管理人可在香港采取若干行为以推进该等公司的清盘，包括控制及占有该等公司在香港的资产等”。[3]香港高等法院主审法官对两地破产合作提出两种方式的设想，一方面，两地法官之间加强对话和交流，他认为这种对话和交流十分有意义，可以相互了解彼此的法律和实践。由于经济制度的不同，内地法官与香港法官在考虑

---

〔1〕 参见石静霞：《香港法院对内地破产程序的承认与协助——以华信破产案裁决为视角》，载《环球法律评论》2020年第3期。

〔2〕 参见何禄赞、张东伟：《香港法院第二次承认内地破产管理人：深圳市年富供应链有限公司破产管理案》，载微信公众号“德辅”，https://mp.weixin.qq.com/s/faLWnREbakVFYKwgxgUmGQ；司艳丽、刘琨：《香港法院认可与协助域外破产程序简介》，载《人民法院报》2020年6月11日，第8版。

〔3〕 夏利士：《跨境破产合作的框架与机制》，载微信公众号“中国破产法论坛”，https://mp.weixin.qq.com/s/Y-IleGJk-Te7i1bAA9SU9Q。

的问题上存在一定的差异，但通过沟通可以有效地处理这些差异。另一方面，鉴于香港是中国的一部分，香港法院与内地法院之间的沟通不但是可行的，也是必要的。两地的合作机制应当包含债务重组部分，两地的交流与合作在债务重组和企业重整方面可能产生特别的价值。[1]

“森某公司案”。2021年7月20日，香港法官在某案中向深圳中院发出司法协助请求函，请求对在香港进入清盘程序的森某纸业有限公司（以下简称森某公司）的清盘人的身份予以认可。这是香港法院首次向内地法院提出认可清盘人身份的申请。森某公司是在香港注册成立的商业公司，其母公司森某纸业集团有限公司（以下简称森某集团）在百慕大注册成立。2020年7月24日，森某集团在百慕大被百慕大最高法院受理清盘，并任命了两名临时清盘人。该两名清盘人于同年8月13日得到香港高等法院的身份认可，次日，持有森某公司表决权的集团子公司决定将森某公司清盘，同时委任上述两名清盘人为森某公司的清盘人。两名清盘人在履职过程中，发现森某公司在内地有大量财产，因此希望到内地履行相关职责。香港高等法院法官向深圳中院破产法庭发出《根据认可和协助香港特别行政区破产程序试点方案发出的司法协助请求函》，以“本法庭是对香港特别行政区（‘香港’）的公司法和破产法行使管辖权的法庭”，森某公司是一家依香港法律成立的公司，自2020年8月14日起在香港进入清盘程序并于同年8月25日由公司债权人通过决议确认了清盘人的委任，清盘人根据香港法律，有权行使一系列权力，而该权力的行使需要深圳破产法庭认可清盘人的委任为由，请求深圳中院破产法庭为清盘程序及清盘人提供协助，希望破产法庭签发命令并指示：清盘程序和清盘人的委任得到破产法庭认可；确定清盘人拥有及可行使香港法律赋予的权力，并可在

[1] 参见夏利士：《跨境破产合作的框架与机制》，载微信公众号“中国破产法论坛”，https://mp.weixin.qq.com/s/Y-IleGJk-Te7i1bAA9SU9Q。

内地法律允许的最大范围内行使。[1]2022年年初，深圳中院作出（2021）粤03认港破1号民事裁定，认可森某公司在香港开展的破产程序，并认可香港清盘人的身份，两名香港清盘人有权作为森某公司代表，可在深圳中院的协助下，在内地开展破产清算工作。这是内地法院在最高人民法院与香港特别行政区政府达成的《会谈纪要》以来，首次作出的对香港清盘程序及对香港清盘人的认可，是香港与内地两地破产司法协助的破冰之举。[2]

（三）内地与香港区际跨境破产协助案例分析

从实践情况看，两地的区际跨境破产既有成功合作的案例，也有未能协助合作的案例。综合前述案例，可作以下分析。

上述案例涉及的法律问题主要包括：一是内地法院对香港清盘程序认可的条件。二是内地法院对香港清盘人身份的认可及清盘人是否有权代表香港企业在内地进行诉讼或其他民事行为。三是清盘令的性质是否属于内地与香港相互认可和执行的民商事裁判。四是香港债权人是否享有在内地申请企业破产的权利。五是香港清盘公司股东会或董事会决议在内地的效力认定。六是香港法院对内地破产程序认可的条件。七是内地债权人参加香港清盘程序的要件。八是位于香港的破产财产能否在内地破产平台上处置。

（1）关于内地法院对香港清盘程序认可的条件问题。荔湾建筑与欧某公司的诉讼发生在20世纪80年代，当时内地关于破产的法律尚不完备，关于跨境破产协助的考虑就更少。因此，法院未对香港清盘程序予以认可，

---

〔1〕 参见陈延忠：《香港法院夏利士法官首度请求内地法院认可破产香港清盘人身份及权力》，载微信公众号“万邦法律”，https://mp.weixin.qq.com/s/9-5R6BkE906nK9VSFuoepw。

〔2〕 参见《两地互认破产首案：香港管理人获准内地履职》，载微信公众号“香港特区政府粤港澳大湾区速递”，https://mp.weixin.qq.com/s/L_Vi-F9A2WSN4ub9NOgE0g；《香港管理人获准内地任职》，载中央人民政府驻香港特别行政区联络办公室网，https://www.locpg.gov.cn/jsdt/2022-01/25/c_1211542052.htm。

更未认可清盘人的身份，在此情况下，作出清盘人不能在内地法院代表欧某公司参加诉讼的判断符合当时的历史环境。但石静遐认为该案中法院裁决的主要目的是保护原告的权益，不知该判断是否有更多的依据，石文[1]认为当时的判决符合当时的《广东省经济特区涉外公司条例》的若干原则，意指当时的《广东省经济特区涉外公司条例》仍体现了地方保护主义的倾向。而如前所述，当时的《广东省经济特区涉外公司条例》实际上对内地的一些权利作出了让渡，招商引资是拟订该条例的重要目的之一，在此情况下，该判断似与该条例制订的整体目的不一致。当然，在当时的历史背景下，法院对本法域利益进行保护是有一定动力的，但是无论如何，该案仍然是在法律框架内作出相关裁断。

早期成功协助的案例其实并非直接通过法院裁定或法院提供协助的方式进行，而主要是由政府与企业之间通过协商来完成的。如南某纺织品商行案，香港接管人是通过与深圳市政府谈判后接管南某纺织品商行在内地的资产，该案中内地资产被用于香港清算程序中的分配是香港接管人取得的一个重大成功。这个例子可认为是内地对香港清盘程序的实际认可的一个案例。

（2）关于内地法院对香港清盘人身份的认可及清盘人是否有权代表香港企业在内地进行诉讼或其他民事行为的问题。在有关中某再生清盘系列诉讼中，内地法院实际否定了中金再生清盘人在下属子公司、孙公司经营决策中的相关权力。中某再生清盘在香港引起巨大震动，其清盘波及在内地的孙公司。清盘人要求孙公司不得向孙公司的债权人进行清偿，此举破坏了孙公司债权人对孙公司清偿能力及清偿诚信的信任，因而孙公司的债权人纷纷在内地向法院提起对孙公司的破产（重整）申请。对香港清盘人来说，其或许认为其有权代表（祖）母公司对子公司或孙公司行

[1] 石静遐：《中国的跨界破产法：现状、问题及发展》，载《中国法学》2002年第1期。

使管理权和决策权，但对孙公司的债权人来说，该停止清偿债权的命令直接损害了他们的利益，因此他们以对孙公司提出破产申请作为自救。而该自救的方式则对（祖）母公司清盘人的管理权和决策权制造了障碍。但从内地法院的角度看来，子公司、孙公司都是独立法人，（祖）母公司不应限制它们正常的经营行为，尤其对债权人来说，清偿债务是正常经营的孙公司理应的行为。因此，将孙公司破产，由内地管理人对孙公司进行控制或会有效阻断香港（祖）母公司的干涉。但正是上述行为揭示了内地与香港在区际跨境破产合作方面还未能有效开展，而且两地债权人及相关利益人对于控制权和财产的争夺会体现在两地程序的冲突上并且加剧这种冲突。

内地在早期也有对香港接管人身份予以认可的案子，但未以诉讼的方式表现。如前述关于南某纺织品商行的破产协助，实际也是对香港接管人身份的认可。这种看似迂回的做法是在当时未有法律明确赋权的情况下务实处理两地相关问题的智慧体现。及至香港法人工银亚洲申请执行可某香港、库某财产案，内地法院需对可某香港、库某在内地的财产进行执行，而该二主体均在香港进入清盘或破产程序，内地法院此次认为可某香港的清盘人及库某的受托人是该二主体的合法代表人，因此在内地的执行程序中向可某香港的清盘人及库某的受托人送达相关法律文书。该案虽是为了执行程序在内地进行而认可香港清盘人及受托人的身份，但实际上该案的执行也是为维护香港债权人工银亚洲的利益。可以说，该案是内地法院为香港债权人的利益而认可了香港清盘人及受托人的地位。

内地法院对香港清盘程序予以认可并明确表示对香港清盘人提供协助的最新案例是“森某公司案”。2022年年初，内地法院作出裁定，认可森某公司在香港的清盘程序及香港清盘人的身份，明确香港清盘人有权作为森某公司的代表在内地开展破产清算工作。该案是2021年5月内地与香港达成《会议纪要》以来首例对香港清盘程序及清盘人资格均予认可的案件。虽然该案是由试点地区法院深圳中院作出认可裁定，但裁定明确了香港清盘人有权在内地（应指整个内地）行使清盘人职权。因此，也可以理解为虽然《会议纪要》只规定了三个试点地区，但该三个试点地区仅是香港清盘人通往内地履职的通道，通过这三个通道，香港清盘人在内地履职的地域范围不受限制。

（3）关于清盘令的性质是否属于内地与香港相互认可和执行的民商事裁判的问题。泰某集团、海某控股、黄某时代、北某公司进入清盘程序在21世纪初，其间2007年《企业破产法》的实施被喻为内地破产发展的一个里程碑。但在该法实施后的2009年，"北某公司案"中，最高人民法院仍认为香港清盘令不属于内地与香港达成的相互认可和执行的民商事裁判，并且认为2007年《民事诉讼法》第265条及2007年《企业破产法》第5条规定的对外国法院所作裁判的承认与执行不能适用于香港法院作出的清盘令。此外，当时内地法院囿于一些法律概念如"接管"等概念，从而对境外清盘程序不予认可，属于在较早期未能解决的问题，通过《会谈纪要》《试点意见》的落实，相信此类问题在今天已不再成为阻碍两地跨境破产合作的障碍。

（4）关于香港债权人是否享有在内地申请企业破产的权利的问题。在"港某裘革厂公司案"中，北某皮草厂公司是一家香港公司，其向内地法院申请内地企业港某裘革厂公司破产，一审未予受理，二审指令一审进行受理。该案确认了香港企业可作为债权人在内地对内地企业提起破产申请。当然，该案一审裁定未予受理的理由并未说明是基于北某皮草厂公司是香港企业而不具备申请资格，还是基于申请人与被申请人之间是否存在债权债务关系存疑而未认定北某皮草厂公司具有申请资格。二审法院既作出了现有证据可认定北某皮草厂公司与港某裘革厂公司存在债权债务关系的判断，也明确了香港债权人有在内地对内地企业提出破产申请的权利。

（5）关于香港清盘公司股东会或董事会决议在内地的效力认定的问

题。在“拿某公司清盘案”中，内地法院认可了临时清盘人召开的公司股东会议的效力，通过对股东会决议的认可，拿某公司清盘人接管了该司在内地的子公司福某公司。这是相较于20世纪80年代的一个进步。同类情形的还包括“某天然食品公司清盘案”，该司在香港进入清盘程序，为管理该司在内地的财产，临时清盘人召开董事会，作出由临时清盘人自己对该司在内地的江门食品制造工厂进行管理的决议。这一决议亦得到内地法院的认可。这两个案例发生的时间均是21世纪前后，作出认可的法院是内地沿海的两个中院：前案是广州中院，后案是福州中院。这两个案例可看作内地破产发展过程中的一个突破阶段，由较为开放地区的法院作出了对香港清盘人行使某些职权的认可，实际上也是对香港清盘程序的承认。

（6）关于香港法院对内地破产程序认可条件的问题。前述案例中有两个是香港法院对内地破产程序作出认可的案件：一是香港高等法院对上海华信破产程序的认可，二是香港高等法院对深圳的年某公司破产程序的认可。该两案是自“广东国某破产案”以来，香港法院对内地破产程序作出的仅有的两次承认。两宗案件中，虽然是管理人向香港法院提出申请，但均提交了内地法院的协助请求函。主审法官表示，鉴于香港是中国的一部分，香港法院与内地法院的沟通是可行且必要的，这体现了香港法官对待内地破产程序的公正友好的态度，也是未来两地区际跨境破产合作的方向。

（7）关于内地债权人参加香港清盘程序的要件的问题。赛某和厦门进某都是主营业务在内地但在境外注册的企业，且企业为集团模式，除了在内地有公司，在全球其他地区亦有公司。此类型企业较容易出现资金链条问题，其中一家或几家企业经营出现问题后，经常波及其他关联企业。此时，有可能进入破产或清盘。而因企业位于全球各地，一般来说主要在注册地进入破产或清盘程序。赛某和厦门进某清盘发生在21世纪10年代，此时的内地破产发展较快，但从该两案的跨境破产协助情况来看，当时对于跨境破产的协助尚不充足，而且囿于一些形式要件之不足，香港法院对内地主体的资格未予确认，如厦门进某一案中，因厦门进某授权书没有盖公章和未能董事会决议等，不符合香港法律要求，而未被香港法院接受。此提醒内地法官在进行跨境破产协助时，资料的齐备、符合法律要求的有效性等形式要件也是需要十分注意的事项。

（8）关于位于香港的破产财产能否在内地破产平台上处置的问题。在香港居民罗某辉破产案中，内地管理人对在香港进入破产程序的香港居民的财产进行了委托拍卖，实际上是香港受托人借用内地的平台处置破产人在香港的破产财产。在该次拍卖中，似乎没有参与者质疑何以内地破产平台能够拍卖香港的车牌的合法性，拍卖过程也非常顺利，表明两地公民对两地开展此类合作已有思想共识。这是两地开展破产合作的另一种方式，属资源共享型的合作，这也为两地跨境破产合作提供了切实可行的思路和方式方法。

二、清盘人身份认可及履职权责的国际参考及准据法

（一）清盘人跨境履职之国际参考

1.《跨境破产示范法》关于破产管理人履职的规定

《跨境破产示范法》在第2章“外国破产管理人和外国债权人对本国法院的进入”及其第4章“与外国法院和外国代表的合作”中对外法域破产管理人到本法域履职作了一些参考性规定。

《跨境破产示范法》第9条规定：“外国代表有权直接向本国法院提出申请”。第11条规定：“外国代表有权依据［此处指明颁布国与破产有关的法律］规定申请开启某项程序，但开启该程序的条件应另外得到满足。”第12条规定：“某一外国程序得到承认时，外国代表即有权参与依据［此处指明颁布国与破产有关的法律］对债务人实施的某项程序。”将三个条款结

合起来看，这是关于规范外国代表（实际一般是外国破产程序的管理人）向本国法院提出认可申请的规定。其首先规定外国代表可以向本国法院提出申请，而外国代表提出申请的权利来源是依据某项程序（实际为破产程序/清盘程序）的启动而来；至于该程序的启动应当满足一定条件。第11条称"开启该程序的条件应另外得到满足"实际上为参考适用示范法的国家或地区提供了一种模式，即本国法院在作出认可时，可对该程序进行必要的审查——审查开启"该程序"的条件是否得到满足。因此，可以说《跨境破产示范法》虽然是为促进世界各国跨境破产合作而制订，但它十分务实地考虑到权利的让渡不是全部的且无条件的，必要的防火墙还是需要保留。根据《跨境破产示范法》第12条的规定，当一个外国破产程序得到本国法院的认可时，外国代表就可以参与在本国启动的与债务人相关的某项程序。一方面，此处"某项程序"应指破产或与破产相关的程序。另一方面，该条实际是赋予对外国破产管理人与外国破产程序同等待遇的条款，也可说是"连带条款"。最高人民法院《试点意见》也是参考该条款作出内地法院认可香港清盘程序的，应同时认可香港清盘人身份的规定。

《跨境破产示范法》对外国代表的支持是非常有力的，其在第24条规定："当一项外国程序得到承认后，外国代表在符合本国的法律规定的情况下，可干预以债务人为当事一方的任何程序。"这条规定虽然有一个前提，即要求外国代表的行为需符合本国法律规定，但其最大的亮点在于，赋予外国代表等同于本国破产管理人的权利——该外国代表可插手本国关于债务人的所有的程序并产生作用。"干预"有两层意见：一是可以介入；二是可以推动或阻挠。这可以说是对外国代表赋予了"国民待遇"的一个条款。

《跨境破产示范法》还提供了本国法院与外国代表进行合作的途径：一是直接与外国代表接触并提供协助；二是通过本国破产管理人或相关机

构与外国代表合作，且提倡该种合作是最大限度的。〔1〕《跨境破产示范法》既要求本国法院与外国代表合作，也将该种合作当作本国法院的一项权利。〔2〕作出这个规定原因之一或是在一些国家，法院被认为需要与管理人建立一道"防火墙"，在这些国家法院或许认为自己不一定合适直接与外国代表联系及提供协助。因此《跨境破产示范法》作出上述规定，可为这些国家的法院提供一个参考规范，免除法院的道德风险及相关责任。

在《跨境破产示范法》项下还提供了本国管理人（或清算/重整机构）与外国代表进行合作的途径：在法院监督下，与外国代表进行最大限度的合作。〔3〕同样地，《跨境破产示范法》允许本国管理人（或清算/重整机构）直接与外国代表进行联系及合作。〔4〕至于合作的方式，《跨境破产示范法》第27条提供了包括但不限于以下五种方式：其一，指定某个（些）个人或机构按照法院的要求提供合作；其二，法院可向外国代表传递信息；其三，各方可对破产人的资产及有关破产人的事务进行管理和监督；其四，本国法院通过批准或实施有关协议来提供合作；其五，各方通过协调针对破产人进行的多项程序来合作。针对以上五种方式及第27条的兜底规定（颁布国不妨列举其他合作形式或实例），有几点需要我们注意的：第一，如果是个人或机构提供的合作，应当在法院的监管之下；第二，法院可以任何方式向外国代表传递信息是否表明法官可以直接以个人名义向外国代表传递信息？一般在大陆法系，法官与法院是有区分的；但对于普通法系来说，既然法官所作判例就是法律，因此，法官可以造法，法官与法院似也可认

---

〔1〕《跨境破产示范法》第25条第1款规定："对于第1条所述事项，法院应直接或通过【此处写入按颁布国法律负责管理重组或清盘的个人或机构名称】，与外国法院或外国代表进行最大限度的合作。"

〔2〕《跨境破产示范法》第25条第2款规定："法院有权与外国法院或外国代表直接联系，或直接要求其提供资料或协助。"

〔3〕《跨境破产示范法》第26条第1款规定："对于第1条所述事项，【此处写入按颁布国法律负责管理重组或清盘的个人或机构名称】，在履行其职能并在法院的监督之下，应与外国法院或外国代表进行最大限度的合作。"

〔4〕《跨境破产示范法》第26条第2款规定："【此处写入按颁布国法律负责管理重组或清盘的个人或机构名称】，在履行其职能并在法院的监督之下，有权与外国法院或外国代表直接联系。"

为是同一性质。因此，或可理解为，在普通法系国家或地区，法官个人与外国代表进行联系也是被允许的。第三，各方均可对破产人的资产及相关事务进行协调，但最终形成协议进行处置还是要经法院批准，并在法院的监督下实施。第四，各方可协调的并不一定是破产人的破产程序，如果针对破产人还有其他诉讼程序、保全程序等，均属可协调范围内。第五，《跨境破产示范法》为适用该法的各国或地区留下了可填补的空白，各国或地区可根据本国或本地的实际情况，对合作的方式进行补充及丰富。

2.美国破产管理人的职权

美国破产法关于跨境破产管理人的规定主要见于2005年《美国破产法》，该法借鉴了《跨境破产示范法》的有关内容，赋予外国破产管理人参与本国破产程序、外国破产管理人与本国法院进行合作等权利。[1]“破产情形出现时，根据债权人的申请，衡平法院的大法官将启动破产程序，并指定一名专人（破产管理人）负责破产程序。”[2]关于破产管理人的权责，分别在《美国破产法》第7章和第11章作了规定。“第7章特别规定，受托人负有收集债务人资产并将其转化为金钱财产以及尽快结束债务人营业的义务。”[3]“另外，第11章规定，受托人负有全面调查债务人及债务人业务的义务，提出重整计划，以及除非法院有命令，否则经营债务人业务的义务。”[4]

---

〔1〕 参见黄少彬、张旭、温文治：《关于构建我国跨境破产管理人制度的思考》，载《江南大学学报（人文社会科学版）》2011年第5期。

〔2〕 See Elizaheth H. McCullough , *Bankruptcy Trustee Liability: Is There a Method in the Madness*, 15 Lewis & Clark L. Rev. 158(2011): "'Upon the occurrence of an act of bankruptcy' and on the petition of creditors, the Lord Chancellor would 'convene a bankruptcy proceeding' and appoint a commissioner to take charge of the bankruptcy process."

〔3〕 See Elizaheth H. McCullough, *Bankruptcy Trustee Liability: Is There a Method in the Madness*, 15 Lewis & Clark L. Rev. 160(2011): "Chapter 7 trustee are charged specifically with the additional obligations of collecting and reducing to money property of the debtor's estates and closing the estates as expeditiously as possible."

〔4〕 See Elizaheth H. McCullough , *Bankruptcy Trustee Liability: Is There a Method in the Madness*, 15 Lewis & Clark L. Rev. 160(2011): "Chapter 11 turstees, on the other hand, are charged specifically with the duties of investigating fully the debtors and their business, filing plans of reorganization, and unless courts order otherwise, operating the debtors' businesses."

"当公司根据第7章的规定申请清算时，法庭将会任命一个破产财产管理人（trustee），此人将企业关闭，出售企业的财产，将出售所得收益分配给债权人，最后解散公司。"[1]"第11章赋予了破产公司经理相当大的权力。在依据第11章进行管理的条件下，企业继续经营，破产前的企业经理保持对企业的控制，成为'拥有控制权的债务人'（debtor-in-possession）。在破产申请后的前4个月中，经理有排他的权力提出重组计划，而债权人只能选择要么接受，要么放弃（take-it-or-leave-it）。经理提出重组计划后，债权人对重组计划进行投票。"[2]

托管人享有上述权利之外，也负担相应的义务。其中被信任者义务是最重要的一种义务。"被信任者义务源于信托法。"[3]当然，托管人在承担义务的同时享有一定的豁免权。"破产托管人的诉讼豁免，部分来自历史上给予法官的豁免权。对破产托管人的个人责任适用司法豁免原则的一个早期的案例是史默伍德诉美国案，其中几个联邦地区法官、一名联邦检察官及其助理、一名接管人、一名破产仲裁员和一名破产托管人被债务人的执行官以共谋罪相诉。地区法院首先承认，'司法官员履行公务而实施的行为在金钱赔偿诉讼中得以豁免的原则已经得到确认'，地区法院参考了美国最高法院在B* v. F* v. Ray 案中所采用的观点，以作为本案司法豁免的指导意见。"[4]"在B*一案中，当一名检察官指控一名法

---

〔1〕 徐光东:《破产法:美国的经验与启示》，载《西南政法大学学报》2008年第5期。

〔2〕 徐光东:《破产法:美国的经验与启示》，载《西南政法大学学报》2008年第5期。

〔3〕 任谷龙:《论美国破产管理人制度》，对外经济贸易大学2005年硕士学位论文，第23页。

〔4〕 See Elizaheth H. McCullough , *Bankruptcy Trustee Liability: Is There a Method in the Madness*, 15 Lewis & Clark L. Rev. 164-165(2011): "A bankruptcy trustee's immunity from suit is derived, in part, from the immunity historically afforded judgers. One of the early cases that dealt with the doctrine of judicial immunity as applicable to the personal liability of a bankruptcy trustee was the case of Smallwood v. United States, where several federal district judgers, a United States Attorney and his assistant, a receiver, a bankruptcy referee, and a bankruptcy trustee were sued for conspiracy by the executive officer of a debtor. The district court first recognized that '[t]he principle is well established that judicial officers are immune from suits for money damages for acts performed in the discharge of their official duties.' The court looked to the U.S.Supreme Court opinions of Bradley v. Fisher and Pierson v. Ray for guidance on the doctrine of judicial immunity."

官，要求将其名字从律师名单中除去时，最高法院对司法豁免提出了以下理由。"[1]

"司法官员在行使赋予他的权力时，可基于他自己的确信自由行事，而无须担心对他个人造成后果，这是正当司法的一项至为重要的一般原则。对每一个觉得自己受到法官行为侵害的人负责，与上述自由并不一致，并会破坏这种独立性，而如果没有了这种独立性，司法将变得既不受尊重也一无用处。"[2]

托管人的权利与义务往往是合二为一的，有的权责既是权利也是义务。《美国破产法》第704条对清算程序中破产托管人的基本义务进行了整体规定；第1106条则对重组程序中破产托管人的义务进行了整体规定。美国破产托管人的权责具体包括：

（1）接管破产财产及会计账册等相关资料：根据《美国破产法》第704条的规定，这一项工作既是权利也是义务。

（2）代表破产财产进行起诉或应诉的权利：根据《美国破产法》第323条的规定，破产托管人有代表破产财产起诉和应诉的独立诉讼权。

（3）确认债权：有关托管人在确认债权时的职责规定于《美国破产法》第11编第704条第5项，主要是要求托管人检查债权证明，并对不符合要求的债权提出异议。

（4）处置破产财产的权利：此项权利包括变卖破产财产及分配破产财

---

〔1〕 See Elizaheth H. McCullough , *Bankruptcy Trustee Liability: Is There a Method in the Madness*, 15 Lewis & Clark L. Rev. 165 (2011): "In Bradley, when addressing a claim by an attorney against a justice for ordering his name strichen from the roll of attorneys, the Supreme Court provided the following justification for judicial immunity."

〔2〕 See Elizaheth H. McCullough , *Bankruptcy Trustee Liability: Is There a Method in the Madness*, 15 Lewis & Clark L. Rev. 165 (2011): "For it is a general principle of the highest importance to the proper administration of justice that a judicial officer, in exercising the authority vested in him, shall be free to act upon his own convictions, without apprehension of personal consequences to himself. Liability to answer to every one who might feel himself aggrieved by the action of the judge, would be inconsistent with the possession of this freedom, and would destroy that independence without which no judiciary can be either respectable or useful."

产。此处的破产财产指债务人在普通法和衡平法上的各种权益。[1]

(5)经营权:破产托管人根据《美国破产法》第721条的规定享有在一段时间内经营债务人企业的权利,该权利由受理破产的法院授予破产托管人。[2]

(6)放弃财产与权利:根据《美国破产法》第554条的规定,如果破产财产没有实际价值或仅有微不足道的价值,托管人可以放弃该财产。[3]

(7)合同继续履行权:根据《美国破产法》第365条的规定,此项权利指对未履行完毕的合同(包括租约)决定是否继续履行。托管人应评估合同继续履行的利弊,作出对债务人有利的选择。

(8)撤销权:美国破产托管人在其破产法项下具有司法留置权人、善意不动产购买人、未设定担保的普通债权人三种身份。托管人作为债务人所有动产的留置权人的权利来源是基于其司法留置权人的身份;托管人可撤销在破产申请后仍未登记的不动产抵押权的权利来源其作为善意的不动产购买人的身份;而可以使其撤销偏颇性清偿与欺诈性转让的权利来源其未设定担保的债权人身份。[4]

(9)损害赔偿请求权:损害赔偿之诉是针对债务人的股东、高级管理人员等提起的诉讼。此权利来源美国公司法,由衡平法发展起来,实质是我们所熟悉的"揭开法人面纱"制度,或称"空壳"(shell)理论。

(10)聘请专业人员的权利:《美国破产法》第327条规定,破产托管人可在法院批准后聘请律师、会计师、评估师、拍卖师或其他专业人员来代表履职或辅助履职。

(11)披露义务:根据《美国破产法》第704条的规定,破产托管人须披

---

〔1〕 参见胡冰、胡鸿高:《美国破产清算托管人职责制度及其启示》,载《法学》2010年第7期。
〔2〕 参见胡冰、胡鸿高:《美国破产清算托管人职责制度及其启示》,载《法学》2010年第7期。
〔3〕 参见胡冰、胡鸿高:《美国破产清算托管人职责制度及其启示》,载《法学》2010年第7期。
〔4〕 参见胡冰、胡鸿高:《美国破产清算托管人职责制度及其启示》,载《法学》2010年第7期。

露破产过程中有关破产财团及破产财团管理的信息，并在程序终结时向法院和联邦破产管理人提交最终报告。

（12）提供最终报告和最终账目的义务：《联邦破产程序规则》第5009条规定，在对破产财产进行分配前，托管人须向联邦托管人提交最终报告，再由联邦托管人向法院提交。在法院发布同意托管人的薪酬和相关费用支出的125天后，托管人应向联邦托管人提交最终账目。

3.管理人在欧盟跨境履职的要求

因为发生在欧盟各成员方内的破产程序分为主破产程序和从破产程序，因此，欧盟跨境管理人的一个重要职责是对平行破产程序进行协调与合作。《欧盟破产程序条例》关于跨境管理人的要求包括：（1）在不违反本法域程序性规则且不会与其他法域产生利益冲突时，尽快与其他法域中存在的破产程序进行信息交流，及时核实债权，沟通程序中各种措施的进展情况，并负保密责任。（2）在重整程序中，与对方法域探讨债务人进行重整的可能性，如存在可能，拟订重整计划。（3）就破产人的资产变现和处置进行合作，对破产人的经营事务进行沟通。（4）主破产程序的管理人有权进入尚在进行中的从属程序，并有机会在从属程序中提交重组计划、中止财产变现申请或进行和解。〔1〕（5）从破产程序的跨境管理人负有尽早向主破产程序的跨境管理人提交本程序中债务人财产变现和处置的情况的义务。（6）从破产程序中的跨境管理人应采用议定书等多种形式进行报告与沟通，涉及需报告和沟通的事务包括破产程序中的各种信息，特别是债权申报、重整措施、破产程序终止等重大信息，以及重整计划的方案及合作的具体措施，破产人资产的管理、变现、处置等。〔2〕（7）平行破产程序中，

---

〔1〕 See Regulation（EU）2015/848, Whereas No.（48）. 转引自郭玉军、付鹏远：《我国跨国破产承认与协助制度：理论、实践与规则完善》，载《武大国际法评论》2018年第4期。

〔2〕 参见黄圆圆：《跨界破产承认与救济制度研究》，对外经济贸易大学2019年博士学位论文，第92页。

各破产管理人有义务在保护商业秘密的前提下及时交流与破产程序有关的信息，并且在对债务人财产的管理和变现上进行合作。[1]

4.破产管理人跨境履职国际做法的启发

考察《跨境破产示范法》以及美国、欧盟关于破产管理人跨境履职的规定及指引，对内地破产管理人与香港清盘人相互跨境履职有重要启示：

一是在跨境履职的程序启动上，为方便两地开展区际跨境破产合作，既可由香港法院（法官）向内地法院提出认可清盘程序的申请，亦可由香港清盘人直接向内地法院提出认可清盘人身份的申请。此做法可参考《跨境破产示范法》第9条“外国代表有权直接向本国法院提出申请”之规定。从香港高等法院法官向深圳中院送交的司法协助请求函看来，对森信公司清盘程序的认可及森信公司清盘人身份的确认是由香港法院（法官）提出的。[2]目前未有香港清盘人直接向内地法院提出认可申请的案例。但是，《试点意见》已为这一做法预留了通道，《试点意见》第5条规定：“债务人在内地的主要财产位于试点地区、在试点地区存在营业地或者在试点地区设有代表机构的，香港管理人可以依据本意见申请认可和协助香港破产程序。”据此判断，清盘人可以向内地法院提出认可和协助的申请可进一步理解为香港清盘人可以自己的名义向内地法院提出认可和协助的申请。当然，不管是香港法院（法官）提出申请还是香港清盘人提出申请，内地法院都须进行必要的审查，具体审查内容见前章所述。

二是内地与香港的区际跨境破产可采用自动救济模式。所谓“自动救济模式”是指境外破产（清盘）程序一经确认，即认可其破产管理人（清盘人）的身份，同时在内地进行的诉讼程序或财产分配财产应予暂停或中止。

---

〔1〕 See Regulation（EU）2015/848, Article 41. 转引自郭玉军、付鹏远：《我国跨国破产承认与协助制度：理论、实践与规则完善》，载《武大国际法评论》2018年第4期。

〔2〕 参见陈延忠：《香港法院夏利士法官首度请求内地法院认可破产香港清盘人身份及权力》，载微信公众号“万邦法律”，https://mp.weixin.qq.com/s/9-5R6BkE906nK9VSFuoepw。

《跨境破产示范法》采取的就是自动救济模式，该法第15条规定外国主要程序得到认可之后，域内的诉讼程序及财产处置程序将自动中止。《试点意见》实质吸收了《跨境破产示范法》自动救济的处理方式。但需要澄清的是，自动救济不等于放弃审查，适用自动救济原则应理解为当香港清盘程序得到认可时，内地的诉讼程序或财产分配程序暂时停止，但内地法院仍要对香港清盘人是否具备在内地履职的必要资格进行审查，因内地或许掌握香港未掌握的一些情况，而该情况可能影响香港清盘人的履职资格。

三是香港清盘人的身份得到确认后，其职权应与内地破产管理人相同。因香港属于中国的一部分，因此，香港清盘人身份在得到确认后，在内地履职享有与内地破产管理人相同待遇应当是十分自然之事。有观点指出，最高人民法院在《全国法院破产审判工作会议纪要》中已参照《跨境破产示范法》引入“不歧视原则”。〔1〕笔者认为，仅是适用“不歧视原则”是不够的，因为香港与内地的基本利益是共同的，因此，香港清盘人在内地履职，应当享有的是同等待遇。

四是内地相关主体与香港清盘人合作的途径可以多种多样。其一，可以由内地法院向香港清盘人提供直接的协助，包括向清盘人提供债务人在内地涉及诉讼的情况、通过相关平台可查询到的债务人在内地的财产的情况等。其二，可以通过内地破产管理人协会或某一政府部门为香港清盘人提供履职方面的帮助，此种帮助一般是事务性或行政性的，如提供场地上的方便、查询手续的简化等。其三，可以在内地任命破产管理人作为清盘人的代理人进行履职。虽然《试点意见》第15条规定：“人民法院认可香港破产程序后，可以依香港管理人或者债权人的申请指定内地管理人。指定内地管理人后，本意见第十四条规定的职责由内地管理人行使……”但上述规定未明确在内地任命的破产管理人是否为香港清盘人的代理人，从

〔1〕参见庞雅丹：《两地跨境破产起步走：示范法的“中国之旅”》，载“破产池语”，https://zhuanlan.zhihu.com/p/404116717。

字面意义上理解，似并非作为香港清盘人的代理人，因文字上并非有“代理”“代为行使”之类的表述。但从实务操作来说，既然内地管理人是应香港清盘人或债权人的申请而指定，尤其在应香港清盘人申请而指定的情况下，其应接受香港清盘人的指示并按该指示行事。因此，实质上，被指定的内地管理人应具有香港清盘人代理人的性质。

五是清盘人履职的具体职权可拓展探讨。美国托管人的职权与内地破产管理人非常相近，包括接管财产及会计资料、确认债权、经营公司、代表公司进行诉讼活动等常规性职权，除此之外，美国托管人有一项重要权利，即“财产与权利放弃权”，对没有实际价值或价值太小的财产予以放弃，减少时间精力的无用消耗，实际上就减少了共益费用的支出。为债权人减少支出对债权人的整体权利是有益的。该权利设计是一种务实而智慧的设计。我国《企业破产法》尚无有关这项权利的规定。若香港清盘人到内地履职，发现债务人在内地的某些财产如租赁的办公室里残存的几张桌椅因属二手物品，价值可能不过百元，变卖所得尚不足以偿付清盘人的时薪，此时若要求清盘人去变卖该部分物品得不偿失。因此，笔者认为允许清盘人放弃该部分财产是明智的选择。当清盘人放弃该部分财产后，债权人不能以清盘人未尽职守为由追究清盘人的责任。

六是清盘人有对主、从破产（清盘）程序进行协调的职责。主、从破产程序诞生于欧洲，欧盟《破产程序条例》规定了破产管理人有权且有责任对跨境主、从破产程序进行协调与协助。[1]若在香港和内地都启动了破产（清盘）程序，一地为主，另一地为辅，则香港清盘人跨境到内地履职时，有必要对两地的破产（清盘）程序进行协调，如进行信息的沟通与交流，对两地破产（清盘）程序进度关注与协调，对资产跨境处置与分配予以公平公

---

〔1〕 参见黄圆圆：《跨界破产承认与救济制度研究》，对外经济贸易大学2019年博士学位论文，第92页；郭玉军、付鹏远：《我国跨国破产承认与协助制度：理论、实践与规则完善》，载《武大国际法评论》2018年第4期。

开的处理。如系重整的，对两地的重整计划则必须予以协调。更重要的是加强合作，因企业要继续存续，在经营上肯定有一些决策是需要两地互相沟通或共同决定的。因此，清盘人在其中必须充分发挥桥梁作用，对两地的重整程序进行充足有效的协作。

（二）清盘人跨境履职的准据法

清盘人跨境履职的准据法涉及两个方面，一是关于资格认定的准据法；二是关于履职内容的准据法。清盘人的资格确认属于清盘人身份审查的内容，用什么法律来对清盘人的资格进行审查关系到清盘人身份认可的准据法问题。在资格得到确认后，域外破产管理人（清盘人）将可能到本国或本地区来履行其职责。但鉴于不同法域中的破产管理人（清盘人）的职责有所不同，域外破产管理人（清盘人）到域内履职享有什么职权？实际上，管理人（清盘人）享有什么职权是由法律规定的，因此，判断管理人（清盘人）享有什么职权则需判断适用什么法律。因而，这就涉及破产管理人（清盘）人履职的准据法确认问题。

准据法一般分为属人法和属地法两种。管理人（清盘人）的资格确认是一种身份判断，关于身份判断一般用属人法。而管理人（清盘人）履行职责是一种法律行为，对于法律行为的法律适用一般用“场所支配行为”原则，适用行为地法。[1]“‘场所支配行为’（locus regit actum）是最古老也是最常用的原则。自巴托鲁斯创立法则区别说以来，关于法律行为的方式，一直沿用这个原则，各国立法也大都规定行为方式适用行为地法。”[2]因此，对于管理人（清盘人）到另一地履职的情况应当适用属地法，即适用履职所在地的法律判断管理人（清盘人）享有什么职权和负担什么责任。根据《试点意见》第14条第3款“香港管理人履行职责，不得超出《企业破

〔1〕 参见李双元、欧福永主编：《国际私法》，北京大学出版社2015年版，第184页。
〔2〕 李双元、欧福永主编：《国际私法》，北京大学出版社2015年版，第184页。

产法》规定的范围，也不得超出香港特别行政区法律规定的范围”的规定，香港清盘人到内地履职，既受行为地法律的约束，亦受自己的属人法的约束。此外需要注意的是，管理人（清盘人）域外履职所享有的不仅是权利，也应当承担履职所在法域的法律所要求承担的责任。

对清盘人身份的认可及履职内容的确定均涉及属人法与属地法的选择问题，关于香港清盘人到内地履职的准据法，可分为有关清盘人履职资格确认的准据法及有关清盘人履职内容的准据法，以下分述之。

第一，在确定如何适用法律之前必须先界定清盘人是自然人还是法人，或其他主体。根据《最高人民法院关于适用〈中华人民共和国涉外民事关系法律适用法〉若干问题的解释（一）》第17条的规定，“涉及香港特别行政区、澳门特别行政区的民事关系的法律适用问题，参照适用本规定”，故对于香港清盘人相关问题的判断，参照适用《涉外民事关系法律适用法》的规定。《涉外民事关系法律适用法》中规定的民事主体区分为自然人与法人，对于清盘人来说，虽然香港法院对清盘人是以其个人名义进行任命，但是其在性质上又并非完全的自然人，需依附于相关的清算公司或清算机构，具备的一定的资格条件才能执业。当然，清盘人与一般的法人亦有不同，其执业时一般是以个人名义行事，其行为的法律后果亦主要由个人承担。因此，可认为清盘人是介于一般自然人与一般法人之间的一种较为特殊的民事主体。

关于清盘人资格的确认，即判断是否适格的清盘人，应由清盘人的属人法予以确定：根据清盘人的注册地或登记地法，也可判断根据清盘人的住所地法或经常居住地法。如果按照清盘人所在机构即清盘人个人所依托的清算公司或清算机构来判断其属人法，则需考虑清算公司或清算机构的住所地、注册地、主要营业地等因素。例如，一家清算公司在百慕大群岛注册，主要营业地在中国香港，依托于该清算公司的清盘人个人其住所地在香港，既有香港的执业许可，也有内地的执业许可，此情况下该清盘人的属人法如何确定？该清盘人的属人法究竟是百慕大法律还是中国法律？按照最密切联系原则，该清算公司虽在百慕大群岛注册成立，但未在百慕大有实际业务，该清盘人有中国内地的执业许可，但其主要业务地在中国香港，且是接受香港地区法院的指派担任香港公司的清盘人。因此综合来说，应以中国香港地区法律作为其资格判断的准据法。

如上述情形中的清盘人是一名英国籍的个人，此时其与一名香港籍的个人的属人法会不会有所不同？是适用英国法作为其属人法还是适用香港法作为属人法？笔者认为，判断依据还是最密切联系原则，如果仅清盘人个人非香港籍，在上述因素及判断要点未产生根本变化的情况下，最密切联系地仍是香港，故仍应适用香港地区法律作为属人法。

关于清盘人的权利能力，《涉外民事关系法律适用法》规定，无论自然人还是法人，其民事权利能力均适用经常居住地法予以确定。该法第11条规定："自然人的民事权利能力，适用经常居所地法律。"第14条规定："法人及其分支机构的民事权利能力、民事行为能力、组织机构、股东权利义务等事项，适用登记地法律。法人的主营业地与登记地不一致的，可以适用主营业地法律。法人的经常居所地，为其主营业地。"因此，不管清盘人如何定性，关于其权利能力的判断均适用其经常居住地法。那么，被香港法院任命的清盘人，如经常居住地在香港，则适用香港法来确定其权利能力。

清盘人履行职责是一种法律行为，关于清盘人的行为能力，根据《涉外民事关系法律适用法》第12条"自然人的民事行为能力，适用经常居所地法律"及前述第14条的规定，清盘人的行为能力同样适用经常居住地法。

上述权利能力及行为能力均可视为与资格相类似的、属于与人格相关的判断，此类判断均适用属人法，即经常居住地法。因内地法院在选择清盘人的准据法时，先要适用一个法律来帮助判断如何选择，因此《涉外民事关系法律适用法》属于判断应适用何准据法的指引性法律，即属于冲突规范。

第二，关于清盘人履职具体内容准据法的确定。履职具体内容属于行为的具体表现，对于法律行为的法律适用一般用“场所支配行为”原则适用行为地法。[1]因此，管理人（清盘人）到另一地履职的情况应当适用属地法，即适用履职所在地的法律判断管理人（清盘人）享有什么职权和负担什么责任。需要注意的是，管理人（清盘人）在域外履职不仅享有一定的权利，也应当承担履职所在法域的法律所要求的责任。行为地原则在《涉外民事关系法律适用法》未作具体规定，但参照《涉外民事关系法律适用法》第16条“代理适用代理行为地法律”的规定，行为以行为地法律为准据法是一般原则，此与前述的“场所支配行为”的基本原则可相互对应。

除以上原则之外，需要特别注意的是，《试点意见》第14条第3款规定：“香港管理人履行职责，不得超出《中华人民共和国企业破产法》规定的范围，也不得超出香港特别行政区法律规定的范围”，该条应视为规范清盘人跨境履职的行为的规定。因此，清盘人到内地履职，受内地法律与香港法律双重约束。也就是说，香港清盘人到内地履职，既受行为地法律约束，亦受属人地法律约束，这也是内地与香港区际跨境破产合作有别于一般跨境民事行为的重要特点。因为香港与内地的法律制度差异较大，香港清盘人到内地履职涉及对履职内容的判断，两地的角度会有较大不同，而《会谈纪要》对于双方开展跨境破产合作是未列明附加条件的（此与一般的国际间跨境破产合作十分不同）。因此，在确定履职的具体内容时应求同存异，以两地行为法的重合部分作为允许香港清盘人跨境履职内容的判断是较为具有可操作性且较为稳重的设计。

此外，在法律适用方面，特区因有一定范围内的立法权，如深圳特区，

[1] 参见李双元、欧福永主编：《国际私法》，北京大学出版社2015年版，第184页。

其在涉及国家专属立法权的范围之外，“根据《全国人民代表大会常务委员会关于授权深圳市人民代表大会及其常务委员会和深圳市人民政府分别制定法规和规章在深圳经济特区实施的决定》和《中华人民共和国立法法》第九十条的规定……在遵循宪法的规定以及法律和行政法规的基本原则的基础上，可以根据具体情况和实际需要，对法律、行政法规、地方性法规作变通规定……”[1]因此可能会有一些在该地区适用的法律区别于其他地区。此情况下，若债务人财产分布于全国各地，笔者认为，在确定清盘人处置财产时，应根据财产所在地确定清盘人处置行为所适用的准据法。即财产在特区的，适用在特区生效的法律；财产在其他地区的，适用该地区生效的法律。

第三，还有一些事项是同时涉及资格与行为的如代理，代理首先要符合代理资格，其次要判断具体的代理行为。此时对于跨境履职时需代理香港清盘公司实施某些行为的清盘人来说，确定其适用的准据法则需先依香港地区法律判断其是否具备代理资格，然后依实施代理行为的行为地法律判断其能否具体实施该种代理行为。也就是先适用香港地区法律判断资格，再适用内地法律判断行为的可行性，即对于代理这一事项来说，需要先后适用到香港与内地的法律作为准据法。

第四，明确了资格与行为分别适用属人法与属地法之后还涉及一个问题，就是香港清盘人到内地履职所适用的准据法是否需要区分在《会谈纪要》《试点意见》安排下与否？笔者认为，无论是根据《会谈纪要》《试点意见》在三个特定地区对香港清盘程序进行认可，还是依照一般法律规定、法律原则对香港清盘程序予以认可，在清盘程序得到认可之后均殊途同归，都是回到对香港清盘人资格认可上。而适用何准据法，则是在对香港清盘人资格认可之后再进一步涉及的问题。

---

〔1〕《深圳市立法的权限有哪些？》，载深圳市司法局，https://sf.sz.gov.cn/hdjl/ywzsk/qt/content/post_2950727.html，2023年4月18日访问。

因此，无论是在《会谈纪要》《试点意见》安排下与否，准据法的适用均是在香港清盘程序得到认可及香港清盘人身份得到确认之后再来确定的。此时，准据法的适用是统一的，主要是由冲突规范指引确定适用。而如前所述，内地法院对跨境履职的香港清盘人在判断如何适用准据法时，是以《涉外民事关系法律适用法》作为冲突规范的。在适用《涉外民事关系法律适用法》作为冲突规范时，国籍、住所地、注册地、主要营业地等就是适用冲突规范来寻找准据法的连结点。

第五章　香港清盘人内地履职的权责

一、香港清盘人内地履职的职权

如本书第四章所述，香港清盘人在内地履职的职权的确定，既需遵照香港地区法律的规定，亦需遵照内地法律的规定。

（一）内地破产管理人的职权

根据《企业破产法》第23条的规定，内地破产管理人依照该法执行职务，向人民法院报告工作，并接受债权人会议和债权人委员会的监督。依据《企业破产法》第25条第1款的规定，内地破产管理人履行的职责包括“（一）接管债务人的财产、印章和账簿、文书等资料；（二）调查债务人财产状况，制作财产状况报告；（三）决定债务人的内部管理事务；（四）决定债务人的日常开支和其他必要开支；（五）在第一次债权人会议召开之前，决定继续或者停止债务人的营业；（六）管理和处分债务人的财产；（七）代表债务人参加诉讼、仲裁或者其他法律程序；（八）提议召开债权人会议；（九）人民法院认为管理人应当履行的其他职责”。

1.从权利义务的性质来看

破产管理人的职权可分为管理权、调查权、代理权、处分权、分配权几种。

管理权。管理权属于占有破产财产而产生的职责，具体包括：（1）接管财物权，如接管破产财产和接管破产企业的公章、财务账册、重要文件资料等财物。（2）对破产财产进行管控，包括对未保全的财产申请保全或将财产划至管理人账户，以及对已被他人保全的财产申请解封，并在解封之后将财产予以控管。（3）追缴企业股东未缴之出资款。（4）必要时对破产企业继续经营，为经营之必要，可得进行借款。（5）申报债权期限届满后对破产债权进行审查确认，包括对取回权、别除权、抵销权等进行确认。（6）为破产事务的需要，请求召开债权人会议。（7）决定破产企业继续履行合同或解除合同。（8）代表破产企业进行仲裁或诉讼。（9）企业进行重整时，拟订重整计划草案提交债权人会议审议。

调查权。调查权包括要求破产企业提交财产状况说明书、债权债务清册等重要文件。向破产企业有关人员询问有关破产财产的状况、企业经营情况、债权债务情况等。

代理权。代理权包括代理破产企业履行合同，进行诉讼等。

处分权。处分权包括：（1）将破产财产提交予以评估，拍卖。（2）确定破产财产不足以清偿全部债务之后，申请宣告企业破产。（3）破产事务处理完毕后，向法院申请终结破产程序。

分配权。分配权包括：（1）确定破产财产的分配顺序、分配比例，制作破产财产分配表。（2）破产程序终结后，如发现破产企业还有其他财产可用于分配，可进行追加分配。

2.从是否有选择权的角度来看

内地破产管理人的职权可分为以下几类：

第一类是可选择行使的权利，如解除合同。《企业破产法》第18条第1款规定："人民法院受理破产申请后，管理人对破产申请受理前成立而债务人和对方当事人均未履行完毕的合同有权决定解除或者继续履行，并通知对方当事人。管理人自破产申请受理之日起二个月内未通知对方当事人，或者自收到对方当事人催告之日起三十日内未答复的，视为解除合同。"管理人可根据破产案件的实际情况，选择解除或继续履行合同。

第二类是必须行使的权利，如撤销权和追回权。《企业破产法》第31

条规定:“人民法院受理破产申请前一年内,涉及债务人财产的下列行为,管理人有权请求人民法院予以撤销:(一)无偿转让财产的;(二)以明显不合理的价格进行交易的;(三)对没有财产担保的债务提供财产担保的;(四)对未到期的债务提前清偿的;(五)放弃债权的。”第32条规定:“人民法院受理破产申请前六个月内,债务人有本法第二条第一款规定的情形,仍对个别债权人进行清偿的,管理人有权请求人民法院予以撤销。但是,个别清偿使债务人财产受益的除外。”第33条规定:“涉及债务人财产的下列行为无效:(一)为逃避债务而隐匿、转移财产的;(二)虚构债务或者承认不真实的债务的。”第34条规定:“因本法第三十一条、第三十二条或者第三十三条规定的行为而取得的债务人的财产,管理人有权追回。”上述撤销权及追回权表述为“有权”,似乎是可撤销也可不撤销,可追回也可不追回。但是,实践中管理人如果发现存在上述问题,该撤销权和追回权是必须行使的;如果没有行使或未及时行使而造成债权人损失的,管理人可能被追究渎职责任。

第三类是必须承担的义务。破产管理人在履职过程中负有两大义务,一是注意义务,二是信托义务。违反该两项义务造成债权人、债务人或第三人损失将承担相应法律责任。如何判断管理人是否依照法律规定勤勉尽责、忠实执行职务?一般来说,理论认为管理人应尽善良管理人的注意义务。〔1〕这是一个主观状态的判断。所谓善良管理人的注意义务,应该是认真严谨地履行职务,不疏忽大意;秉公执业,不得利用职权进行关联交易,为自己或他人牟取不正当利益。而客观上的要件是不给债权人、债务人及第三人造成损失。此外还有一些程序性的权责,如《企业破产法》第111条第1款规定的“管理人应当及时拟订破产财产变价方案,提交债权人会议讨论”。该条第2款规定的“管理人应当按照债权人会议通过的或者

---

〔1〕参见邹海林:《破产程序和破产法实体制度比较研究》,法律出版社1995年版,第244页。转引自张艳丽:《破产管理人的法律责任》,载《法学杂志》2008年第4期。

人民法院依照本法第六十五条第一款规定裁定的破产财产变价方案，适时变价出售破产财产”。该法第116条第2款规定的“管理人按照破产财产分配方案实施多次分配的，应当公告本次分配的财产额和债权额。管理人实施最后分配的，应当在公告中指明，并载明本法第一百一十七条第二款规定的事项”。该法第117条规定的“对于附生效条件或者解除条件的债权，管理人应当将其分配额提存。管理人依照前款规定提存的分配额，在最后分配公告日，生效条件未成就或者解除条件成就的，应当分配给其他债权人；在最后分配公告日，生效条件成就或者解除条件未成就的，应当交付给债权人”。该法第118条规定的“债权人未受领的破产财产分配额，管理人应当提存。债权人自最后分配公告之日起满二个月仍不领取的，视为放弃受领分配的权利，管理人或者人民法院应当将提存的分配额分配给其他债权人”。该法第119条规定的“破产财产分配时，对于诉讼或者仲裁未决的债权，管理人应当将其分配额提存。自破产程序终结之日起满二年仍不能受领分配的，人民法院应当将提存的分配额分配给其他债权人”。上述处置和分配财产过程中，管理人即负担一系列义务，这些义务不可违背，否则将可能损害债权人利益而使管理人被追究相关责任。

3.管理人依法履职的其他法律支持

2021年3月2日，最高人民法院办公厅以法办〔2021〕80号通知转发《关于推动和保障管理人在破产程序中依法履职进一步优化营商环境的意见》，要求内地各相关部门、金融机构按照法律规定支持和配合管理人依法履职。要求金融机构支持管理人依法接管破产企业的财产，加强对企业重整、企业和解的支持。规定明确，金融机构破产的，金融资产管理公司可以作为清算组成员参与破产案件。规定指出，管理人可以凭法院受理破产申请的裁定向银行开立管理人账户；同时要求管理人在履职完毕后及时注销账户。规定对管理人依法接管破产企业账户进行了明确，要求金融机构配合管理人依法办理资金划转、账户激活、账户注销、司法冻结等业务。

这是自《企业破产法》实施以来对有关部门、机构配合管理人依法履职所作的最详细的规定。

（二）香港清盘人在香港地区法律下的职权

香港清盘人在香港本地履职分为强制清盘程序和自愿清盘程序中的履职。

（1）强制清盘程序中清盘人的职权包括：以清盘公司的名义进行诉讼；以清盘公司名义进行活动及经营清盘公司业务；处理清盘公司资产及偿还债务；以清盘公司名义对外追收债权；主持会议；在注资人死亡时，申请作为注资人的遗产管理人或采取其他行动从注资人的遗产中取得清盘公司的应得资本；委托代理人处理不能亲自处理的事务。（2）自愿清盘程序中清盘人的职权包括，在前述强制清盘程序清盘人职权基础上，行使以下权利需经批准：一是全部偿还某种类别债权人的债务；二是与公司债权人达成妥协协议或其他安排；三是对全部已催缴的股本与应缴付的股本以及清盘公司与注资人或其他债务人之间的债务订立妥协协议。

香港清盘人的权利和义务具体如下。

（1）法院有权对清盘人的权力进行限定。作出清盘令前，如委任了临时清盘人，则法院有权在委任命令中作出对其权力限定或限制的说明。[1]

（2）清盘人的财产接管、控制权。清盘令作出后，或法院已委任了临时清盘人后，有关人士需以订明表格方式作出公司资产负债状况说明书交临时清盘人或清盘人。[2]清盘人或临时清盘人对公司有权享有或看似有权享有的一切财产及权利进行保管和控制的权力和责任。[3]在由法院作出的清盘中，收集公司资产及运用该资产以解除公司法律责任属法院的职责，清

〔1〕 参见《公司（清盘及杂项条文）条例》第193条。
〔2〕 参见《公司（清盘及杂项条文）条例》第190条。
〔3〕 参见《公司（清盘及杂项条文）条例》第197条。

盘人须以法院人员的身份在法院的控制下履行该职责。[1]法院可在作出清盘令后的任何时间，要求分担人、受托人、接管人、银行、代理人或公司高管在指定时间内，将其控制的公司在表面上有权享有的款项、财产、簿册、文件等交予清盘人。[2]清盘人有接受股份等作为出售公司财产的代价的权利。[3]

（3）清盘人对公司进行调查及报告的义务。清盘人在接到说明书后，应尽快向法院呈交初步报告，阐明公司资本数额、资产负债情况，公司经营失败的原因，包括公司自发起以来是否作出过欺诈行为及是否需进一步查证等。[4]

（4）以自己的名义持有、追讨财产的权利。法院可应清盘人的申请，命令所有归属于公司或由受托人代表公司持有的全部或部分财产按清盘人的名称归属于清盘人。之后，清盘人可以自身名义对上述财产提起诉讼或在其他法律程序中进行答辩，或以自身名义对上述财产进行追讨或进行其他法律程序及进行答辩。[5]

（5）确定讯问日期的权利。如有人申请法院进行公开讯问，则破产管理署署长或清盘人须申请指定公开讯问的日期，当该日期、时间及地点指定后，破产管理署署长或清盘人须向被讯问的人及债权人和分担人发出通知。[6]

（6）偿付债权及对申索进行处置的权利。在法院作出的清盘中，清盘人只有在法院或审查委员会许可下，才可以悉数偿付某类别的债权人；或与债权人或对公司提出申索的人进行妥协或作出安排；或与被催缴的分担人、债务人等就催缴及催缴所负法律责任进行妥协。[7]法院清盘的情况下，

---

〔1〕 参见《公司（清盘）规则》第66条。

〔2〕 参见《公司（清盘及杂项条文）条例》第211条、《公司（清盘）规则》第67条。

〔3〕 参见《公司（清盘及杂项条文）条例》第237条。

〔4〕 参见《公司（清盘及杂项条文）条例》第191条。

〔5〕 参见《公司（清盘及杂项条文）条例》第198条。

〔6〕 参见《公司（清盘及杂项条文）条例》第239条。

〔7〕 参见《公司（清盘）规则》第53、54、55条。

清盘人须议定分担人列表及催缴款项，[1]清盘人是以法院人员的身份、在法院管控下来行使上述职权的。[2]自动清盘的情况下，清盘人可行使列表、催缴及召集公司大会的权利。[3]但自动清盘情况下，清盘人有责任偿付公司债务，并调整分担人之间的权利。[4]清盘人须编写日期要求债权人于该日期之前证明债权或申索，[5]并对相关债权进行审查[6]。

(7)代表公司进行诉讼或进行其他法律程序的权利。清盘人可以公司名义和代表公司提起任何诉讼或其他法律程序，以及在以上程序中进行答辩。[7]

(8)经营公司的权利。清盘人可在使公司的业务于有利情况下终止的范围内，对公司业务进行经营；或聘任律师以协助清盘人履职，但如清盘人已提前7日向审查委员会委员或债权人发出通知的话，则不受上述限制。[8]清盘人可以公司名义及代表公司作出所有作为及签章，可为上述目的之实现而使用公司印章。[9]清盘人可以公司名义和代表公司进行票据行为，[10]可为筹措款项而将公司财产予以抵押，[11]可委任代理人从事清盘人不能从事的业务，[12]以及为结束公司事务及派发公司资产的所有其他事项。[13]

(9)处置破产财产的权利。清盘人可公开拍卖或以私人合约的方式出售公司的土地财产、非土地财产及据法权产，可将上述财产全部或部分转

---

〔1〕 参见《公司(清盘及杂项条文)条例》第226条。
〔2〕 参见《公司(清盘)规则》第68、74条。
〔3〕 参见《公司(清盘及杂项条文)条例》第251条。
〔4〕 参见《公司(清盘及杂项条文)条例》第251条。
〔5〕 参见《公司(清盘及杂项条文)条例》第226条。
〔6〕 参见《公司(清盘)规则》第94条。
〔7〕 参见《公司(清盘)规则》第53、54、55条。
〔8〕 参见《公司(清盘)规则》第53、54、55条。
〔9〕 参见《公司(清盘及杂项条文)条例》第199条及附表25第3部第2条。
〔10〕 参见《公司(清盘及杂项条文)条例》第199条及附表25第3部第4条。
〔11〕 参见《公司(清盘及杂项条文)条例》第199条及附表25第3部第5条。
〔12〕 参见《公司(清盘及杂项条文)条例》第199条及附表25第3部第7条。
〔13〕 参见《公司(清盘及杂项条文)条例》第199条及附表25第3部第9条。

让予任何人。[1]如分担人已破产或无力偿债或财产被暂时扣押，清盘人应针对分担人的产业就任何余款提出证明，要求获顺序摊还债款和提出申索，并在该等个案中收取余款以摊还债款。[2]并且，清盘人可以自己的名义，取得已故分担人的遗产管理书，追讨他人所欠分担人的金钱。[3]破产管理署署长担任临时清盘人时，可行使以上第5项的权利，其可在法院许可的情况下，行使以上第4项权力。[4]其他人担任临时清盘人时，只有在法院许可下，方可行使以上第4项、第5项的权利，但临时清盘人行使的是将公司有权享有或看似有权享有的财产及据法权产收归自己保管及控制的权利，即将公司指明的资产处置而转给有关人士以外的人的情况除外。[5]如果是成员自动清盘，在公司特别决议许可的情况下，清盘人可行使上述第4项权利中的悉数偿付某类别的债权人；或与债权人或对公司提出申索的人进行妥协或作出安排；或与被催缴的分担人、债务人等就催缴及催缴所负法律责任进行妥协的权利。[6]如果是债权人自动清盘，在法院或审查委员会的许可下，清盘人可行使上述权利。[7]

（10）冲突指示的处理。清盘人管理公司资产或派发公司资产予债权人时，须顾及债权人、分担人作出的决议所给予的指示，以及审查委员会给予的指示，但如果债权人、分担人大会给予的指示与审查委员会给予的指示有冲突，则应听从债权人、分担人大会的指示。[8]但清盘人亦有酌情决定权。[9]

（11）会议的召开。清盘人有权召集债权人大会或分担人大会，但需按

〔1〕参见《公司（清盘及杂项条文）条例》第199条及附表25第3部第1条。
〔2〕参见《公司（清盘及杂项条文）条例》第199条及附表25第3部第3条。
〔3〕参见《公司（清盘及杂项条文）条例》第199条及附表25第3部第6条。
〔4〕参见《公司（清盘及杂项条文）条例》第199A条。
〔5〕参见《公司（清盘及杂项条文）条例》第199B条。
〔6〕参见《公司（清盘及杂项条文）条例》第251条。
〔7〕参见《公司（清盘及杂项条文）条例》第251条。
〔8〕参见《公司（清盘及杂项条文）条例》第200条。
〔9〕参见《公司（清盘及杂项条文）条例》第200条。

债权人或分担人以决议的方式所指示的时间召集，或在占债权价值1/10以上的债权人或占分担资产价值1/10的分担人书面要求时召集会议。[1]在法院清盘及债权人清盘中，清盘人有权不时自行召集债权人会议和分担人会议。[2]清盘人有责任在债权人会议开始7日前将有关通知送交债权人，[3]有责任在每年年终召开公司大会，并在会议上提交报告，如未遵从该规定，可处罚款。[4]在公司董事或过半数董事认为公司因负债不能继续经营的情况下，委任一人为公司临时清盘人，则该清盘人须出席公司债权人会议，就行使该临时清盘人权利向会议作出报告。[5]如果临时清盘人未遵守上述要求，即属犯罪，可处罚款。[6]

（12）向法院请求指示。清盘人可就清盘案所引起的任何事宜，以订明的方式向法院申请指示。[7]

（13）对清盘人的异议。任何人因清盘人的任何作为感到受屈，均可向法院提出申请，法院可确认、推翻或修改清盘人的作为或决定。[8]

（14）簿册备查的义务。清盘人须按订明的方式备存簿册，债权人、分担人及其代理人均可在法院管制下查阅该等簿册。[9]法院清盘情况下，清盘人在任职期间，须每年不少于两次以订明的方式向破产管理署署长提交收支账目。破产管理署署长亦可随时要求查阅或者安排审计清盘人备存的任何簿册或账目。经审计后，或经破产管理署署长决定账目无须审计后，清盘人须将该账目或摘要送交每名债权人及分担人。[10]但如果是破产

[1] 参见《公司（清盘及杂项条文）条例》第200、226条。
[2] 参见《公司（清盘）规则》第112条。
[3] 参见《公司（清盘及杂项条文）条例》第237A条。
[4] 参见《公司（清盘及杂项条文）条例》第238条。
[5] 参见《公司（清盘及杂项条文）条例》第238条。
[6] 参见《公司（清盘及杂项条文）条例》第238条。
[7] 参见《公司（清盘及杂项条文）条例》第200条。
[8] 参见《公司（清盘及杂项条文）条例》第200条。
[9] 参见《公司（清盘及杂项条文）条例》第201条。
[10] 参见《公司（清盘及杂项条文）条例》第203条。

管理署署长担任清盘人，则不受上述约束。[1]另外，即使破产管理署署长曾经决定账目无须审计，但仍可于其后安排审计，则此情况下，清盘人仍须将该账目或摘要送交每名债权人及分担人。清盘人需要在清盘令作出6个月届满时，及在以后的每6个月届满时，将该期间内的现金账、必要的凭单及审查委员会发出的审计证明书转给破产管理署署长。[2]自动清盘的情况下，清盘人须将其作为清盘人的收支准备账目，并安排审计该账目。除非在成员自动清盘时公司作出普通决议决定无须审计，或债权人自动清盘时，审查委员会或有关债权人作出决定无须审计。[3]当审查委员会以书面决议的方式通过决议时，清盘人应备存通过该决议的文本，及审查委员会所有或过半数委员已表示同意有关书面决议的附注。[4]清盘人在经营公司时，须就营业准备独立账目，最少每月一次送交审查委员会审查。[5]

（15）收取款项的处理。清盘人应将收取的款项存入银行或库务署，不得将任何收取的款项存入其私人银行账户。[6]无人申索的资产须存入公司清盘账户。[7]自动清盘中，清盘人须向破产管理署署长提供无人申索的财产及未派发的资产的详细情况。[8]

（16）编制清盘报告。公司事务全部结束后，清盘人须编制清盘报告，说明清盘进行的情况及财产处置的情况，并召开公司大会，在会上提交该报告并作解释。[9]

（17）清盘人资格披露。法院清盘及债权人自动清盘的情况下，清盘人

[1]　参见《公司（清盘及杂项条文）条例》第203条。
[2]　参见《公司（清盘）规则》第162条。
[3]　参见《公司（清盘及杂项条文）条例》第255A条。
[4]　参见《公司（清盘及杂项条文）条例》第207J条。
[5]　参见《公司（清盘）规则》第163条。
[6]　参见《公司（清盘及杂项条文）条例》第202条。
[7]　参见《公司（清盘及杂项条文）条例》第285条。
[8]　参见《公司（清盘）规则》第184条。
[9]　参见《公司（清盘及杂项条文）条例》第239条。

应当就自己是否符合清盘人资格作出披露。[1]当成员自动清盘转变为债权人自动清盘时，原清盘人有可能丧失清盘人资格，则此时清盘人亦须作出披露。[2]

(18)送达。清盘人可针对某个具体地址进行电子送达，也可以通过网站进行公告送达。[3]

(19)临时清盘人的权力。在清盘人委出前，临时清盘人在审查、接纳及拒绝接纳债权证明方面具有清盘人一切的权利。对于临时清盘人的所有作为或决定，有关人士可以提出与清盘人相同的上诉。[4]

(20)清盘人的禁止行为。除非获得法院许可，清盘人不得直接或透过他人购买公司的任何资产。如清盘人违反该规定，法院可命令该购买作废。[5]如果清盘人与任何人之间的关系会使清盘人获得有关交易的利润，则除非法院明示许可，否则清盘人不得与该人购买货品以经营业务。[6]

(21)公司自动清盘情况下，清盘人的权责与债权人自动清盘情况下的权责相同。[7]上述权利的行使须在法院的许可下进行，但当临时清盘人是将公司有权享有或看似有权享有的财产及据法权产收归自己保管及控制的，或处置不立即处置即可能贬值的货品，或作出的是保障公司资产所必要的事情的，不受上述限制。[8]如果临时清盘人在没有合理辩解的情况下，未经法院许可即行使上述权利，即属犯罪，可处罚款。[9]

---

〔1〕参见《公司(清盘及杂项条文)条例》第262C、262D条。

〔2〕参见《公司(清盘及杂项条文)条例》第237A条。

〔3〕参见《公司(清盘及杂项条文)条例》第296C、296D条。

〔4〕参见《公司(清盘)规则》第99条。

〔5〕参见《公司(清盘)规则》第148条。

〔6〕参见《公司(清盘)规则》第149条。

〔7〕参见《公司(清盘及杂项条文)条例》第228B条。

〔8〕参见《公司(清盘及杂项条文)条例》第228B条。

〔9〕参见《公司(清盘及杂项条文)条例》第228B条。

（三）香港清盘人内地履职的职权与资料

1.香港清盘人内地履职的职权

香港清盘人到内地履职需内地法院提供帮助，否则无法开展工作。“香港原讼法院夏利士法官认为，香港的清盘人一般需要在内地获得以下协助：（1）承认其境外破产管理人的身份和权力，使其可以处理在内地的资产；（2）承认境外破产程序中有关暂停进行某些法律程序的规定；（3）准许境外破产管理人找寻、保护、取得、接管和控制债务人在内地的簿册、文件和记录，及就债务人资产、事务、破产原因等进行调查；（4）准许境外破产管理人就债务人的事务、资产和负债等事项查问证人（第三方）并获取资料；（5）准许境外破产管理人收集在内地的资产和展开针对内地被告的法律程序；（6）把在内地的资产汇到破产程序展开所在地；（7）承认境外法庭已经批准的债务重整计划；（8）承认针对内地被告的境外判决；（9）准许境外破产管理人以自己的名义或以债务人名义在内地法庭代表债务人提起法律程序和提出申请。”〔1〕

香港清盘人到内地跨境履职的主要内容有：（包括但不限于为此目的：对内地债权人的债权进行确认，从而）对被清盘企业在内地的经济往来活动及财产账册等资料进行审查；处置被清盘企业在内地的财产；对内地子公司行使（相关）经营管理权。

关于香港清盘人到内地履行职责的总体要求，《试点意见》第14条第3款“不得超出《中华人民共和国企业破产法》规定的范围，也不得超出香港特别行政区法律规定的范围”的规定是一个双重限制的要求。具体来说，香港清盘人到内地履职可进行以下行为：接管债务人的财产、印章和账簿、文书等资料；调查债务人财产状况，制作财产状况报告；决定债务人

〔1〕 丁海湖：《内地与港澳破产法律及司法规则的主要差异、司法应对》，载《法庭》2020年第3期。

的内部管理事务；决定债务人的日常开支和其他必要开支；在第一次债权人会议召开之前，决定继续或者停止债务人的营业；管理和处分债务人的财产；代表债务人参加诉讼、仲裁或者其他法律程序；接受内地债权人的债权申报并进行审核；人民法院认为可以允许香港清盘人履行的其他清盘职责；[1]在内地法院作出认可香港清盘令之前申请对被清盘企业位于内地的财产进行保全。[2]

此外，香港清盘人履行前述职责时，如涉及放弃财产权益、设定财产担保、借款、将财产转移出内地以及实施其他对债权人利益有重大影响的财产处分行为，需经人民法院另行批准。[3]在上述“管理和处分债务人财产”中，该“处分”应包括评估、拍卖债务人财产并对所得价款进行分配。

2.香港清盘人到内地履职所需资料

根据《试点意见》第6条的要求，香港清盘人到内地履职需要向申请地法院提交以下材料：申请书；香港特别行政区高等法院请求认可和协助的函；启动香港破产程序以及委任香港管理人的有关文件；债务人主要利益中心位于香港特别行政区的证明材料，证明材料在内地以外形成的，还应当依据内地法律规定办理证明手续；申请予以认可和协助的裁判文书副本；香港管理人身份证件的复印件，身份证件在内地以外形成的，还应当依据内地法律规定办理证明手续；债务人在内地的主要财产位于试点地区、在试点地区存在营业地或者在试点地区设有代表机构的相关证据。

根据《试点意见》的要求，申请书应以中文表达，如原本是其他文字，应附中文译本。申请书的内容具体包括：债务人的名称、注册地以及香港管理人所知悉的债务人主要负责人的姓名、职务、住所、身份证件信息、通

[1] 参见《试点意见》第14条第1款。

[2] 参见《试点意见》第9条。

[3] 参见《试点意见》第14条第2款。

信方式等；香港管理人的姓名、住所、身份证件信息、通信方式等；香港破产程序的进展情况和计划；申请认可和协助的事项和理由；债务人在内地的已知财产、营业地、代表机构和债权人情况；债务人在内地涉及的诉讼、仲裁以及有关债务人财产的保全措施、执行程序等情况；其他国家或者地区针对债务人进行破产程序的相关情况；其他应当载明的事项。[1]其中在上述申请书的内容中，申请认可和协助的理由应说明香港为债务人主要利益中心地，且成为主要利益中心地已有6个月以上。[2]

二、香港清盘人内地履职的法律责任

清盘人在履职过程中难免会产生失误，也不排除一些清盘人利用履职便利为自己或他人谋利而损害公司或债权人、分担人的利益。如此，清盘人履职需受到限制，并且履职不当对公司、债权人、分担人等造成严重不利后果的还需承担相应的民事责任、行政责任甚至刑事责任。为方便理解香港清盘人到内地履职的法律责任，先考察内地破产管理人履职时的约束。

（一）内地破产管理人履职责任的法律规定

破产管理人在履职过程中负有两大义务：一是注意义务，二是信托义务。违反该两项义务造成债权人、债务人或第三人损失，将需要承担相应法律责任。“所谓破产管理人法律责任，是指破产管理人因违法或不正当行为而要承担的法律责任。”[3]《企业破产法》规定管理人履职不当应当承担的法律责任包括民事、刑事或行政责任。《企业破产法》第11章“法律责

[1] 参见《试点意见》第7条。

[2] 参见《试点意见》第18条。

[3] 张艳丽：《破产管理人的法律责任》，载《法学杂志》2008年第4期。

任”中第130条对管理人应承担的民事法律责任进行了规定：“管理人未依照本法规定勤勉尽责，忠实执行职务的，人民法院可以依法处以罚款；给债权人、债务人或者第三人造成损失的，依法承担赔偿责任。”其中承担赔偿责任就是一种民事责任。破产管理人的民事责任从性质上而言应是一种侵权责任，因故意或重大过失而侵权而产生的责任。同时，该责任属于一种职业责任，是专业人士在履职过程中产生的责任。

《企业破产法》第131条对相关刑事责任进行了规定：“违反本法规定，构成犯罪的，依法追究刑事责任。”单根据这一条很难断定管理人实施了什么行为会构成刑事责任，具体还需结合刑事法律进行判断。从目前情况看，内地刑事法律尚未对破产管理人何行为构成刑事犯罪作出直接规定。一般情况下构成犯罪的包括但不限于以下情形：一是破产管理人侵占公司或债权人财产达到一定数额（人民币6万元以上）；二是破产管理人使用暴力手段取得破产财产或侵占他人财产等。

此外，还有观点认为管理人所承担的责任还包括行政方面的责任。法院可以对管理人采取强制措施（如警告、训诫、拘传、拘留和罚款等）、纪律和处罚。从《企业破产法》第130条关于“管理人未依照本法规定勤勉尽责，忠实执行职务的，人民法院可以依法处以罚款”的规定看，人民法院对管理人进行罚款可视为一种类行政处罚[1]。

管理人承担上述法律责任，在主观上需有过错，在客观上需造成了债权人、债务人或第三人的损失，且管理人之过错与该损失之间具有因果关系。

（二）香港清盘人履职责任的法律规定

香港清盘人履职责任主要见于《公司（清盘及杂项条文）条例》的规

〔1〕 法院并非行政机构，因此法院作出的罚款处理并非严格意义上的行政处罚，但因该处罚既不属于民事责任，亦不属于刑事责任，因此笔者将其归为类行政责任，实际是一种司法责任。

定，其整个IVA部都是关于履职不当取消资格的规定，该部由第168条组成，包括第168C条到第168T条。

《公司（清盘及杂项条文）条例》第168D条对取消资格作了一般规定。第168E条则规定了“裁定犯了可公诉罪行时取消资格”的条件、期限、申请的提出等。第168E（1）条规定：如某人在公司的发起、组成、管理或清盘；或公司财产的接管或管理中被裁定犯了一项可公诉罪行，不管该罪行的判定走的是公诉程序还是简易程序，均应取消其资格；如某人被裁定犯了任何其他可公诉的罪行且被判定属于欺诈或不诚实行事，亦应被取消资格。第168E（3）条规定取消资格的期限分为三种：如取消资格令由原讼法庭大法官作出，最长取消期限为15年；如由区域法院法官作出，最长取消期限为10年；如仅由裁判官作出，则最长取消期限为5年。第168E（4）条规定了当取消资格令由裁判官作出时，破产管理署署长、受影响公司的清盘人、任何过去或现在的成员、任何债权人，在相信有关事实会证明一项较长期限的取消资格令是正当的情况下，可向原讼法庭申请作出取消资格令，原讼法庭如认可该申请，可作出由其决定的较长期限的取消资格令。

《公司（清盘及杂项条文）条例》第168F条规定的是“因持续违反指明条文而被取消资格”的情形。某人如违反“将任何申报表、账目或其他文件，送交处长存档，或交付或送交处长”或“就某些事宜向处长发出通知”的要求而被检控或认定构成犯罪，或法院经审理直接认定其违反上述“指明条文”的要求构成失职，则可对其作出取消资格令。该情形下取消资格的最长期限为5年。

《公司（清盘及杂项条文）条例》第168G条规定的是“在清盘过程中有欺诈行为等而被取消资格”的情形。对于清盘人来说，诚实信用是基本要求，清盘人相当于信托中的受托人，因此如被发现存在欺诈行为，直接影响其担任清盘人的资格。该条规定：“（1）在一间公司的清盘过程中，法院如觉得任何人有下述情况，可针对该人作出一项取消资格令——(a)该人曾犯了根据第275条须负法律责任的罪行（不论该人是否已被定罪）；或(b)该人在身为该公司的高级人员、临时清盘人或清盘人或该公司财产的接管人或管理人期间，犯了与该公司有关的欺诈罪，或犯了违反其作为该等高级人员、临时清盘人、清盘人、接管人或管理人所应履行的责任之罪。”我们可以注意到，对于欺诈的判断，是“法院如觉得任何人有下述情况”，也就是说，它的证明标准相对是较低的，只要法院觉得，就可以作出取消资格令。同时，相对前述违反“指明条文”的情形，欺诈是更恶劣更严重的情形，因此第168G(2)条规定，此类情形取消资格最长的期限可以是顶格的15年。

《公司（清盘及杂项条文）条例》第168P条对申请取消资格提出的时间、提出主体、聆讯要求等进行了规定。其中第168P(1)条要求除非在检控相关罪行中提出申请，否则申请人需在向法院提出申请前给予被申请人不少于10天的通知。第168P(2)条对申请的主体进行了规定，“(a)如根据第168F条申请，可由处长提出；及(b)如根据第168E至168G条申请，可由破产管理署署长或财政司司长提出，或由该人曾犯或被指称曾犯的罪行或其他失责罪所涉及的公司的清盘人或该公司的过去或现在的成员或债权人提出”。聆讯时，申请人应亲自出庭，也可作供或传召证人。法院在审理检控中如认为当事人应予取消资格，可直接作出取消资格令，无须申请人提出申请。[1]

前述是关于取消资格的规定，《公司（清盘及杂项条文）条例》还规定了清盘人免任的条件、程序等。当然，免任不一定是基于履职不当，也可能基于正常情况或一些特殊情况，如清盘人因自己的考虑请求免任或清盘人死亡等。

---

〔1〕 参见《公司（清盘及杂项条文）条例》第168P(3)(4)条。

《公司(清盘及杂项条文)条例》第235A条规定，公司可借特别决议在大会上将清盘人免职，即清盘公司可以应分担人的要求召开大会，在大会上可以作出特别决议对清盘人予以免任。但如债权人或分担人请求法院不依据该条将清盘人免职，亦即请求保留清盘人的职务，那么法院应予保留。《公司(清盘及杂项条文)条例》第244A条则规定了非法院委任的清盘人的免任流程：占债权价值不少于1/10的公司债权人可以书面方式要求该公司的清盘人召开债权人会议以免任某清盘人。清盘人接到该要求后须在收到该要求的日期起计的21日内召开债权人会议，并在会议通知内指明为免任清盘人而动议决议的建议。如未在21日内召开会议，公司的任何债权人均可召开债权人会议，以考虑免任该清盘人。这种情况下，也要在会议通知内指明为免任清盘人而动议决议的建议。债权人可亲自出席或由代表出席以通过决议免任清盘人，在就该决议投票的债权人中赞成决议者的人数超过半数，而该等赞成者所占的债权价值达3/4的情况下，作出免任决议。但公司的债权人或分担人也可以申请法院不得对该清盘人进行免任以进行对抗。[1]

(三)内地破产管理人与香港清盘人履职不当的承责对比

1.内地破产管理人履职被追责的案例分析

内地破产管理人被认为履职不当进行追责的案例不少，笔者以“管理人责任纠纷”为关键词，以“民事案件”为条件，截至2022年2月28日，在“中国裁判文书网”上搜得裁判文书8001篇。其中由最高人民法院作出的18篇，高级人民法院作出的297篇，中级人民法院作出的2362篇，基层人民法院作出的5312篇。笔者对最高人民法院作出的18篇裁判文书(见表5-1)进行摘要分析。

---

〔1〕 参见《公司(清盘及杂项条文)条例》第244A条。

表5-1　最高人民法院审理的管理人责任纠纷案件

编号	案号	时间	诉讼主体（原告）	诉讼主体（被告）	主张的侵权事由	管理人是否承责
1	（2013）民提字第201号	2013年12月5日	李某	北京市企业清算事务所有限公司、北京市炜某律师事务所	以两被告非法人侵住宅、抢夺破坏财产为由主张赔偿	一、二审以被告不适格为由驳回起诉。再审裁定指令审理
2	（2014）民申字第827号	2014年7月11日	河南安某高科股份有限公司	华飞某显示系统有限公司管理人	管理人认定职工债权不当，破产财产分配方案不当	原审驳回安彩公司诉讼请求，申诉阶段驳回再审申请
3	（2015）民申字第1766号	2015年10月26日	李某	北京市企业清算事务所有限公司、北京市炜某律师事务所	两被告收回房屋的行为不当	原审未支持李某，申诉阶段驳回再审申请
4	（2015）民一终字第171号	2015年12月14日	池某良	青海贤某矿业股份有限公司管理人	管理人未尽勤勉责任造成池某良债权损失	管理人已解散，不符合民事诉讼当事人的法定条件，一审驳回起诉。二审维持
5	（2016）最高法民申1467号	2016年8月1日	张某平	北京市天正律师事务所	管理人错误认定破产企业向张某平个别清偿，给张某平造成损失；未确认张某平的债权不当	原审驳回张某平诉讼请求，申诉阶段驳回再审申请
6	（2017）最高法民申1753号	2017年6月15日	张某平	北京市天某律师事务所	管理人与破产企业法定代表人等欺诈张某平，造成张某平损失	原审驳回张某平诉讼请求，申诉阶段驳回再审申请
7	（2018）最高法民申1292号	2018年11月26日	中国某投资管理有限公司	甘肃太某洋律师事务所	—	申诉阶段决定提审

续表

编号	案号	时间	诉讼主体（原告）	诉讼主体（被告）	主张的侵权事由	管理人是否承责
8	（2018）最高法民再456号	2018年12月27日	中国某投资管理有限公司	甘肃太某洋律师事务所	追索股票分红款	一、二审以重复起诉为由驳回起诉，再审指令审理
9	（2019）最高法民抗13号	2019年8月22日	李某	北京市企业清算事务有限公司、北京市炜某律师事务所	以两被告非法入侵住宅、抢夺破坏财产为由主张赔偿	原审未支持李某，最高检抗诉，最高院根据最高检的抗诉提审
10	（2020）最高法民申2440号	2020年6月28日	尚某才	许昌市商业物资总公司破产清算组	撤销破产财产分配方案，追回相关财产分配给尚有才	原审驳回诉讼请求，申诉阶段驳回再审申请
11	（2020）最高法民申4130、4131号	2020年9月23日	范某敬	北京某制笔工业公司破产管理人	管理人履职违法，未为范某敬办理社保等手续	原审驳回范某敬诉讼请求，申诉阶段驳回再审申请
12	（2019）最高法民再198号	2020年9月29日	德某物资有限责任公司等	大理鸿某经贸有限公司管理人，云南展腾律师事务所	管理人处置财产程序不当给债权人、债务人造成损失	一、二审认定债权人无权提起诉讼，驳回起诉。再审指令审理
13	（2021）最高法民申1207号	2021年3月22日	中国邮政储蓄银行股份有限公司嘉峪关市分行	甘肃梓某律师事务所（嘉峪关市某啤酒花种植有限公司破产清算管理人）	管理人决定以以物抵债的方式向邮储银行分配财产履职不当	一、二审未予支持，申诉阶段驳回再审申请
14	（2021）最高法民申1823号	2021年5月31日	王某伟	深圳某俱乐部有限公司清算组	主张对破产企业的财产享有所有权	原审驳回诉讼请求，申诉阶段驳回再审申请

续表

编号	案号	时间	诉讼主体（原告）	诉讼主体（被告）	主张的侵权事由	管理人是否承责
15	(2021)最高法民申1768号	2021年6月29日	杨某	济宁市某包装总公司破产清算组	清算组拆除抵押房屋违法	二审判决清算组补偿杨某560万元。杨某不服二审判决，申请再审被驳回
16	(2021)最高法民申4538号	2021年9月18日	酒泉市肃州区中某小额贷款股份有限公司	甘肃梓某律师事务所	管理人对中某公司的债权审查存在严重过错，请求赔偿	原审驳回诉讼请求，申诉阶段驳回再审申请
17	(2021)最高法民申6429号	2021年11月1日	某再担保集团股份有限公司	河南某米业集团股份有限公司管理人	重整计划的通过损害股东个人财产的质权人的权益，中原公司应参加出资人组表决，而非仅在普通债17权人组表决	原审未予支持，申诉阶段驳回再审申请
18	(2021)最高法民申4873号	2021年12月17日	中国某投资管理有限公司	甘肃太某洋律师事务所	管理人将款项另存导致银河公司无法行使取回权	原审未予支持，申诉阶段驳回再审申请

以上18个案件中大部分未支持原告请求管理人（清算组）赔偿的诉讼请求。其中一部分案件以原告主体不适格或被告主体不适格为由驳回起诉。以原告主体不适格为由予以驳回的案件主要是认为债权人无权追究管理人的履职责任（该观点是一、二审法院持有，被最高人民法院纠正，指令审理）。[1]以被告主体不适格为由予以驳回的案件主要是认为直接以某

〔1〕 参见（2019）最高法民再198号案。一、二审认为个别债权人不能代表全体债权人提起诉讼，债权人不能对管理人财产处置行为提起诉讼，均被最高人民法院予以纠正。

某公司管理人为被告不适格，一是认为管理人是临时机构，不符合2012年《民事诉讼法》中关于独立民事主体的规定；〔1〕二是认为管理人履职后已解散，不能再作为被告。〔2〕还有一部分案件是以实体上管理人是正常履职，原告未能证实管理人未尽勤勉职责造成其损失为由驳回原告诉讼请求。

前述18个案件中只有1个案件部分支持原告对管理人提出的赔偿请求。该案中，管理人决定拆除抵押房屋及转让抵押机器造成债权人损失，二审判决管理人向债权人补偿560万元。需要注意的是，二审判决的是补偿而非赔偿。二审判决应是以房屋评估价545.54万元作为基础，加上处置的机器设备的价值，综合确定债权人的损失。此表明法院认为债权人的损失或许是不明确的，故只是酌情补偿。〔3〕原告认为这种补偿是不够的，但最高人民法院再审审查认为已经作了合适的补偿。

以上情况表明，管理人在履职过程中受到的保障相对还是足够的，法院在认定原、被告是否适格及管理人实体上是否履职不当造成权利人损失等方面是较为严格的，债权人、出资人等并不能随意以分配不公、程序不当等为由追究管理人的履职责任。

上述18个案件展示了审判实践中管理人被诉履职不当较为可能发生在以下方面：一是处置破产财产程序不当，如未经合法评估或未征求债权人会议意见等。二是对破产财产分配不当，如制定分配方案未经债权人会议通过，或制定的分配方案对某个或某几个个别债权人不公等。三是接收、管理或处置财产时行为不当，如暴力接管财产、非法入侵住宅、将债权

〔1〕 参见（2014）民申字第827号案。该案一、二审驳回原告诉讼请求，再审审查裁定驳回安某公司再审申请。但再审审查裁定认为，该案以华飞管理人为被告诉讼主体不当，鉴于案件处理结果并无不当，最后以驳回再审申请结束再审审查。该案提出："管理人系破产程序中为接管破产财产并负责破产财产的保管、清理、估价、处理和分配等事务而临时设立的专门职能机构，并非独立的民事主体。河南安某公司基于华飞管理人履职不当提起诉讼，应当将担任管理人的江苏高的律师事务所列为本案被告。河南安某公司将华飞管理人列为被告不当，对此本院予以指出。"

〔2〕 参见（2015）民一终字第171号案。

〔3〕 参见（2021）最高法民申1768号案。因1768号案仅是申诉案，裁定对案件详情未作详尽记载，未能看出二审法院是基于什么理由判决补偿而非赔偿。

人有优先受偿权的财产作为普通财产进行处置而损害债权人利益、错误划分财产种类形态导致债权人或案外人无法行使相应权利[1]、确定财产分配方式不当[2]等。四是对债权人债权的审查认定错误，如某债权人认为管理人认定自己的债权过少或某债权人认为管理人与其他债权人串通，对其他债权人债权数额认定过高等。五是重整计划草案的拟定或通过违法，如对债权人、出资人的分组不当导致债权人、出资人行使表决权障碍，或拟定的重整计划草案损害某类债权人或出资人权益等。六是未及时为职工缴纳社保、医保导致职工失权等。七是认为管理人与破产企业、破产企业高管、其他债权人或其他利益相关方进行串通，损害债权人、出资人或某利益相关方的权益。[3]

2.香港清盘人履职不当的案例分析

在香港，清盘人履职不当较多的处理方式是被免职。除此之外，还有一种不利后果是无法得到报酬，甚至需要承担破产管理署为申请其免职而支出的律师费。以下摘取几例香港清盘人被免职的案例进行分析。

"富某公司清盘案"。富某电子有限公司清盘期间，香港高等法院原讼法庭受理了破产管理署署长请求将富某电子有限公司两名清盘人予以免任一案。破产管理署署长指控清盘人在履职中存在以下不当：其一，违反《公司（清盘及杂项条文）条例》第202条，保留了变卖公司资产的部分所得，数额达88790.75美元。[4]其二，未能及时提交账目，违反了《公司（清

---

〔1〕 参见（2021）最高法民申4873号案，原告主张管理人将不属于破产企业的款项当作破产财产存入破产企业账户，导致原告无法行使取回权。

〔2〕 参见（2021）最高法民申1207号案，原告认为管理人决定以物抵债向债权人分配实物财产以进行清偿损害债权人利益。

〔3〕 参见（2016）最高法民申1467、1753号案。

〔4〕 See HCCW 193/2003: "In brief, the reason why the Official Receiver has sought their removal relates to the way in which they have dealt with a proportion of the receipts during the course of the liquidation of the company's assets." "It would appear that although initially the liquidators paid receipts into the Companies Liquidation Account, as required by section 202 of the Ordinance, towards the end of the liquidation they ceased to do so. A total sum of $88, 790.95 was retained by them."

盘及杂项条文)条例》第203(1)条。也未能按照破产管理署署长的要求及时提供署长所需信息,此违反了《公司(清盘及杂项条文)条例》第203(3)条。[1]其三,违反《公司(清盘及杂项条文)条例》第195条,未能及时更新所应提供的保证金或担保。[2]其四,清盘人还违反了《公司清盘规则》第62条关于应向审查委员会提供有关现金账簿的审计证明的规定。[3]在该案中,清盘人并未对破产管理署署长的指控作出辩驳。审理该案的法官认为,对清盘人予以免任是无异议的。但处理该案较为困难的一点是,破产管理署署长主要的指控还涉及清盘人没有向公司清盘账户汇入88,000港元,此违反了《公司(清盘及杂项条文)条例》第202(2)条关于"在不抵触第(1)款的但书的规定下,凡任何上述清盘人(破产管理署署长除外)以该身份收取任何款项——(a)如该笔款项不超过$50,000,清盘人须在收取款项后14天内将其存入公司清盘账户内,并且不得从款项中作任何扣除;(b)如该笔款项超过$50,000,清盘人须随即将款项存入公司清盘账户内,并且不得从款项中作任何扣除"的规定。根据第202(2a)条的规定,凡清盘人违反前述规定保留了任何款项(包括全部或部分款项),除非其能作出令法院满意的解释,否则就保留款项的款额按年息20厘支付利息。并且可能被判决不能获得(全部或部分)报酬,还可能被免职以及须支付因此引起的任何开支。破产管理署署长认为,清盘人的行为明显违反了第202(2)条的规定,因此应按第202(2a)条的要求支付巨额利息,并且清盘费亦应被取消。但主审法官认为,清盘人留存下来的款项实际亦用于清盘支出,

〔1〕 See HCCW 193/2003: "The Official Receiver also complains that the liquidators filed accounts for the periods from 1 April 2006 to 30 September 2011 very late, in breach of section 203(1) of the Ordinance and also failed to furnish the Official Receiver with other information required, pursuant to section 203(3)."

〔2〕 See HCCW 193/2003: "The first is non-renewal of the liquidators' bond or security, in breach of section 195 of the Ordinance."

〔3〕 See HCCW 193/2003: "and secondly, failure to submit certificates of audit of the cash book by the committee of inspection as required by Rule 62 of the Companies (Winding-up) Rules."

包括支付43,000港元律师费。[1]清盘人虽违反前述法律规定，但并没有从中得到好处，亦没有损害公司债权人的利益。因此法官作出了他认为公正的裁决，清盘人无须退还已收取的清盘费，并可收取所有他们能够证明已支出但仍未向他们支付的费用。[2]最后，法官作出结论：免去富某电子有限公司清盘人的资格；限定他们在规定时间内（14天内，最长不超过两个月）向新清盘人交付账簿、公司文件等资料；在14天内将他们支付的43,000港元律师费退回公司账户；在14天内向清盘公司支付88,790.75港元的利息，按年利率20厘计算；破产管理署署长因本申请支出的59,185美元费用由两名清盘人负担。

"动某公司清盘案"。香港高等法院原讼法庭在审理动某实业国际有限公司清盘时破产管理署署长提请免任该司清盘人一案中认定，两名清盘人截留了抵押权人出售公司资产后的剩余款项387,891.37美元，直到约两年之后破产管理署署长要求他们说明剩余款项的去处时他们才将剩余部分款项汇入相关账户，但仍然保留了9940美元，且未对保留作任何解释。又将近三个月后，他们才将保留的9940美元支付给破产管理署署长。[3]并且，清盘人在向法院和破产管理署作报告时谎称资产没有变现。当破产管

[1] See HCCW 193/2003: "It is not in dispute that the money that was retained by the liquidators was, in fact, spent on expenses of the liquidation, including HK$43, 000 in respect of solicitors' fees. However, it does not seem to me that that in itself is sufficient excuse to justify the court not imposing the interest penalty."

[2] See HCCW 193/2003: "However, I accept that the breach of subsection (2) did not of itself benefit the liquidators or cause any apparent loss to the company's creditors. I think a fair way to deal with the matter is to allow the liquidators to retain the fees that they have been paid and to recover any outstanding fees that they can justify."

[3] See HCCW 35/2007: "They failed to pay $387, 891.37, being the surplus proceeds of a property of the Company under a mortgagee sale forthwith to the Companies Liquidation Account without any deductions. The money was received by them on 19 November 2007. It was only when the Official Receiver asked them to clarify the whereabouts of the surplus proceeds on 21 August 2009 that they remitted the proceeds on 27 August 2009, but they deducted $9, 940 from the proceeds remitted. Notwithstanding the Official Receiver' s requests for explanation, no explanation has been provided by the respondents for their retention of surplus proceeds. The shortfall of $9, 940 was paid to the Official Receiver only on 19 November 2009. This is clearly serious professional misconduct."

理署署长询问时还企图修改账目。[1]他们亦没有在被任命后的21日内向破产管理署署长提供保证，这违反了《公司（清盘及杂项条文）条例》第195条规定。[2]再加上清盘人D担任公司董事时曾作出虚假声明，声称自己和另一位先生是招投标中的专业人士，并且都是Honest Joy公司的董事。[3]审理该案的法官认为，破产管理署署长关于该二人未能按照清盘人的职业要求进行履职的意见成立[4]，因而适用《公司（清盘及杂项条文）条例》第196（1）条[5]及第202（2A）条[6]，作出HCCW 35/2007号决定，免除两名清盘人作为动力实业国际有限公司清盘人的职务。法庭决定不予支付清盘人清盘费用，并且清盘人还需支付留存款项的利息。[7]

“动某公司清盘案”的衍生案。作为上述案件的延伸，HCMP 1202/2010和HCMP 1278/2010两案审理了破产管理署署长关于免除清盘人D和另一名清盘人C担任公司清盘人、公司董事、公司财产托管人或管理人以及

---

〔1〕 See HCCW 35/2007: “notwithstanding they had received the surplus proceeds on 19 November 2007, in their subsequent report to the court and the accounts submitted to the Official Receiver, they reported there was no asset realisation. It was only when the Official Receiver made enquiries in August 2009 that they made an attempt to amend the relevant accounts to reflect the receipt of the surplus proceeds.”

〔2〕 See HCCW 35/2007: “they failed to provide security to the satisfaction of the Official Receiver within 21 days of the order of their appointment as liquidators dated 14 May 2008, in breach of section 195 of Cap. 32. The Official Receiver was not informed of their appointment until receipt of the letter dated 27 August 2009 from Danvil Chan.”

〔3〕 See HCCW 35/2007: “Danvil Chan in his capacity as director of Honest Joy made false declarations in the Declarations on Details of the Tenderer dated 24 January 2006, in which it was declared and confirmed that he and MC Tang are the recognised professionals as defined in the tender and both were the directors of Honest Joy.”

〔4〕 See HCCW 35/2007: “I agree with the Official Receiver they had failed to perform with professionally acceptable standard in their conduct of the liquidation.”

〔5〕 《公司（清盘及杂项条文）条例》第196条规定：“与清盘人有关的一般条文（1）根据第194条委任的清盘人可辞职，亦可在有人提出因由时由法院将他免任。”

〔6〕 《公司（清盘及杂项条文）条例》第202（2A）条规定：“凡清盘人在违反第（2）（a）或（b）款的情况下保留任何款项（包括部分款项），除非他就该项保留作出令法院满意的解释，否则他须就如此保留的款额支付按年息20厘计算的利息，并可能不获准支取其全部酬金或其酬金中法院认为按公正原则而不准支取的部分，亦可被法院免职，并须承担支付因其失责而引起的任何开支的法律责任。”

〔7〕 See HCCW 35/2007: “Under section 202(2A), the court may disallow the liquidator’s fees, and to order the liquidator to pay interest on the amount retained at the rate of 20% per annum.”

参与某公司组建、运营、管理的资格的申请。破产管理署署长在HCMP 1202/2010案中请求免除清盘人D担任E* Ltd等7家公司的清盘人或董事的资格；在HCMP 1278/2010案中请求免除清盘人C担任E* Ltd等8家公司清盘人或董事的资格。[1]该两案由香港高等法院原讼法庭合并审理。该两案与前述HCCW 35/2007案的重要区别在于破产管理署署长请求对被申请人的免除资格作出时间限定，该请求的期限是15年。两名清盘人是H* Ltd的职员，被破产管理署署长任命为多个公司清盘中的清盘人。其中清盘人D曾担任80多家公司的清盘人，此次被指控存在履职不当的是其在7家公司担任清盘人期间。破产管理署署长对该二人的指控包括：作出虚假声明、不当保有公司财产或未及时上缴公司财产、未向破产管理署如实报告、未对公司及时清算、未及时提供保证或担保、未及时提交公司账目、未按时履行法庭作出的命令等。法官审理认为，清盘人D在之前破产管理署署长对他的指控中没有作出实质性抗辩，因此认定其对应予取消执业资格是无异议的，但取消的年限如何判断是裁判的重点。清盘人C对关于其指控作出了回应，他主张，他并没有实质参与这些公司的清盘事务，公司的清盘主要是清盘人D在操控，并且要求他不要参与清盘事务，并表示会帮他向破产管理署说明情况以让他免责。清盘人C表示，如果他不服从清盘人D的安排，清盘人D会将他免职。但破产管理署署长提出，清盘人C的抗辩是不能成立并具有误导性的。两人同为多个清盘案件的清盘人，在众多重要清盘文件上签名，包括授权破产管理署署长从清盘账户中提取费用(此表明他参与了清盘的实质工作)。破产管理署署长还指出，并没有证据显示

---

〔1〕 See HCMP 1202/2010和HCMP 1278/2010："I have before me 2 related applications by the Official Receiver under section 168G of the Companies Ordinance for, *inter alia*, an order that the Respondents, Chan Kin Hang Danvil, and Chan Man Yiu shall not, without the leave of the Court:(1) be a director of a company; (2) be a liquidator of a company; (3) be a receiver or manager of a company' s property; or (4) in any way, whether directly or indirectly, be concerned or take part in the promotion, formation or management of a company, for a period not exceeding 15 years effective from the beginning of the 21st day after the day on which such an order is made."

清盘人D作了清盘人C所称指示或威胁，清盘人C应该很清楚作为清盘人应当如何履职，应明白清盘人D就算给他承诺也不能使他免责。其声称他对担任这些公司的清盘人感到担忧，但亦并未申请停任。法官认同破产管理署署长的主张，赞同取消清盘人C的相关任职资格。[1]

在确定取消资格的期限时，法官参考了此前的裁判，取消资格的期限按不当行为的严重程序可分为三个档次：轻微不当行为，取消资格的期限一般为2—5年（香港地区法律规定是1年起步）；中度不当行为取消资格的期限为6—10年；严重不当行为，取消资格期限为10年以上（15年是最高年限）。[2]法官综合两名清盘人的表现，认为清盘人C的不当行为相比清盘人D程度要轻，因而适用《公司（清盘及杂项条文）条例》第168G条、第168H条规定，命令取消清盘人D任职资格7年；取消清盘人C任职资格3年。同时，考虑到清盘人C仅是取消有关担任清盘人的任职资格，而没有法律规定取消担任清盘人的资格一定影响其担任公司董事的资格，而清盘人C与其妻子是B公司的股东和唯一（应是唯二）董事，法官决定保留清盘人C担任B公司董事的权利。[3]

上述案例来自“香港特别行政区政府破产管理署”网页中的“遵从法规及执法”项下的“清盘人因破产管理署署长提出申请而被免职及取消资格的判案书”栏目。截至2024年4月18日，该栏上传了此类判案书共9份。

---

〔1〕 See HCMP 1202/2010和HCMP 1278/2010.

〔2〕 See HCMP 1202/2010和HCMP 1278/2010："I would for my part endorse the division of the potential 15-year disqualification period into three brackets, ...(i) the top bracket of disqualification for periods over ten years should be reserved for particularly serious cases. These may include cases where a director who has already had one period of disqualification imposed on him falls to be disqualified yet again.(ii) The minimum bracket of two to five years' disqualification should be applied where, though disqualification is mandatory, the case is, relatively, not very serious.(iii) The middle bracket of disqualification for from six to ten years should apply for serious cases which do not merit the top bracket."

〔3〕 See HCMP 1202/2010和HCMP 1278/2010.

上述案例表明，清盘人履职主要由破产管理署进行监管，清盘人履职不当主要表现在：一是未及时上缴或不当保留清盘公司出售资产所得款项；二是未及时向破产管理署提交相关账册或审计报告等资料；三是向社会公众披露错误信息或作虚假声明；四是未及时对公司进行清算；五是未及时提供保证或担保；六是未按时履行法庭作出的命令等。鉴于清盘人的上述履职不当情形，破产管理署署长作为原告，向法庭所提处理措施一般包括：一为请求免去清盘人的职务；二为请求在一定年限内限制清盘人继续履职；三为请求清盘人负担相关款项的利息；四为请求不予支付清盘人相关费用；五为请求清盘人承担相关诉讼费用等。

3.内地破产管理人与香港清盘人履职不当的承责比较

从前述案例来看，内地与香港对破产管理人（清盘人）在追责承责方面存在以下异同。

（1）内地与香港对破产管理人（清盘人）进行追责相同方面

一是均有被以接收、管理、处置财产的行为不当为由进行追责的情形。此类行为不当在内地的具体表现为暴力接管破产人财产、非法进入住宅、将有优先权的财产作为普通财产予以处置等。如在（2019）最高法民抗13号案中，原告以管理人非法入侵其住宅、抢夺破坏财产而主张赔偿。在（2014）民申字第827号案中，原告以管理人对破产财产分配不当为由对其提起诉讼。在（2021）最高法民申1207号案中，原告认为管理人决定用以物抵债的方式向其分配财产属履职不当，从而对管理人提起诉讼。上述不当在香港表现为未及时上缴或不当保留了破产企业的财产或处置财产后所得款项。如在“富某公司清盘案”中，破产管理署署长指控清盘人在履职中存在保留变卖公司资产所得的违法行为。同样，在“动某公司清盘案”中，清盘人被指控截留了抵押权人出售公司资产后的剩余款项。法庭审理后认定该事实并决定不予支付清盘人清盘费用。

二是均有被以未遵守关于程序的规定为由进行追责的情形。在内地表现为对债权人分组不当导致其未能正常或正确行使表决权等，或在重整计划草案的制订及表决中忽视出资人的相关权利。如在（2019）最高法民再198号案中，债权人就以管理人处置财产程序不当为由请求管理人承担赔偿责任。而在（2020）最高法民申4130、4131两案中，原告指责管理人未为其办理社保手续属履职违法。在（2021）最高法民申6429号案中，原告主张重整计划的通过损害了股东个人财产的质权人的权益，认为其（股东财产的质权人）应当作为出资人参加出资人组表决，而非作为普通债权人参加普通债权组表决。上述有关履职不当的指责在香港表现为对公司未及时清算、未及时向破产管理署提交账册等资料。如在“富某公司清盘案”中，清盘人被破产管理署署长指控未及时提交账目、未提供现金账簿审计证明等。而在“动某公司清盘案”衍生案件中，破产管理署署长就指控清盘人未对公司及时清算。

三是无论是管理人还是清盘人，目前内地与香港裁判文书中均没有搜到被追究刑事责任或行政责任的案例。由此看来，管理人或清盘人被追究刑事责任或行政责任的情形很少。由于管理人和清盘人均是专业人士，对法律熟悉，作为专业人士在履职中因过失造成当事人损害且后果严重的情形较少。而在履职中故意损害当事人利益谋取私利情形严重以致构成犯罪的，因该后果十分严重，且一般来说监管也相当严格，如内地法院还会对管理人的各种决定进行审查，香港法院也有同样的操作，并且破产管理署还会行使监督权。因此管理人和清盘人在制度设计上也不存在以犯罪行为谋利的空间。另外，由于管理人或清盘人较少作为行政相对人在破产或清盘程序中行事，因而被追究行政责任的情形较为罕见。当然，即使较少发生，在制度上仍应有此种安排。

（2）内地与香港对破产管理人（清盘人）进行追责不同方面

一是在香港有几种被追责的情形目前未在内地有体现，包括：向社会公众披露错误信息或作出虚假声明的情况；未及时提供保证或担保的情况

（因内地未要求破产管理人提供保证或担保，故在内地不会因此被追责）；未按时履行法庭作出的命令的情况。如在“动某公司清盘案”衍生案件中，清盘人就被指控作出虚假声明，未向破产管理署如实报告，未及时提供保证或担保，未按照法庭作出的命令等。

二是在香港对清盘人履职不当的监管较内地更为严密。首先，从追责的原告看，内地对破产管理人进行追责的往往只有债权人，目前并未赋予行业管理协会（如破产管理人协会等）有权对破产管理人以诉讼的方式进行追责，这些行业协会仅有建议权或批评权。但在香港，破产管理署署长可亲自作为原告向法庭起诉清盘人，可以请求对清盘人进行免职、支付相关款项利息、承担相关费用等。其次，从追责的后果看，诉讼案件中，内地被追责成功的管理人并不多，追责成功比例较低。而香港的追责成功率较高。因此，可以说在香港清盘人不当履职的后果相较内地更严重。总体而言，目前从内地的情况来看，被指控履职不当的破产管理人比例并不高，这或源于两方面原因，一方面是破产管理人整体素质较高，自律性较好，不当履职的情况较少；另一方面是内地债权人对破产管理人进行追责的意识不强，主动维权的能力不高。

此外，有一个问题需要我们辨析清楚：香港清盘人在内地履职不当时适用何准据法进行处理？笔者认为，关于香港清盘人在内地履职不当需要区分是超越了其基于属人法赋予的权限履职，还是违背了属地法，即违反了履职行为地的限制性、禁止性规定履职。例如，香港地区法律要求清盘人在履职时提交保证金，如果香港清盘人在内地履职时未缴纳保证金，应视为履职时欠缺相应条件，属于不当履职情形的一种，此时其违反的是作为属人法的香港法，应根据香港法来对其进行处罚。如果香港清盘人在内地履职时出于重整破产企业，为了企业继续经营而实施一些经营行为，如为某主体提供担保，这时本需要根据《公司法》相关规定，在未经股东会或董事会同意的情况下，不能为股东及相关利益方出具担保，而清盘人略过股东会或董事会开会这一程序作出了担保，则视为违反了行为地法的相关规定，应适用行为地法进行处理。总而言之，当违反了基于身份而需遵守的属人法时，适用属人法处置；违反了基于行为而需遵守的属地法时，适用属地法处置。

此外，还有一个问题，即管理人或清盘人如被追究责任，是否有相关保险制度来对他们进行一些保障？在内地，目前已有针对执业律师、会计师的执业责任保险，且较为成熟。也有保险公司设立了针对破产管理人的责任保险，该险种主要适用于担任破产管理人的机构，即律师事务所、会计师事务所及清算公司，其投保方式一般是以案投保。理赔范围一般包括：管理人因过失未妥善保管债务人财产产生的损失；行使撤销权、别除权、取回权、追回权、抵销权时存在过失造成损失；决定继续或停止债务人经营时存在过失造成损失；处置、分配破产财产时存在过失导致产生损失；依法应为法定主体提存破产财产分配额，而过失未提存等。保险期限方面投保人可与承保机构约定，如无约定，一般为自法院指定被保险人担任破产管理人之日起两年；或如有诉管理人履职不当之诉讼，则至诉讼时效届满之日止，以两种情形中期间较长的为保险期间。与一般商业保险相仿，管理人责任保险合同一般会约定免赔情形，如以下情形保险合同会约定为免赔：被保险人有故意或欺诈行为导致的损害；被保险人非因执业行为引起的损害；被保险人的雇员的人身伤亡和财产损失等。2018年4月12日，东莞市旭某五金有限公司、东莞天某机电设备有限公司进入破产清算程序，在东莞市第一人民法院的指导下，该两司的破产管理人与人保财险东莞分公司签订了全国首份《破产管理人执业责任险保险协议》。[1]

香港的保险制度非常成熟，险种亦非常丰富。香港清盘人的执业指引

---

〔1〕 参见张金一整理：《破产管理人执业责任保险管用吗？》，载微信公众号“破产法快讯”，https://mp.weixin.qq.com/s/0HR3joUL3wFUFIuZcm1Ohw，2021年8月3日访问。

中也提到购买责任保险这一保障方式。[1]ALIGNED INSURANCE 提到一种"伞形保险"："Umbrella Insurance coverage can assist as a means of guarding against your policy limits in the event of a large claim or judgment against your company. If the limits of your other policies are reached, umbrella coverage is there to make up the difference."[2]从上述描述可见，该"伞形保险"实质与差额补足保险即二次投保相仿。这种保险的作用在于被保险人先购买了其他险种，对于其他险种不能赔付的部分再购买此种"伞形保险"，其他保险不予赔付的部分通过该"伞形保险"来赔付。这种保险的作用等于将风险再次分割，由多个主体共同分担，这种方式能适当减轻承保人及投保人的负担。但如果香港清盘人到内地履职，还要考虑是购买内地的保险还是香港的保险的问题。香港的执业责任保险一般是针对在香港执业的行为进行保障，如果清盘人跨境到内地执业就超出一般香港执业责任险保障范围。因此，香港清盘人到内地购买执业责任险更为合适。而且，目前内地保险公司提出的管理人执业险种未有明确排斥非内地管理人的主体购买的说明，应视为若清盘人的身份在内地得到确认即可以购买该险种。2021年7月，上海破产管理人协会即与中国人民财产保险股份有限公司上海分公司就破产管理人执业责任险签署战略合作协议，破产管理人执业责任保险在上海正式落地。[3]上海作为内地与香港进行跨境破产合作的三个试点城市之一，香港清盘人在上海执业时购买相关责任保险应属可行。

---

〔1〕 See "Liability Insurance" "liquidatos Guide" https://www.liquidatorsguide.com/questions/liability-insurance/, visit on 11/4/2023.

〔2〕 "Liquidator Business Insurance", "ALIGNED INSURANCE", https://www.alignedinsurance.com/liquidator-business-insurance/#:~:text=Liquidator%20Business%20General%20Liability%20insurance%20will%20cover%20your, a%20result%20of%20your%20business%E2%80%99%20activities%20or%20advertising, visit on 11/4/2023.

〔3〕 参见黄一灵：《破产管理人执业责任保险在上海正式落地》，载中证网，https://cs.com.cn/bx/202107/t20210706_6181528.html，2023年4月11日访问。

三、跨境履职需要厘清的问题

（一）内地破产管理人履职需要厘清的问题

在破产实践中，有些工作是否由管理人来做，如果不做是否需承担不利后果，值得研究。以下试举几个例子。

一是破产管理人是否负有通知已知债权人的义务？债权人须得申报债权才能行使债权人权利。在破产程序中，破产管理人是否负责通知已知债权人？前述管理人职责并无明确规定管理人负有通知债权人的职责。另外，《企业破产法》第14条第1款规定："人民法院应当自裁定受理破产申请之日起二十五日内通知已知债权人，并予以公告。"故可判断，通知已知债权人是法院的职责。从第14条规定于《企业破产法》第二节"受理"中亦可看出立法者将该义务视为法院在受理环节中应履行的义务。但基于管理人还负有履行"人民法院认为管理人应当履行的其他职责"[1]的义务，则如果法院要求管理人代为通知已知债权人，管理人应当遵照履行。而且，在破产事务的操办中，一般还是由管理人负责事务性的工作，法院受人手的限制，也很难一一通知债权人，一般还是会委托管理人代为通知。这时，管理人就应当负担起这个职责。

二是破产管理人能否委托他人管理债务人的财产或对债务人进行经营？管理人负有管理和处分债务人财产的职责。内地破产管理人的来源主要有三个方面：律师事务所律师、会计师事务所会计师，以及破产清算事务所的清算师。除了清算事务所中可能有既懂法律也懂会计的人员外，律师事务所和会计师事务所一般只有懂一门业务的人员。如果破产管理

[1]　《企业破产法》第25条第1款第（9）项。

人是一所律师事务所或会计师事务所，当难以兼顾法律事务与会计事务时，管理人有可能为了工作的需要而外聘其他相关专业人员予以协助。如果债务人进行重整或为了偿还债务而需继续经营，管理人还需要聘请一些懂经营业务的人员对债务人进行管理和经营。因此，从实践的需要来看，应当允许管理人外聘相关专业人员对债务人财产进行管理或对债务人进行经营。

由此引申另一个问题，外聘人员的费用由谁支出？从外聘人员是代为履行管理人的职责的角度来看，管理人将自己的工作分摊给外聘人员完成，应视为管理人聘请了外聘人员，该费用应当从管理人报酬中支付。而当管理债务人财产或对债务人进行经营超出了管理人的能力范围时，仍要求管理人负担该工作则既不现实也不合理。此时，应当允许管理人外聘专业人员并从破产费用中对该外聘费用予以支付。笔者认为，结合《最高人民法院关于审理企业破产案件确定管理人报酬的规定》第9条的规定，人民法院确定或者调整管理人报酬方案时应考虑以下因素：破产案件的复杂性；管理人的勤勉程度；管理人为重整、和解工作做出的实际贡献；管理人承担的风险和责任；债务人住所地居民可支配收入及物价水平；其他影响管理人报酬的情况。属于管理人专业范围内的事项如果外聘其他专业人员完成，不从破产费用中支付相关费用；超出管理人专业范围的其他专业事项，管理人外聘其他专业人员完成，可从破产费用中支付相关费用。亦即，如果管理人收取了较高报酬，外聘人员的费用应从管理人报酬中支付；如果将管理人承担的风险和责任考虑在内已将管理人的报酬予以削减，则可从破产费用中对该笔费用进行支出。

三是破产管理人能否委托他人代为诉讼？参加诉讼是管理人必不可少的工作。有观点认为，即使管理人可聘请其他专业人员完成管理债务人财产或对债务人进行经营等事务，但参加诉讼应当由管理人亲自进行。一般破产衍生案件中也会将管理人负责人列为诉讼代表人。对此笔者认为，基于以上对管理人能否外聘其他专业人员完成管理债务人财产或对债务人进行经营及费用如何支出的分析，如果管理人是会计师事务所，其较难完成诉讼事务，应当允许其聘请律师代为进行诉讼，该费用可从破产费用中支出。与之相类似的问题还包括，如果管理人是律师事务所，能否聘请会计师对债务人财务进行审计？答案不言而喻，而且该审计费用亦应从破产费用中支付。实际上，法院在确定管理人报酬时会考虑以上因素对管理人报酬予以酌定，使总体达到平衡以实现公平。

四是破产管理人处分债务人财产如引起争议如何解决？如有债权人或债务人认为管理人低价处分债务人财产的，应当向法院提出异议还是进行诉讼？对债务人财产进行处分是管理人的职责之一。管理人可通过将财产变现予以分配、债转股或以物抵债等方式对债权人的债权进行清偿。在变现、折价的过程中，债权人或债务人对财产的价值与价格可能会产生争议。例如，对财产的评估价可能产生争议；财产在变现过程中，一般是通过拍卖进行，而拍卖的程序是否公平、对债务人财产价值有无减损等也可能产生争议。对这些争议，一般是通过公平透明的程序来予以保证，但如果争议不能消除，实践中一般是先向法院提出异议，如果法院不能解决，笔者认为，应当允许异议人对管理人提起损害赔偿之诉。

（二）香港清盘人到内地履职能否对企业进行重整

内地破产程序包括清算、重整及和解三种，临时清盘人及清盘人在香港能否对企业进行重组有一定争议，因清盘人在内地履职同时受香港法律和内地法律约束，如果清盘人在香港不享有某项权利，则在内地亦不享有。因此，临时清盘人及清盘人在香港是否有重整权的判断会影响临时清盘人及清盘人能否在内地对企业行使与重整相关的权利。

前文提到Re Legend International Resorts [2006] 2 HKLRD 192案中，源某公司的临时清盘人拟对源某公司进行重组被利益相关人提出异议，通过这一案例来分析清盘人或临时清盘人在香港清盘程序中是否享有重整的职能。

"源某清盘案"中，临时清盘人花费了很多精力及调动了大量资源来重组公司，以申请恢复公司股票交易。但呈请人并不同意临时清盘人这种努力，认为临时清盘人的唯一职责或主要职责就是重组公司，而这样是不允许的。重组公司等于避免公司清盘，这与Re Legend案中确定的原则相违背，因此请求解除临时清盘人的职务。[1]法官在调查了有关临时清盘人行使权利的相关案例后，驳回了呈请人关于解除委任的申请。法官认为：如果没有与清盘相关的事项，下令清盘并不合适。当上诉法庭在Re Legend案中指出，临时清盘必须是为了清盘，它指的是从事与清盘有关的事项，资产保存便属于其中之一。而这并不意味着临时清盘的预期结果必须是清盘，相反，可能是避免清盘。临时清盘人的任命不会以呈请人所建议的方式加以限制，因为这可能对债权人的集体利益有所损害。事实上，终止临时清盘人的委任与保护公司资产和价值的目的并不一致。法律从来没有指明临时清盘的目的就是为了结束公司业务，而是如果要进行清盘的话，就是通过临时清盘以保证执行清盘的过程不会受挫。该案揭示了临时清盘人的职责并不仅是将公司清盘，也可以是重组公司，通过重组公司可以来保障债权人的利益。[2]

香港城市大学渠震教授在"The court's power to appoint provisional

---

〔1〕 参见Haldanes:《澄清临时清盘人的角色及责任——中国源畅光电能源控股有限公司案(高等法院公司清盘案2015年第108宗；原讼法庭2018年第555宗)》，https://www.haldanes.com/tc/%E6%BE%84%E6%B8%85%E8%87%A8%E6%99%82%E6%B8%85%E7%9B%A4%E4%BA%BA%E7%9A%84%E7%9A%84%E8%A7%92%E8%89%B2%E5%8F%8A%E8%B2%AC%E4%BB%BB-%E4%B8%AD%E5%9C%8B%E6%BA%90%E6%9A%A2%E5%85%89%E9%9B%BB，2019年10月20日访问。

〔2〕 参见Haldanes:《澄清临时清盘人的角色及责任——中国源畅光电能源控股有限公司案(高等法院公司清盘案2015年第108宗；原讼法庭2018年第555宗)》，https://www.haldanes.com/tc/%E6%BE%84%E6%B8%85%E8%87%A8%E6%99%82%E6%B8%85%E7%9B%A4%E4%BA%BA%E7%9A%84%E7%9A%84%E8%A7%92%E8%89%B2%E5%8F%8A%E8%B2%AC%E4%BB%BB-%E4%B8%AD%E5%9C%8B%E6%BA%90%E6%9A%A2%E5%85%89%E9%9B%BB，2019年10月20日访问。

liquidators to carry out rescue roles：Rethinking Legend”一文中亦对此进行了探讨，他认为，一个清盘程序并不一定最后导向实质清盘，192号案也没有作出任命清盘人就是为了清盘的结论，即便法官认为清盘不一定成功也可任命清盘人，清盘程序亦不是仅为获得清盘令而开始。[1]

香港司法实践及学界均有不禁止清盘人对公司进行重整的观点。在内地破产程序中，存在由破产清算转为破产重整的路径，一般是法院受理破产清算申请后，经由债务人或债权人、出资人提出转重整的申请，经审查符合重整条件即可转入重整程序。因此，香港临时清盘人及清盘人到内地履职，应认为可对企业行使与重整相关权力，此应更有助于企业拯救及债权人利益之保护。

香港清盘人在内地履职时如对破产企业进行重整应以行为地法为准据法，而通过进一步分析可知，清盘人拟重整的企业是在香港进行清盘的，则企业的属人法是香港地区法律，则清盘人是否应根据香港法对破产企业进行重整？笔者认为，因为被重整的企业是香港公司，则首先应根据香港地区法律来进行。但清盘人如为进行重整而到内地履职，在内地履职时所进行的行为亦应受内地法律约束。此时，清盘人是既受香港法约束，亦受内地法约束，是为双重约束。具体来说，当涉及香港公司的股东、高管等人员或其权利的调整等属人性事项时适用香港法律；当涉及清盘人在内地发布公告处置相关财产等属地性事项时适用内地法律。

---

〔1〕 See Charles Zhen Qu："The court's power to appoint provisional liquidators to carry out rescue roles：Rethinking Legend"，wileyonlinelibrary.com/journal/iir，DOI：10.1002/iir.1330，Int Insolv Rev. 2019；28：86–102："A winding up proceeding does not necessarily lead to an actual winding up"、"Section 192 does not say that an appointment must be for the purpose of winding up"、"Appointment may be necessary even where the judge knows that winding up proceedings are unlikely to succeed".

第六章　内地与香港区际跨境合作制度建设

一、香港清盘人跨境履职制度建设的着手点

自2021年5月最高人民法院与香港特别行政区政府达成了《会谈纪要》及颁布《试点意见》以来，香港清盘人到内地履职已有实际案例。但是，这仅是万里长征的第一步，后续仍有许多法律问题、经济问题、社会问题需要解决。建设一个方便香港清盘人到内地履职的良好制度，可考虑从以下几个方面着手。

一是粤港澳大湾区先行先试。在内地与香港的司法协作方面，广东一直走在前列。“粤港澳合作由来已久，尤其是在法律合作方面更是经历一段由浅入深，日趋深化的进程。”[1]在大湾区开展合作的法律创设、制度创新方面，目前广东的立法权有限，相比京津冀、长三角地区较为单薄。目前看来，如果要从中央立法来进行制度构建，一方面大湾区具有粤港澳法律制度、经济制度、社会制度等不同的复杂性；另一方面中央对大湾区的试点情况掌握需要时间，而中央立法要求较高，故在时限上相关法律制度构建中央立法条件尚未成熟。因此，将相关制度创新的立法权交由广东乃至湾区九市来进行是较为可行且有效的方法。目前不少学者及政府官员

---

〔1〕 邹平学、冯泽华：《改革开放四十年广东在粤港澳法律合作中的实践创新与历史使命》，载《法治社会》2018年第5期。

都在呼吁赋予广东及至湾区九市相关立法的权利。[1]此外，从对等角度来看，香港和澳门均有极高的立法权，由广东在大湾区法律建设中充当主角也可与香港和澳门相对称。

近年来，粤港澳大湾区在法律融合、法律服务方面进行了不少尝试。2016年，“为增强港澳同胞对内地司法的信任感和参与度，南沙片区法院、前海法院、横琴法院已分别选任5名、13名、10名港澳籍人民陪审员，并邀请他们参审案件”。[2]关于聘请港澳籍人士担任人民陪审员的方式被最高人民法院采纳，最高人民法院在2017年1月颁布的《关于为自由贸易试验区建设提供司法保障意见》中规定“在自贸区内的民事案件一方或双方当事人为港澳台居民的，可以选任港澳台居民作为人民陪审员参加合议庭”。[3]2019年7月，广东省委、省政府发布《关于贯彻落实〈粤港澳大湾区发展规划纲要〉的实施意见》，提出“加强深港司法合作交流，完善港籍陪审员和港籍调解员制度，深化涉外涉港澳审判机制改革。深化粤港澳合伙联营律师事务所试点，支持前海律师事务所在境外设立分支机构。建设集国际商事调解、域外法律查明于一体的国际商事调解中心，争取国家支持探索推动香港国际仲裁机构在前海设立分支机构，联动香港打造国际法律服务中心和国际商事争议解决中心”。[4]2019年2月20日至22日，广东高院代表访问香港，就进一步加强司法交流与协助等问题，为推进粤港澳大湾区建设优化法治化营商环境，与香港方面进行深入交流，并就跨境破产问题与香港法官进行了研讨。为了解决跨境破产案件涉及不同法域之间的

---

〔1〕 参见王春业:《将清单式批量立法授权引入粤港澳大湾区法治建设》，载《法学杂志》2021年第7期。

〔2〕 邹平学、冯泽华:《改革开放四十年广东在粤港澳法律合作中的实践创新与历史使命》，载《法治社会》2018年第5期。

〔3〕 邹平学、冯泽华:《改革开放四十年广东在粤港澳法律合作中的实践创新与历史使命》，载《法治社会》2018年第5期。

〔4〕 广东省委、省政府:《关于贯彻落实〈粤港澳大湾区发展规划纲要〉的实施意见》，载广东省人民政府网，http://www.gd.gov.cn/gdywdt/gdyw/content/post_2530491.html。

法律适用、域外裁判的承认与协助以及债权人申报债权难、资料查找难，破产财产处置难、文书送达难等众多问题，2021年11月，广州南沙启动了广州市第一家粤港澳三方联营的律师事务所金桥司徒邝（南沙）联营律师事务所，该所由广东、香港、澳门三家律师事务所共同出资、共同管理、共同运营。[1]2022年7月，包括香港著名律师何君尧在内的4名港澳律师获得广东省司法厅颁发的粤港澳大湾区律师执业证，此意味着这部分律师获得在大湾区内地九市执业的资格，可办理适用内地法律的部分民商事法律事务。[2]2024年4月12日，香港律政司发布《粤港澳大湾区法治建设行动纲领》，就未来粤港澳大湾区法治建设工作的基本方针、发展方向及具体政策措施进行了阐述。这展示了香港特区政府和香港律政部门对大湾区法治建设高度重视及积极参与的态度。[3]

二是从外围制度创新进行突破。破产问题涉及两地法律制度的重大、根本性问题，在一时难以立刻达成全面协议的情况下，可以考虑以创新经济制度或其他法律制度作为切入点来解决。破产合作的发展则可从相关外围制度的创建进行借鉴再逐步突破。如签订于2003年的《内地与香港更紧密的经贸关系安排》（Mainland and HongKong Closer Economic Partnership Ar-rangement，CEPA）是内地与香港司法合作方面较为早期的一个规范，该安排对两地之间进行跨境破产合作有重要促进作用。CEPA有效降低了香港地区服务提供商的准入条件，在内地市场中比外国服务提供商（其准入条件由内地有关法律规定）享有更多机会。"《破产法》引入的破产管理人制度与香港的破产接管人相对应，CEPA的上述规定使香港

---

〔1〕 参见广州律协：《粤港澳跨境法律服务全面开启！打造大湾区法律服务新品牌》，载微信公众号"广州律协"，https://mp.weixin.qq.com/s/8gbtCfnhaaiVwfC1-C5O0Q。

〔2〕 参见《广东推进大湾区法律服务融合发展》，载微信公众号"广东司法行政"，https://mp.weixin.qq.com/s/BbRWM1nnfnQDBc8_KfPWkQ。

〔3〕 参见香港特别行政区政府律政司：《律政司发布〈粤港澳大湾区法治建设行动纲领〉》，https://www.doj.gov.hk/sc/community_engagement/press/20240412_pr1.html。

律师事务所或者两地合作的律师事务所有可能在跨境破产案件中成为两地破产程序的管理人。"[1]2018年6月，中国国际商事法庭成立。跨境破产案件有可能通过国际商事诉讼来确认债权债务，国际商事法庭对国际商事案件进行公正高效的审理，有利于跨境破产衍生诉讼案件的顺利处理，对跨境破产债权的公平清偿、跨境破产纠纷的高效处理都有重要意义。2019年10月25日，国家外汇管理局发布了《关于进一步促进跨境贸易投资便利化的通知》，其中对跨境破产可能产生影响的包括：①取消非投资性外商投资企业资本金境内股权投资限制，这有助于资本的跨境流动。②改革企业外债登记管理制度，"取消非银行债务人需到所在地外汇局办理外债注销登记管理要求，非银行债务人可到其所属外汇分局（外汇管理部）辖内银行直接办理符合条件的外债注销登记。取消非银行债务人办理外债注销登记业务的时间限定。试点取消非金融企业外债逐笔登记"。[2]这是对外债管理模式的改革，有助于跨境融资的便利。③推进境内信贷资产对外转让试点，"按照风险可控、审慎管理的原则，允许试点地区扩大参与境内信贷资产对外转让业务的主体范围和转让渠道，扩大可对外转让的信贷资产范围，包括银行不良资产和贸易融资等"。[3]允许信贷资产对外转让，有利于在跨境破产案件中对债权债务的处置。2019年11月29日，最高人民法院域外法查明平台上线。该平台目前由来自14个国家和地区的31位国际商事专家提供相关域外法律的查明服务，该平台以大数据为建设基础，建立了法律查明案例库，以后还将建设域外法律动态信息库等，该平台面向全国各级人民法院、当事人、诉讼代理人以及其他有需要了解域外法律的

---

〔1〕 参见《广东推进大湾区法律服务融合发展》，载微信公众号"广东司法行政"，https://mp.weixin.qq.com/s/BbRWM1nnfnQDBc8_KfPWkQ。

〔2〕 参见《国家外汇管理局关于进一步促进跨境贸易投资便利化的通知》，载中央人民政府网，https://www.gov.cn/zhengce/zhengceku/2019-12/03/content_5457796.htm。

〔3〕 参见《国家外汇管理局关于进一步促进跨境贸易投资便利化的通知》，载中央人民政府网，https://www.gov.cn/zhengce/zhengceku/2019-12/03/content_5457796.htm。

主体，如立法机关、行政机关、仲裁机构、企事业单位等开放。[1]2023年12月4日，国家外汇管理局继续发布《关于进一步深化改革 促进跨境贸易投资便利化的通知》，对推进贸易外汇收支便利化、扩大资本项目便利化政策、优化资本项目外汇管理作出了进一步深化的规定。[2]上述外围制度的建设与创新均对跨境破产的发展有重要且长远的影响。

三是尊重客观规律，以正确的方法论指导制度创新。推进香港清盘人到内地履职的制度建设，要做到：其一，达成思想共识。对区际跨境破产合作的必要性、要解决什么问题等要达成共识，跨越政治、经济、法律制度的隔阂，以国家利益为重，以社会利益为先，摒弃小团体意识，抛开某些利益集团的牵绊。利用双方在文化、历史上的共通之处，先求同存异，再逐步发展到共同构建。具体在开展跨境破产合作方面，要坚持“一国两制”原则、互相尊重原则、充分诚信原则、依法处理原则。其二，立足本土化，扩大对接面。进行制度的构建，首先要立足本土，对别国经验可以借鉴，但须符合本法域实际情况有的放矢地借鉴。要充分认识、尊重双方法域的实际和特点，既然是合作，就要将本土与对方法域作一衔接。还要立足现实，研究历史。对障碍形成的原因进行调查研究，是找到解决出路的一个重要方法。要实事求是，这是邓小平关于解放思想的科学内涵，也是干事成事的法宝。其三，从个案解决出发，总结经验后形成规范。制度的创建与发展不可能一蹴而就，较为现实的做法是从具体案件的处理入手，就个案先提出解决方案，积累了一定案例的经验之后，在此基础上通过磋商形成初始立法，是为从宏观着眼，从微观入手。自2020年开始，内地与香港两地对彼此法域内的跨境破产程序予以承认的个案增多，两地均应对这部

〔1〕 参见孙雅婷：《最高人民法院域外法查明统一平台今天正式启动》，载微信公众号“最高人民法院”，https://mp.weixin.qq.com/s/xvUhPkV8aAb-1ZEe_2Ph7Q。

〔2〕 参见国家外汇管理局《关于进一步深化改革 促进跨境贸易投资便利化的通知》，载中央人民政府网，https://www.gov.cn/zhengce/zhengceku/202312/content_6919254.htm。

分个案加大研究，总结做法及规律以形成对策，再根据一系列对策形成规则。四是通过实践不断检验、完善相关制度。制度的创新需要通过实践不断检验，才能判断制度的创新是否成功。也只有通过实践不断修正，才能使制度完善，真正符合现实的需要。对于新创建的规范和制度，再以实践进行检验，合适的予以保留，不合适的可作修改，最终形成能够促进实践发展的规范和制度。

二、配套协作制度

为方便香港清盘人到内地跨境履职，可考虑建立以下具体的协作制度。

（一）为清盘程序指定破产管理人

依照《试点意见》第15条的规定，内地法院对香港清盘程序承认以后，可以根据香港清盘人或者债权人的申请，在内地指定管理人。此做法实质相当于为香港清盘人在内地履职提供熟悉内地法律及相关司法操作的代理人。在香港与内地开展跨境破产合作时，管理人的指定是一个关键的问题。为香港清盘程序在内地指定破产管理人需要注意以下几个问题：

一是指定谁来担任破产管理人。早在2006年4月，广东司法局就审核并通过了中国首家香港与内地合作成立的律师事务所。现在香港律师事务所不但可在内地特定地区，如前海等直接设立分支机构，香港律师还可以获得内地执业资格，这样内地法院可直接指定该分支机构的律师或有内地执业资格的香港律师担任破产管理人。这种做法是最自然最符合要求的，在内地执业的香港律师来担任内地破产管理人，除了有熟悉内地法律的优势，其对香港的法律亦很了解，故对香港清盘人的决策更容易理解，与香港清盘人的沟通亦将更为顺畅。但是，除了香港律师事务所在内地的分支机构，内地本地律师事务所的律师是否适合被指定为管理人呢？笔者认为也是可以的。受香港律师事务所在内地分支机构较少的限制，并非内地每个城市均有香港律师事务所分支机构，或者有香港律师在当地执业，因此，如香港清盘人到内地某些城市进行履职需要取得当地内地律师的协助，此时，可考虑将当地律师指定为破产管理人。但这种做法目前存在一个障碍，因对香港清盘程序予以认可的试点法院仅上海、厦门、深圳三个中院，如果香港清盘人需要到离开这三地的地方履职，该三地法院是否有权指定其他地市的管理人担任破产管理人？如从内地现有法律规定看，三地试点法院并无跨地域指定管理人的权利。因此，如为方便香港清盘人履职起见，需得此项制度作一创新性变更，赋予试点法院可跨地域指定破产管理人的权利。

二是指定的程序。在内地进行的破产程序中，内地法院一般是对当地破产管理人名册上的管理人进行摇珠确定管理人的。那么，为香港清盘程序指定破产管理人是否沿用该作法？《试点意见》并未给出明确规定。为程序公正起见，笔者认为，应依内地通常做法为香港清盘程序指定内地破产管理人，即一般情况下在当地破产管理人名录中摇珠确定；特殊情况下，如某地当地破产管理人机构较少，而需要协助的清盘事项众多、难度较大，通过摇珠的方式可能无法选到合适的管理人时，亦可由法院指定履职地具有相应能力的律师或会计师或清算师担任。

三是内地破产管理人被指定后与香港清盘人如何协调工作的问题。内地破产管理人是具有内地执业资格的律师或机构，香港清盘人与内地破产管理人一般不重合，是分别独立的主体，因而必然会涉及不同主体间的协调与合作。内地破产管理人是否需听从香港清盘人的指令，或是指定内地破产管理人后其完全取代香港清盘人的地位？此类问题在《会谈纪要》《试点意见》及其理解与适用中均未提及，有赖于内地法院与香港清盘人、内地破产管理人在实践中探索确立。笔者认为，如以香港清盘程序为主，则香港清盘人应占主导地位，香港清盘人可根据香港清盘的具体情况向内地破产管理人请求协助。在指定了内地破产管理人的情况下，内地破产管理人有权适用《企业破产法》对破产企业相关事务进行处理；如未违反《企业破产法》及相关法律规定，应视为内地破产管理人的行为效力自然被香港清盘人接受。

解决以上问题可为香港与内地的跨境破产合作提供更实际的、更具专业性的法律服务，有利于两地跨境破产合作的沟通和交流。

（二）破产管理人（清盘人）简便准入制度

赋予破产管理人（清盘人）在区际不同法域之间跨境履职的简便准入有助于提高香港清盘人跨境履职的效率。实施该方法可参照联合国《跨境破产示范法》的相关规定，即“外国破产管理人有权直接向东道国法院提出包括关于承认外国破产程序的各种申请”。[1]实施简便准入制度可考虑在以下方面对相关手续进行简化：

一是资格认定的简化。对香港清盘人的资格判断，不作实质性审查，仅作形式上的审查，即只审查香港法院指定清盘人的资料的真伪，对指定清盘人是否恰当的判断属于香港法院的职权，内地法院不作审查及判断。

二是提供法律文本的简化。为使香港清盘人高效参与内地的破产程序，可在要求其提供的法律文本上作一些简化，如仅提供香港法院的清盘令、任命清盘人的文件及相关翻译文本。在香港清盘人到内地管理财产、处置财产、分配财产时，与内地管理人一样提交资料，无须较内地管理人提交更多的证明资料。

三是履职保证的简化。香港清盘人在香港履职时需缴付保证金，目前内地并无破产管理人保证金制度，虽《试点意见》表示，香港清盘人在内地

〔1〕 See UNCITRAL Model Law, Articles 9 & 15.转引自郭玉军、付鹏远:《我国跨国破产承认与协助制度:理论、实践与规则完善》,载《武大国际法评论》2018年第4期。

履职受内地法律与香港法律双重约束，但鉴于内地并未设立破产管理人保证金制度，香港清盘人到内地履职如需缴纳保证金，向谁缴纳，数额如何把握等均无定法，为方便起见，可不对在内地履职的香港清盘人收取此类保证金。同理，其他在香港法律上设置的对清盘人进行约束的做法，如内地无对应制度，在内地也可不予执行。

四是给予香港清盘人更多行事空间。这是方便香港清盘人履职更为关键的方面。前述已分析香港清盘人目前到内地履职受内地法律约束，但如果日后要进行更进一步的合作，需要给予香港清盘人更多的行事空间，如某些行为是香港法律允许但内地法律未规定可行的，建议由内地法院进行简便的审查，当不属于公共秩序保留方面的，可予准许。

（三）联合听审制度

联合听审制度有助于两地破产管理人（清盘人）共同操作和处理事务。例如，“在黎文特（Livent）公司重整案中，美国和加拿大法院就同一债务人分别启动独立的重整程序。两国法院通过闭路卫星电视等视频会议设施就债务人资产的销售进行两次联合听审，并最终成功出售债务人位于两国境内的财产，在最大限度内提升了破产财产的价值，有力推动了跨界破产案件的顺利进行。”[1]联合听审的方式有助于双方共同参与事项调查与相关决策，有助于提高合作的效率。在互联网技术日益发达的今天，内地与香港法院及两地破产管理人（清盘人）进行联合听审是较为方便的，通过视频可以较为简便地实现这一操作。当然，联合听审也不排除线下的实地联合庭审。关于联合听审，有以下几方面的问题值得探讨：

一是联合听审的性质。在联合听审的情况下，这个庭审究竟是域内庭

---

〔1〕 See United Nations Commission on International Trade Law. UN-CITRAL Practice Guide on Cross-Border Insolvency Coopera-tion [EB / OL]. http:// www. uncitral. org, 2009-07-01 /2012-10-01. 转引自张玲：《跨国破产案件中平行破产的协调与合作》，载《天津大学学报（社会科学版）》2013年第2期。

审还是域外庭审？笔者认为，关于联合听审性质之辨实际意义并不大，关键在于这种方式是否能够较好地实现两地协调处理破产企业相关事务的目的。如果一定要给联合听审一个定位，则看主破产程序位于哪一方，以主破产程序来完成关于联合听审的“域内”或“域外”的判断。

二是由哪一方主导听审？虽说是联合，但实施起来两方由谁主导仍需确定。听审程序中，一般由单数法官组成合议庭，在两地法官均参与的情况下，由哪一方担任审判长、哪一方法官数量居多，均需协商确定。一般可考虑由主破产程序所在地法官担任审判长。至于哪一方法官数量安排多一些，可考虑当主破产程序发挥的作用极为巨大时，主破产程序地法官数量可多一点；如主破产程序与从破产程序的作用相差不大，为了平衡起见，可在主破产程序法官已经担任审判长的情况下，从破产程序的法官数量多一点。

三是安排在哪地进行？如果是线上听审，两地同时上线，则无主次地之分。如果是线下听审，可根据案件审理的需要，从方便审理的角度，如参与听审的当事人到哪地参加听审程序更为方便等，结合考虑财产所在地、企业主营业地等因素，合理确定线下听审地。

四是联合听审时适用的程序法。联合听审实际上也即联合庭审，作为庭审程序必然涉及程序法的适用。如何确定联合听审时适用的程序法，一般来说，如果是线下进行，在哪地进行则适用当地程序法，当然，同时也考虑另一方的程序法在相关方面是否有强制性、禁止性的规定，综合适用。如果是线上进行，可以主破产程序地程序法为主，综合从破产程序地程序法，协商确定庭审程序。

（四）破产财产跨境处置制度

破产财产跨境处置是跨境破产程序中最重要的一环，对于债权人来说，破产债权的合法保护来自破产财产的合理处置。关于破产财产跨境处置，有以下几方面需要考虑：

一是处置的主体。香港清盘人到内地履职的资格得到确认后，有权对被清盘公司位于内地的财产进行处置，也可以请求内地法院指定破产管理人代为处理清盘相关事务，包括代为处置内地财产。同理，内地破产管理人如到香港履职，亦应获得在香港处置破产企业位于香港的财产的权利。因此，跨境处置破产财产的主体应是两地破产管理人及清盘人。

二是财产调查。当清盘人或破产管理人拟跨境处置破产财产时，首先得对相关财产予以了解及掌控。以香港清盘人到内地履职为例，当清盘人到内地调查香港被清盘公司位于内地的财产时，相关有权部门，如土地管理部门、房屋管理部门、工商管理部门等，应尽可能对清盘人提供必要的协助，此亦与前文所述简化准入制度相适应。

三是财产追索的法律依据。跨境财产追索的主要依据通常是跨境民商事裁判文书，关于跨境民事商裁判文书的认可和执行，重要法律依据之一是2019年内地与香港共同签署的《关于内地与香港特别行政区法院相互认可和执行民商事案件判决的安排》，该安排已于2024年1月29日在内地与香港同步实施。

四是处置的方式。跨境破产财产的处置方式与一般情况下本地破产财产处置方式没有需要特别区分之处，也就是说，可以采取拍卖、折价、以物抵债等方式进行处置与分配。当然，在处置之前，评估是必要的。

五是财产分配的顺序。《试点意见》第20条规定："人民法院认可和协助香港破产程序的，债务人在内地的破产财产清偿其在内地依据内地法律规定应当优先清偿的债务后，剩余财产在相同类别债权人受到平等对待的前提下，按照香港破产程序分配和清偿。"该规定目前对内地债权人与香港债权人有所区分，这是目前的一个较为现实的做法，也与国际上的多数实践相一致。这样规定的目的主要在于：第一，本地债权人的利益优先；第二，不同国家或地区关于债权的类型及债权的清偿顺序不同，按照本地的先后顺序进行清偿符合本地的公共利益。而从长远发展的角度考虑，笔者建议，在内地与香港经济、社会进一步融合之后，两地法益、经济利益、社会利益等各方面的利益会进一步趋同，以后可逐渐发展为两地同权，同等受理申报，同等受偿。

此外，完善跨境破产财产处置制度在技术上涉及以下第五点建议。

（五）跨境破产信息化建设

信息化建设是未来破产案件处理的重要发展方向。跨境破产信息化建设包括下述几个方面。

一是破产过程信息化。破产流程中多个环节可以进行信息化操作，比如债权申报，可采用先网上申报再线下审核的方式。债权人会议也可以采取线下会议与线上会议同步进行的方式举行，特别对于一些位于境外的债权人，有时参加线下会议不太方便，如能参加线上会议不但可实时了解会议信息，也可以及时行使表决权。线上表决不但方便境外债权人，尤其对于上市公司股东尤为便利。上市公司破产中，有大量享有表决权的中小股东，如果仅进行线下表决，很多中小股东无法到场参加，或者参加成本太高，且即使中小股东愿意参与现场表决，组织方也会面临人数众多、安全保障难度大等问题。如果进行线上表决，不但能解决以上问题，还能避免传统表决统计方式效率低下等问题，具有表决时间快捷、便于统计票数等优势。对需公告的事项进行线上公告相比传统的在公告栏张贴公告、登报公告等方式，具有受众面大、查阅方便等好处。此外，对破产过程进行信息化操作，也有利于留痕保存。纸质档案保存需要较大空间，也有失火、浸泡等风险。电子化操作不但可以在电子介质中存储，还可以在平台上、后台中进行保存，可以一档多存。

二是构建多边信息平台。内地在信息平台的建设上近年来发展迅速。从最高人民法院到地市法院再到行业组织已建设了不少有关破产信息交流的平台，如最高人民法院建设的“全国企业破产重整案件信息网”，广州中院建设的“广州中院破产信息公开平台”，深圳破产管理人协会建设的“深圳市破产管理人协会破产保护综合服务中心”（又称“深破通”）等。关于企业主体信息查询的平台，内地有“天眼查”“企查查”等，但目前这些平台尚不能查询域外的其他企业的情况，这方面还需平台建设者进一步努力。

在构建多边信息平台方面，可考虑重在解决跨境破产管理人（清盘人）履职障碍，建立规范化、高效率、专业性的大湾区内的双边或多边信息平台，如破产（清盘）案件共享平台，将涉及湾区内各地的破产案件上传至平台供内地破产管理人、香港清盘人及债权人或相关主体查阅。通过信息平台的互联互通、信息共享，方便管理人（清盘人）掌握境外破产的情况。《关于推动和保障管理人在破产程序中依法履职进一步优化营商环境的意见》中提出加强全国企业破产重整案件信息网建设，建立全国信用信息共享平台，对企业信用信息和金融信用信息进行共享和要求。上述意见还提出与企业破产事项有关的部门、金融机构应与法院、管理人进行信息沟通、信息共享、业务协同，以便利管理人依法履职的要求。两地可依托该破产重整案件信息网，拓展、优化相关信息平台。

此外，还可以建立两地统一使用的网络拍卖平台，方便破产财产的处置，此类平台的设立有助于扩大竞拍人的范围，吸引更多的投资者参与竞拍，便于管理人（清盘人）高效高益处置破产财产，如前述将香港车牌在内地平台成功拍卖的案例。

（六）破产管理人（清盘人）跨境履职保障制度

因内地和香港两地的法律制度不同以及有社会公共秩序保留之需要，破产管理人（清盘人）跨境履职有可能会触碰一些“禁区”，导致一些风险。在此情况下，为促进跨境履职的进行，可考虑进行以下几个制度建设。

一是两地政府及相关机构应为管理人（清盘人）跨境履职提供便利。两地的工商行政管理部门、税务部门、劳动管理部门及破产管理部门应加强合作，提供便利，方便管理人（清盘人）跨境履职，办理相关手续，如查询、调档、补税、为企业职工办理有关社保手续等。

二是可考虑建立跨境执业保险制度，为破产管理人（清盘人）跨境履职提供职业保障。《企业破产法》第24条第4款规定了个人担任破产管理人应参加执业责任保险，这为破产管理人因执业带来的风险和责任提供了必要保障。但管理人特别是清盘人跨境履职能否在履职地购买当地的执业保险目前尚未有明确规定。管理人（清盘人）在履职过程中可能承担的风险包括但不限于对破产管理人（清盘人）跨境履职因为对境外法域的法律不够了解或对境外社会的一些风险判断失误，在履职过程中对造成相关人员的损失进行赔偿等。建立良好的跨境执业责任保险制度，有助于增强管理人（清盘人）对执业过错造成的损害的客观赔偿能力，有利于管理人（清盘人）专业群体的生存及发展。[1]此需保险机构开发此类险种提供给管理人（清盘人）选择投保。

三是通过破产协会对清盘人跨境履职进行协调及保障，行业协会在相关行为人跨境行事时可提供较多的指引，在发生意外时，能够提供的帮助也较为实在。

三、总结与展望

（一）总结

本书是在“一国两制”命题下，以内地法院对香港清盘程序认可和香港清盘人到内地跨境履职的审查为切入点，对跨境破产和区际法律冲突两

---

〔1〕 参见胡剑桥、冯苏杭：《浅谈破产管理人履职保护》，载《法制与社会》2018年第34期。

个问题综合研究，对中国（内地与香港）区际跨境破产合作提出理论依据及司法实践建议的一次尝试。

首先，在研究对象方面，一是对香港清盘的三个基础问题，即清盘程序、清盘令、清盘人的基本要素和种类关系等作了系统整理，并加以分析，是目前以中文为表述方式的专著中的首创。二是收集、分析了大量的内地案例与香港案例，包括内地与香港有关跨境破产管辖方面的案例、内地与香港在区际跨境破产合作方面（包括成功与不成功）的案例等。其中，有关内地法院对待香港清盘程序态度的案例，内地破产管理人被以履职不当为由进行追责的案例及香港清盘人被免职、被追责的案例，此前未有文献予以系统整理、综合研究。三是对内地破产管理人和香港清盘人分别在本地履职的具体职权进行了列举式加比较式的研究，使读者可以对破产管理人及清盘人职责的具体内容、履职应注意的特别之处以及履职不当的责任有清晰的了解。

其次，在研究方式上，本书采用了大量的图表对相关文献进行展现和比对，有助于读者更直观地了解各种流程和数据，以此更明了地理解笔者提出的观点。

再次，在研究结论方面，本书通过大量的案例分析，得出以下研究结论：第一，通过内地法院对香港清盘程序是否认可的案例（包括予以认可和不予认可两方面）进行研究，分析了内地法院对待香港清盘程序的态度，提出了在一国的前提下，内地法院对待香港清盘程序相较于对待其他域外破产程序态度较为宽松的结论。第二，研究了香港法院对待一般域外破产程序的态度的案例及香港法院对待内地破产程序的案例，得出香港法院对内地破产程序的审查标准与其他域外破产程序所持标准基本相仿，但认可这些破产程序是一国内不同的破产程序的结论。

在上述研究结论的基础上，结合对破产程序域外效力、跨境破产管辖权等相关理论研究，以及对美国、欧盟、联合国《跨境破产示范法》项下的国际司法实践的借鉴，本书得出四个重要的理论创新。

第一，提出了内地与香港之间进行跨境破产合作的四个基本原则。在内地与香港之间开展跨境破产合作应遵循“一国两制”、互相尊重、充分诚信、依法处理四个基本原则。目前已有的文献主要是对国家之间进行破产合作的研究，或者是对在同一制度内的不同地区间的破产合作或是对同一法系内的不同地区间的破产合作的研究，未见有对跨境破产与区际法律冲突及清盘人（管理人）履职融合研究的学术作品。鉴于世界上仅有中国是“一国两制三法系四法域”的国家，世界上众多国家中区际法律冲突在中国表现尤为突出，中国的区际跨境破产合作的难度相较于美国、加拿大、澳大利亚等联邦制国家大很多。而中国经济发展迅速，有外拓的需要，因此跨境破产也随之产生和发展。为实现破产财产的处置及其他破产相关事务的处理，破产管理人（清盘人）跨境履职成为必要。

第二，提出了内地法院对香港清盘程序进行审查的“四个重点”。即内地法院对香港清盘程序进行审查，应重点审查清盘法院是否合理行使跨境破产管辖权、清盘程序是否具有正当性、清盘程序是否存在损害内地社会公共利益的风险、清盘程序的认可申请是否在时效期间内四个方面。现有文献中也有部分提出内地法院对香港清盘程序需进行审查的观点，但未对如何审查、审查何内容及其法理依据进行详细研究。本书结合破产程序的法理特点以及司法实践中对跨境诉讼跨境程序审查所考虑的重点因素，提出审查的“四个重点”，既包括从程序上进行审查，也包括了审查时把握的实质性的标准，这是笔者从司法实践的角度，结合相关基础理论，作出的实践分析方面的重要突破。

第三，提出了综合考虑主要利益中心、债务人住所地、主要破产财产所在地、债务人营业地等因素以确定最充分联系地，由最充分联系地法院对跨境破产案件进行管辖；以主要利益中心为主破产程序管辖地，以债务人住所地、主要破产财产所在地、债务人营业地为从破产程序管辖地，平行破产程序间相互协助的观点。关于跨境破产管辖法院的确定，此前的研究成果基本限于在诸多连结点中选取一个作为其认可的连结点。笔者经对香港跨境清盘管辖的案例，特别是其中著名的“镛记清盘案”进行详细解剖，结合对美国、欧盟、联合国《跨境破产示范法》项下的跨境破产管辖案例的研究，发现香港的跨境清盘管辖十分灵活且十分务实，香港法院在判断自己对某涉及域外因素的公司是否享有清盘管辖权时，考虑了包括公司及附属公司股东和董事的居住地、公司的相关资产所在地、附属公司经营业务所在地、公司收入来源地、公司行政决定地及争端发生地在本地等多种因素，综合对各种因素的判断以确定自己是否对该公司具有最充分联系，从而作出是否享有清盘管辖权的判断。内地跨境破产管辖可参照香港的跨境清盘管辖标准，对拟破产企业所涉因素进行综合考虑，以确定最充分联系地，该地法院即为管辖法院。

第四，提出了香港清盘人到内地履职，应受香港与内地法律双重约束。关于清盘人资格、权利能力、行为能力的判断，适用属人法，即香港法；关于清盘人履职职责的确定，主要适用行为地法，即内地法，但同时也不能超越清盘人属人法的范围。笔者结合前述研究成果，在内地破产管理人到香港履职与香港清盘人到内地履职之间，首先选择解决香港清盘人到内地履职的问题。以案例和一线法官的审判体验以及破产管理人、清盘人的实际需求为研究基础，在对香港清盘人到内地跨境履职的障碍进行剖析的基础上，对香港清盘人到内地履职适用何准据法进行了分析，结合《会谈纪要》《试点意见》关于香港清盘人跨境履职的职权依据及履职限制的规定，得出这一理论创新，明确了香港清盘人到内地履职时关于身份确认和履职内容确定的法理依据。目前为止，鲜有文献讨论香港清盘人到内地履职的准据法问题，本书在此方面的研究可说先行。

在前述基础上，本书总结列举了香港清盘人到内地跨境履职的具体职权，并明确了香港清盘人到内地跨境履职不当时所需承担的责任。本书还详细列出了香港清盘人拟跨境履职时应向内地法院提交的资料。根据本书的研究结论，香港清盘人可按图索骥，直接按照清单所列提交材料及履行职责。

最后，在解决问题的思路创新方面，本书提出了由粤港澳大湾区先行先试、从外围制度创新进行突破的思路。笔者介绍了在跨境破产制度建设及区际法律合作方面的广东做法、广东经验，在制度建设的步骤上，提出了先由广东试点新制度，再全国推开的渐进式探索方式。为促进香港清盘人到内地跨境履职目的的实现，在具体的制度建设上，本书提出了六项建议：指定破产管理人为香港清盘人提供协助、赋予破产管理人（清盘人）在区际不同法域间简便的准入许可、建立联合听审制度、完善跨境处置财产的制度、跨境破产信息化建设、构建破产管理人（清盘人）跨境履职保障制度。这些建议是笔者综合考虑香港清盘人到内地跨境履职的实际需要，亦为方便内地破产管理人到香港跨境履职之用而提出的创造性、实用性的建议。

（二）展望

内地与香港的区际跨境破产合作已然开局，2023年3月，上海三中院承认香港浩某国际集团有限公司在香港的强制清盘程序及认可清盘人资格，准许清盘人在内地依法履职。[1]这是自2021年签订《会谈纪要》和《试点意见》以来内地法院协助香港清盘程序的第二例案件。2023年年中，广州中院审理的广东某建设总公司破产清算案获香港高等法院认可和协助[2]，这是《会谈纪要》和《试点意见》出台以来，内地第三例获香港认可和协助的破产案件，更是内地首例非试点法院审理的获香港认可和协助的破产案件。两地认可和协助的破产案件数量虽然不多，但情况良好，两地法院均展现了相当的诚意及对对方法律的充分肯定。展望内地与香港的

〔1〕 参见（2022）沪03认港破1号。

〔2〕 参见[2023] HKCFI 1340。

跨境破产合作，未来可期。

一是内地跨境破产制度有望继续完善。目前，内地《企业破产法》的修订已提上日程，其中关于增加跨境破产制度专章，对域外破产程序的认可与协助、域外破产管理人的准入等制度进行设计与立法的呼声甚高。响应这些呼声，《企业破产法》的修订可以《跨境破产示范法》作为借鉴，考虑平行破产程序中主、从破产程序间的协助，对域外破产（清盘）程序的认可与协助、域外破产管理人（清盘人）资格的认可及履职许可予以规范进行专章规定。

深圳目前正在进行个人破产的探索，截至2023年9月底，深圳中院累计收到个人破产申请2124件，依法立案674件[1]。待条件成熟，此项探索有可能成为制度在内地实施。如个人破产能够在内地全面铺开，与香港的个人破产制度可进行衔接，为两地跨境破产合作增添新的内容。

二是香港律政司出台了《内地破产管理人向香港特区法院申请认可和协助的程序实用指南》(以下简称《实用指南》)，为两地跨境破产合作增加了具体指引，内地破产管理人到香港履职有望实现。根据《实用指南》的规定，内地破产管理人向香港法院申请提供跨境破产协助应向香港高等法院提出，具体由原讼法庭办理。管理人应向指定自己为管理人的内地破产法院提出请求，由内地破产法院出具致原讼法庭的请求书，列明需要申请准许的事项，并请求香港高等法院出具标准格式命令。原讼法庭会以书面方式处理该申请，在合适的时候不排除进行庭审的可能。《实用指南》的指引较为简单，如此为香港法院在具体实操中留下了较大空间，也更需要两地在实践中不断对该指引进行完善及丰富。

三是内地与香港有望在两地间的跨境破产合作制度上实现新的突破。近年来两地的破产管理部门及从事破产工作的机构间的互动越来越频繁，

---

〔1〕 参见《深圳"破产制度突破创新"作为典型经验被予以全国推广》，载微信公众号"中国破产法论坛"，https://mp.weixin.qq.com/s/O1F5SB40oEwb8eg6c8GbSw。

实质的合作越来越多。2024年1月18日上午，破产事务管理署与香港破产事务管理署签署了《香港特别行政区政府破产管理署 深圳市破产事务管理署合作安排》(以下简称《合作安排》)。《合作安排》明确，香港与深圳将共同建设下列机制以促进深入合作："一是建立破产重大事务互相通报机制，深港双方就可能涉及对方的重大破产法律事务进行及时通报。二是建立破产理论与实务交流机制，共同举办座谈会、研讨会或者论坛，探讨两地破产理论及实务相关议题。三是建立专业人才交流培养机制，推动双方工作人员互派和交流学习，为对方人员来己方考察和培训创造条件。"[1]虽然《最高人民法院关于内地与香港特别行政区法院相互认可和执行民商事案件判决的安排》不直接对破产案件中的裁判进行适用，但对于破产衍生诉讼案件予以适用是无疑义的。而破产事务中，破产财产的确认、破产程序中各项权利义务的确定很大部分需要通过衍生诉讼来处理。因此，上述安排对跨境破产合作有重要意义。

四是有极具影响力的跨境破产案件为两地开展跨境破产合作提供丰富翔实的研究素材。2023年5月，佳某国际发布公告，称公司已被香港高等法院颁令清盘，这是2020年以来房企债务爆雷中第一家被香港法院颁令强制清盘的在港上市百强房企[2]。2024年1月29日，中国恒某在香港被正式颁令清盘[3]，这个巨无霸房企的轰然倒下，不但在内地与香港两地造成巨大轰动，在全球业内也产生一定影响。2024年2月碧某园在香港被提出清盘呈请，无论最终会否获准清盘，都可借此观察清盘程序提起、审查以及清盘呈请审查中申请人与被申请人如何诉辩。上述案例均是考察内地

---

〔1〕 参见《破产事务管理署与香港破产管理署签署〈合作安排〉》，载深圳司法局，https://sf.sz.gov.cn/gkmlpt/content/11/11111/post_11111746.html#2724，2024年5月4日访问。

〔2〕 参见《千亿资产佳源国际遭法院强制清盘解散，小股东或将血本无归，一夜清零！》，载凤凰网，https://finance.ifeng.com/c/8PdL7BSwZ5Y，2024年5月4日访问。

〔3〕 参见《香港法院向中国恒大发出清盘令》，载央视网，https://news.cctv.com/2024/01/29/ARTIYqZ6RXwwRgtXXyftY6xb240129.shtml。

与香港开展跨境破产合作的极佳案例。

五是粤港澳大湾区的融合发展进一步加大加深，对内地与香港的经济、社会生活带来深远影响。疫情过后的"港人北上"越来越旺，大量香港居民到内地购物，"反向代购"成为风潮，内地许多大型商超被香港游客挤爆，香港居民到深圳过周末成为"双城生活"新亮点，而且现在这一火爆现象已经从广深发展到长沙、武汉等地。随之而来的，是香港居民到内地看病、养老，还有不少香港青年到内地工作。内地对香港居民的吸引力逐渐上升，两地经济、社会生活的融合加快发展。在这样的背景下，内地与香港在经济、社会、法律各方面的交流亦会越来越紧密，跨境破产协助亦会有更坚实的基础，有机会进行更深入的合作。

六是随着我国对外开放的持续扩大，跨境破产合作也越来越成为跨境经贸的重要、必要组成部分。香港是"一带一路"建设中的关键一环，2023年9月13日，第八届"一带一路"高峰论坛在香港开幕。这一届高峰论坛由香港特区政府和香港贸易发展局合办，吸引了近6000名来自多个国家和地区的人士参加，与会代表团逾100个。[1]香港在"一带一路"建设中可以发挥国际贸易中心、国际金融中心、"超级联系人"、中西文化交融地等优势，助力内地与"一带一路"各国及地区共建共通。香港的经济繁荣与国家经济腾飞密切相关，以内地与香港的区际跨境破产合作为抓手和突破口，未来跨境破产将成为保障"一带一路"共建国家和地区跨境企业发展，助力中国经济增长，推动中国与世界深度合作的重要机制。

---

〔1〕 参见《综述：优势独特 机遇无限——香港为高质量共建"一带一路"注入新动能》，载中央政府网，https://www.gov.cn/lianbo/difang/202309/content_6903816.htm。

参考文献

一、著作

1. 石静遐:《跨国破产的法律问题研究》,武汉大学出版社1999年版。

2. 程清波:《国际破产法研究》,湖南师范大学出版社1995年版。

3. 张玲:《跨境破产的国际合作:国际私法的视角》,法律出版社2007年版。

4. 王晓琼:《跨境破产中的法律冲突问题研究》,北京大学出版社2008年版。

5. 解正山:《跨国破产立法及适用研究——美国及欧洲的视角》,法律出版社2011年版。

6. 李爱君:《商业银行跨境破产法律问题研究》,中国政法大学出版社2012年版。

7. 贾琳:《跨国公司法律与实务》,知识产权出版社2012年版。

8. 刘清波:《破产法新论》,台北,东华书局股份有限公司1968年版。

9. 刘清波:《破产法新论》,台北,东华书局股份有限公司,1985年版。

10. 王欣新:《破产法》,中国人民大学出版社2011年版。

11. 许德风:《破产法论:解释与功能比较的视角》,北京大学出版社2015年版。

12. 陈荣宗:《破产法》,台北,三民书局1982年版。

13. 陈计男:《破产法论》,台北,三民书局1981年版。

14. 邹海林:《破产程序和破产法实体制度比较研究》,法律出版社1995年版。

15. 汤维建:《破产程序与破产立法研究》,人民法院出版社2001年版。

16. 李永军:《破产法律制度》,中国法制出版社2000年版。

17. 张海征:《破产重整制度的建立和有效性研究:以英国、美国和中国比较分析为视角》,世界知识出版社2010年版。

18. 尹正友、张兴祥:《中美破产法律制度比较研究》,法律出版社2009年版。

19. 曹思源:《破产风云》,中央编译出版社1996年版。

20. 张小炜、尹正友主编:《破产管理人工作规程》,中国人民大学出版社2008年版。

21. 王艳华主编:《破产法学》,郑州大学出版社2009年版。

22. 文秀峰:《个人破产法律制度研究——兼论我国个人破产制度的构建》,中国人民公安大学出版社2006年版。

23. 黄进:《区际冲突法研究》,学林出版社1991年版。

24. 沈涓:《中国区际冲突法研究》,中国政法大学出版社1999年版。

25. 袁发强:《宪法与我国区际法律冲突的协调》,法律出版社2009年版。

26. 肖永平:《法理学视野下的冲突法》,高等教育出版社2008年版。

27. 李双元、谢石松:《国际民事诉讼法概论》,武汉大学出版社2001年版。

28. 李双元:《中国国际私法通论》,法律出版社2007年版。

29. 陈荣传:《国际私法实用涉外民事案例研析》,台北,五南图书出版股份有限公司2015年版。

30. 刘铁铮、陈荣传:《国际私法论》,台北,三民书局股份有限公司2018年版。

31. 杜涛、陈力:《国际私法》,复旦大学出版社2004年版。

32. 周枏:《罗马法原论》,商务印书馆1996年版。

33. 周枏:《经济法》,知识出版社1982年版。

34. 陈弘毅:《一国两制下香港的法治探索》,中华书局(香港)有限公司,2014年版。

35. 何志辉:《近代澳门司法:制度与实践》,中国民主法制出版社2012年版。

36. 葛洪义主编:《法理学》,中国政法大学2007年版。

37. 许慎:《说文解字》,中华书局1963年影印本。

38. 李宗锷、潘慧仪主编:《英汉法律大词典》,法律出版社1999年版。

39. 孙创前主编:《破产管理人实务操作指引》,法律出版社2018年版。

40. 黄进主编:《中国的区际法律问题研究》,法律出版社2001年版。

41. 何志辉主编:《香港法律文化研究》,中华书局(香港)有限公司2017年版。

42. 陈海光主编:《中国内地与香港司法制度比较》,法律出版社2015年版。

43. 张强领衔主编:《国际投资纠纷与预防案例分析》,山西经济出版社1996年版。

44. 冯辉编著:《比较破产法案例选评》,对外经济贸易大学出版社2012年版。

45. 韩德培主编:《国际私法新论》,武汉大学出版社2003年版。

46. 李双元、欧福永主编:《国际私法》,北京大学出版社2015年版。

47. 屈广清主编:《国际私法导论》,法律出版社2003年版

48. (汉)许慎撰,思履主编:《图解说文解字》,中国华侨出版社2016年版。

49. 中国社会科学院语言研究所词典编辑室编:《现代汉语词典》,商

务印书馆1996年版。

50. 王家福主编:《经济法律大辞典》,中国财经出版社1992年版。

二、译著

1. [美]小戴维·A.斯基尔:《债务的世界——美国破产法史》,赵炳昊译,中国法制出版社2010年版。

2.《英国破产法》,丁昌业译,法律出版社2003年版。

3. [美]杰伊·劳伦斯·韦斯特布鲁克、[美]查尔斯·布斯、[德]克里斯托弗·保勒斯、[英]哈里·拉贾克:《商事破产全球视野下的比较分析》,王之洲译,中国政法大学出版社2018年版。

4. [德]史蒂芬·格伦德曼:《欧盟公司法》(下册),周万里主译,法律出版社2018年版。

5. [英]莫里斯:《戴西和莫里斯论冲突法》,李双元等译,中国大百科全书出版社1998 年版。

6. [德]弗里德里希·卡尔·冯·萨维尼:《现代罗马法体系(第八卷)》,李双元等译,法律出版社1999年版。

7. [美]罗斯科·庞德:《普通法的精神》,唐前宏、廖湘文、高雪原译,法律出版社2001年版。

三、期刊论文

1. 韩德培、黄进:《中国区际法律冲突问题研究》,载《中国社会科学》1989年第1期。

2. 汤维建:《论国际破产》,载《比较法研究》1995年第2期。

3. 马昌明:《海峡两岸破产法比较》,载《台湾研究集刊》1995年第

1期。

4. 余劲松、石静遐:《涉外破产的若干法律问题》,载《中国社会科学》1996年第4期。

5. 于印辉、卢欣:《香港的破产制度》,载《东南亚研究》1996年第5期。

6. 张茂:《国际民事诉讼中的不方便法院原则》,载《法制与社会发展》1996 年第 5 期。

7. 邱在珏:《香港的法律渊源》,载《民主》1998年第6期。

8. 石静遐:《中国的跨界破产法:现状、问题及发展》,载《中国法学》2002年第1期。

9. 石静遐:《我国破产程序域外效力的实例分析———评香港高等法院对“广信”破产程序的承认》,载《政法论坛》2002年第3期。

10.《案头信息》,载《科学决策》2002年第6期。

11. 谢尹琳:《跨国破产域外效力研究——以折衷主义的立法选择为视角》,载《政法论丛》2003年第6期。

12. 汪平:《折衷主义在跨国破产域外效力中的主导地位》,载《广西社会科学》2003年第9期。

13. 马琳:《析德国法院承认中国法院民商事判决第一案》,载《法商研究》2007年第4期。

14. 韩长印:《公司破产立法目标的争论及其评价》,载《中国法学》2004年第5期。

15. 季立刚、张梦:《跨国银行破产法律制度基本原则之探讨》,载《政治与法律》2004年第5期。

16. 张在范:《论破产管理人的法律地位》,载《北方论丛》2005年第1期。

17. 石静霞:《联合国国际贸易法委员会〈破产法立法指南〉评价及其对我国破产立法的借鉴》,载《法学家》2005年第2期。

18. 肖修娟:《关于外国人民事法律地位之思考》,载《商丘职业技术学院学报》2007年第6期。

19. 谢俊英:《欧盟统一国际私法运动对解决我国区际法律冲突之借鉴》,载《法学杂志》2006年第2期。

20. 韩中节:《香港地区破产法述评及其借鉴意义》,载《东莞理工学院学报》2006年第2期。

21. 韩长印、郑金玉:《民事诉讼程序之于破产案件适用》,载《法学研究》2007年第2期。

22. 张艳丽:《破产管理人的法律责任》,载《法学杂志》2008年第4期。

23. 陈雪萍:《英美破产受托人权力制衡机制及其借鉴》,载《法商研究》2008年第5期。

24. 徐光东:《破产法:美国的经验与启示》,载《西南政法大学学报》2008年第5期。

25. 刘伟光:《"破产"概念英文翻译的分析》,载《经济师》2008年第9期。

26. 张玲:《欧盟跨界破产管辖权制度的创新与发展——"主要利益标准"在欧盟适用的判例研究》,载《政法论坛》2009年第2期。

27. 韩中节:《台湾地区破产法基本制度评析及借鉴意义》,载《北京工商大学学报(社会科学版)》2009年第3期。

28. 王芳:《香港与内地跨境破产的法律框架研究》,载《政法论坛》2009年第5期。

29. 解正山:《论COMI在跨国破产国际管辖中的适用——欧盟及美国的视角》,载《环球法律评论》2009年第6期。

30. 韩成伟:《外国人民事法律地位》,载《法制与经济》2009年第7期。

31. 季立刚、解正山:《美国跨国破产立法的最新发展及对我国的借鉴意义》,载《暨南学报(哲学社会科学版)》2010年第5期。

32. 肖永平、邓瑾：《论欧盟法中跨国企业集团破产的管辖权》，载《江苏警官学院学报》2010年第6期。

33. 胡冰、胡鸿高：《美国破产清算托管人职责制度及其启示》，载《法学》2010年第7期。

34. 张勇健、钱晓晨、杨以生：《美国破产法若干问题聚焦》，载《法律适用》2010年第9期。

35. 王欣新、郭丁铭：《论我国破产管理人职责的完善》，载《政治与法律》2010年第9期。

36. 闫松林、李欣亮、谭振鹏：《国际破产管辖权冲突的成因及解决途径》，载《社会科学动态》2010年第12期。

37. 黄少彬、张旭、温文治：《关于构建我国跨境破产管理人的制度的思考》，载《江南大学学报》2011年第5期。

38. 曾加、吕东锋：《区际法律冲突的法哲学思考》，载《河北法学》2011年第3期。

39. 赵镭：《中国区际法律冲突的特点》，载《现代交际》2011年第12期。

40. 郑维炜：《中国应对跨国破产法律问题的策略选择》，载《当代法学》2012年第1期。

41. 张益玮：《国际私法中最密切联系原则探析》，载《现代商贸工业》2012年第3期。

42. 张玲：《跨国破产案件中平行破产的协调与合作》，载《天津大学学报（社会科学版）》2013年第2期。

43. 郭丁铭：《我国破产债权受偿顺序之完善》，载《昆明理工大学学报（社会科学版）》2013年第2期。

44. 山东法院破产托管人制度培训团：《赴美培训破产托管人制度情况的报告》，载《山东审判》2013年第2期。

45. 王朝恩、王璐:《国际投资法前沿问题与中国投资条约的完善——“中国与 ICSID”国际投资法与仲裁高级研讨会综述》,载《西安交通大学学报(社会科学版)》2013年第3期。

46. 高健、张同健:《论当代中国的法律渊源》,载《中小企业管理与科技》2013年第5期。

47. 张君明:《理性分析与制度完善:论人民法院对破产管理人的监督》,载《理论与改革》2013年第5期。

48. 李曙光:《美国破产法院综述》,载《法制资讯》2013年第10期。

49. 黄玉强:《破产程序中法院监督指导管理人机制的研究》,载《法制与社会》2013年第12期。

50. 俞露:《破产制度的历史起源探讨》,载《中共山西省委党校学报》2014年第2期。

51. 王鹏:《论国际投资法与国内法的互动》,载《国际经贸探索》2014年第9期。

52. 陈剑武:《中国区际法律冲突探究》,载《经济研究导刊》2014年第27期。

53. 肖谢:《我国台湾地区消费者债务清理管理人制度研究——兼谈对我国大陆个人破产管理人制度的借鉴》,载《重庆文理学院学报(社会科学版)》2015年第4期。

54. 张海征:《论VIE架构对中国跨境破产制度提出的特殊问题》,载《首都师范大学学报》2016年第3期。

55. 陈夏红:《欧盟新跨境破产体系的守成与创新》,载《中国政法大学学报》2016年第4期。

56. 黄晓原:《论我国采纳“先受理原则”的可行性》,载《南方论刊》2016年第11期。

57. 石静霞、黄圆圆:《跨界破产中的承认与救济制度——基于”韩进破产案”的观察与分析》，载《中国人民大学学报》2017年第2期。

58. 冯茜：《日本法院对我国财产关系判决的承认执行问题研究》，载《武大国际法评论》2017年第3期。

59. 石静霞、黄圆圆：《中美跨界合作里程碑——“尖山光电案评析”》，载《法律适用》2017年第4期。

60. 张可心：《外国破产程序在中国的承认与协助制度——基于韩进海运破产案的思考》，载《人民司法》2017年第19期。

61. 徐喜霞：《浅论人民法院对破产管理人的监督作用》，载《法制博览》2017年第29期。

62. 刘瑶：《中国跨境破产国际合作的法律问题研究——以韩进破产案为例》，载《中国海商法研究》2018年第3期。

63. 黄圆圆：《公共政策例外条款在跨界破产中的适用与启示》，载《时代法学》2018年第4期。

64. 郭玉军、付鹏远：《我国跨国破产承认与协助制度：理论、实践与规则完善》，载《武大国际法评论》2018年第4期。

65. 邹平学、冯泽华：《改革开放四十年广东在粤港澳法律合作中的实践创新与历史使命》，载《法治社会》2018年第5期。

66. 石静霞、黄圆圆：《论内地与香港的跨界破产合作——基于案例的实证分析与建议》，载《现代法学》2018年第5期。

67. 陈亮、姜欣：《承认和执行外国法院判决中互惠原则的现状、影响与改进——从以色列承认和执行南通中院判决案出发》，载《法律适用》2018年第5期。

68. 胡剑桥、冯苏杭：《浅谈破产管理人履职保护》，载《法制与社会》2018年第34期。

69. 宋建立：《跨境破产案件的司法应对》，载《人民司法（应用）》2018年第22期。

70.路腾:《我国内地破产管理人行业治理的完善——以香港破产管理署为借鉴》,载《特区经济》2019年第6期。

71.张勇健、杨蕾:《司法机关相互承认执行民商事判决的新探索》,载《人民司法》2019年第13期。

72.崔梦雪:《正当程序原则法律价值浅议》,载《合作经济与科技》2019年17期。

73.戴曙:《我国涉外协议管辖制度的理解与适用》,载《法律适用》2019年17期。

74.石静霞:《论香港法院对内地破产程序的承认与协助——以华信破产案裁决为视角》,载《环球法律评论》2020年第3期。

75.王波、项坤:《"终审不终"与司法公信力——以民事再审程序为视角》,载《天中学刊》2013年第6期。

76.万芳:《欧盟破产程序规则之主从程序模式研究》,载《商场现代化》2008年第24期。

77.杨靖:《跨境企业集团破产管辖权的确定依据——以香港镛记控股清盘案为借鉴》,载《人民司法》2020年第25期。

78.王春业:《将清单式批量立法授权引入粤港澳大湾区法治建设》,载《法学杂志》2021年第7期。

79.刘桂强:《外国法院判决执行中的时效问题研究》,载《中国应用法学》2020年第4期。

80.张烁:《香港地区法院的电子送达》,载《中国审判》2020年第19期。

81.陈泽桐:《破产管理人制度研究》,吉林大学2008年博士学位论文。

82.李志强:《破产管理人民事责任论》,中国政法大学2008年博士学位论文。

83.郑维炜:《破产的国际私法问题研究》,吉林大学2010年博士学位论文。

84. 杨悦:《跨境破产部分制度性法律问题研究——域外效力、管辖权冲突与法律适用》,大连海事大学2012年博士学位论文。

85. 杨立:《跨境破产法律制度研究》,吉林大学2014年博士学位论文。

86. 黄圆圆:《跨界破产承认与救济制度研究》,对外经济贸易大学2019年博士学位论文。

87. 陈夏红:《欧盟跨境破产信息登记系统及其启示》,载《法制日报》2016年8月10日,第11版。

88. 周颖:《42名港澳律师获全国首批粤港(澳)合伙联营所港澳律师工作证》,载《人民日报(海外版)》2017年10月18日,第4版。

89. 王欣新:《府院联动机制与破产案件审理》,载《人民法院报》,2018年2月7日,第7版。

90. 司艳丽、刘琨:《香港法院认可与协助域外破产程序简介》,载《人民法院报》2020年6月11日,第8版。

91. 《坚持实事求是依法纠错》,载《人民法院报》2019年4月11日,第1版。

92. 齐树洁:《再审程序:从"有错必纠"到"依法纠错"》,载《中国社会科学报》2015年9月16日,第5版。

四、外文文献

1. An Act to consolidate the enactments relating to company insolvency and winding up(including the winding up of companies that are nor insolvent, and of unregistered companies), insolvency Act 1986.

2. Paul Omar, International Insolvency Law, Taylor and Francis(2017).

3. Commonwealth Secretariat, International Co-operation on Cross-

Border Insolvency Issues, Commonwealth Secretariat(1997).

4. Gong Xinyi, China's Insolvency Law and Interregional Cooperation, Taylor and Francis(2017).

5. Gong, Xinyi. China's Insolvency Law and Interregional Cooperation: Comparative Perspectives From China and the EU. Vol. First edition, Routledge, 2017.

6. Daoning Zhang, Insolvency Law and Multinational Groups, Taylor and Francis(2019).

7. Emily Lee, Problems of Judicial Recognition and Enforcement in Cross-Border Insolvency Matters between Hing Kong and Mainland China, American Journal of Comparative Law, Vol. 63, Issue 2(Spring 2015).

8. Emily Lee: "Comparing Hong Kong and Chinese Insolvency Laws and Their Cross-Border Complexities", 9 J. COMP. L. 259(2014).

9. Greene, Jennifer, Bankruptcy beyond Borders: Recognizing Foreign Proceedings in Cross-Border Insolvencies, Brooklyn Journal of International Law, Vol. 30, Issue 2(2005).

10. McCullough, Elizabeth H, Bankruptcy Trustee Liability: Is There a Method in the Madness, Lewis & Clark Law Review, Vol. 15, Issue 1 (Spring 2011).

11. Monaghan, Thomas, The Trustee in Bankruptcy, Maine Law Review, Vol. 14.

12. Yang, Lawrence(Lixin), Administrator in China's New Enterprise Bankruptcy Law: Objective Standards to Limit Discretion and Expand Market Controls, American Bankruptcy Law Journal, Vol. 82, Issue 3 (Summer 2008).

13. Zhang, Meirong, Developments in Inter-Regional Conflict of Laws

within China, Hong Kong Law Journal, Vol. 48, Issue 3 (2018).

14. Zhu, Guobin, Inter-Regional Conflict of Laws under One Country, Two Systems: Revisiting Chinese Legal Theories and Chinese and Hong Kong Law, with Special Reference to Judicial Assistance, Hong Kong Law Journal, Vol. 32, Issue 3 (2002).

15. Seuffert, Deutsches Konkursprozessrecht, 1899, S, 4 ff.

16. Meier, Die Geschichte des dertschen Konkursrechts, insbesondere die Entstehung der Reichskonkursordnung, Peter Lang, 2003, S. 60.

17. J. M. Failey: "A Judicial Perspective on Cross-Border Insolvencies and Restructuring", International Business lawyer, May, 1996, Vol. 24, No. 5, p.222.

18. Philip R Wood: "Principles of International Insolvency", Sweet & Maxwell, London, 1995, p.247.

19. Elizabeth Warren, Bankkruptcy Policy, 54 U. Chi. L. Rev. 775 (1987).

20. Ian F. Fletcher, The Law of Insolvency, London, Sweet & Maxwell, 2nd Edition, 1996.

21. Lan F. Fletcher: Insolvency In Private International Law:National and International Approaches, Oxford; Clarendon Press, 1999.

22. J. M. Farley, A Judicial Perspective on Cross-Border Insolvencies and Restructuring, International Bsiness Lawyer, 1996, Vol.24.

23. Sidar Gurdyal Singh v. The Rajah of Faridkote [1894] A. C. 670 at p.683.

24. Westbrook, J. J., Global Insolvencies in a World of Nation States, in Alison Clark (ed.), Current Issues in Insolvency Law, Stevens and Sons, London, 1991.

25. Collins, L., Dicey and Morris on conflict of laws, Sweet and Maxwell,

12th Edition, London, 1993.

26. Grabriel Moss, Fleteher I F, Stuart Isancs. The EC Regulation on Insolvency Proceedings: A Commentary And Annotated Guide[M]. New York: Oxford University Press, 2002:213.

27. Berends, A . J. The UNCITRAL Model Law on Cross-border Insolvency: A comprehensive overview. Tulane journal of international and comparative law, 2003.

28. Edoardo Virta, "Interlocal Conflict of laws", in International Encyclopedia of Comparative Law, Vol III: Private International Law (Dordrech: Martinus Nijhoff Publishers, 1985).

29. Thomas F. Monaghan, The Trustee in Bankruptcy, 14 Me. L. Rev. 52(1962).

30. Elizaheth H. McCullough, Bankruptcy Trustee Liability: Is There a Method in the Madness, 15 Lewis & Clark L. Rev. 158(2011).

31. Mark V. Hoecke and Mark Warrington, "Legal Cultures, Legal Doctrine: Totwards a New Model for Comparative Law".

32. Charles Jordan Tabb, The History of the Bankruptcy Laws in the United States, 3 Am. Banky Inst. L. Rev. 5, 6-7(1995).

33. Elizaheth H. McCullough, Bankruptcy Trustee Liability: Is There a Method in the Madness, 15 Lewis & Clark L. Rev. 158(2011).

34. LauraShidlovitsky.AdoptionofChapter 15:ANecessaryStepinInternationalBankruptcyReform [J].Sw.J.L.&TradeAm, Vol.10, 2003- 2004.

35. Tom Rhys Davies: "Property developer files case in US to seal Hong Kong restructuring", available at http://globalrestructur-ingreview.com/article/1035582/property-developer-files-case-in-us-to-seal-hong-kong-restructuring, last visited on 2017-01-26.

36. Joseph A. Guzinski, OVERVIEW OF UNITED STATES TRUSTEE POLICIES AND PROCEDURES, 862 PLI/Comm 455.

37. Martin A. Frey, Warren L. McConnico, Phyllis Hurley Frey, An Introduction to Bankruptcy Law, West Publishing Company, Third Edition, 1997.

38. Leonard L. Gumport, THE BANKRUPTCY EXAMINER, California Bankruptcy Journal, 1992.

39. Elizaheth H. McCullough, Bankruptcy Trustee Liability: Is There a Method in the Madness, 15 Lewis & Clark L. Rev. 158(2011).

40. Daniel B. Bogart, LIABILITY OF DIRECTORS OF CHAPTER 11 DEBTORS IN POSSESSION: “DON'T LOOK BACK--SOMETHING MAY BE GAINING ON YOU”, American Bankruptcy Law Journal Spring, 1994.

41. Daniel R Cowans, COWANS Bankruptcy Law and Practice, WEST Publishing Co., St. PAL. MINN. 1987, Volume1, p.100.

42. U.S. Department of Justice, Executive Office For United States Trustees, Handbook for Chapter 7, U.S. Trustee Program/Dept. of Justice, 2002.

43. Paul J. Omar: “The European Insolvency Regulation 2000: A Paradigm of International Insolvency Cooperation”, Volume 15 Issue 1Special Issue: Comparative Corporate Governance.

44. European commission. Proposal for a Regulation of the European Parliament and of the Council amending Council.

45. Regulation(EC)No.1346/2000 on insolvency proceedings. Strasbourg. 12.12.2012 COM(2012)744 final.

46. European Parliament, 5 February 2014, Strasbourg, p.7–TA(2014)

0093.

47. Council of the European Union, 20 November 2014, Brussels, 15414/14 Addl, JUSTCIV 285.

48. Regulation (EU) 2015/848 of the European Parliament and of the Council of 20 May 2015 on insolvency proceedings. Officeal Journal L 141, 2015:19–72.

49. PaulL.Lee, AncillaryProceedingsunderSection 304andProposed Chapter 15oftheBankruptcyCode, 76Am.Bankr.L.J. 115, 197– 201 (2002).

50. Thomas R. Phinney, THE TRUSTEE'S STANDING TO PURSUE ALTER EGO CLAIMS, 26 Cal. Bankr. J. 214.

51. Bryan D. Hull, A VOID IN AVOIDANCE POWERS? THE BANKRUPTCY TRUSTEE'S INABILITY TO ASSERT DAMAGES CLAIMS ON BEHALF OF CREDITORS AGAINST THIRD PARTIES, University of Miami Law Review November, 1991, 46 U. Miami L. Rev. 263.

52. Peter Brubidge. Cross border insolvency within the European Untion: down of a new era. Europe an Law Review. 2002, 27 (5):591.

53. Dulhusion. Dullmsion on International Insolvency and Bankruptcy.

54. Michael Bogdan: "International Bankruptcy Law in Scandinavia", International and Comparatively Law Quarterly, Vol. 34, Jan. 1995.

55. Cross–Border Insolvency, A Guide to Recognition and Enforcement, Published by International Association of Restructuring, Insolvency & Bankruptcy Professional, September, 2003.

56. Dulhusion: "Dulhusion on International Insolvency and Bankruptcy", Matthew Bender, New York, 1981.

57. Lawrence Collins: "Dicey & Morris on Conflict of Laws", 12 th.ed., Sweet & Maxwell, London, 1993.

58. Commonwealth Constitution (Australia), 1901. Section 51.118.

59. CHAN SekKeong, "Cross-Border Insolvency Issues Affecting Singapore", in Singapore Academy of Law Journal (2011).

60. Rec.4, Regulation No.1346/2000; Rec.5, Regulation No.2015/848.

61. "Liability Insurance" liquidatos Guide" https://www.liquidatorsguide.com/questions/liability-insurance/.

62. "Liquidator Business Insurance", "ALIGNED INSURANCE", https://www.alignedinsurance.com/liquidator-business-insurance/#:~:text=Liquidator%20Business%20General%20Liability%20insurance%20will%20cover%20your, a%20result%20of%20your%20business%E2%80%99%20activities%20or%20advertising.

案例表

序号	案件名称	来源
1	B&T Ceramic Group s.r.l有限公司申请承认和执行意大利法院破产判决案	肖煜吉:《跨境破产管辖权研究》,西南政法大学2010年硕士学位论文,第31-32页
2	百高洋行破产案	广州市中级人民法院(2005)穗中法民三初字第146号民事裁定
3	Sascha Rudolf Seehaus申请承认德国法院破产裁定案	马琳:《析德国法院承认中国法院民商事判决第一案》,载《法商研究》2007年第4期,第150-151页;陈亮、姜欣:《承认和执行外国法院判决中互惠原则的现状、影响与改进——从以色列承认和执行南通中院判决案出发》,载《法律适用》2018年第5期,第21页
4	德国旭普林公司申请认可ICC上海仲裁庭裁决案	马琳:《析德国法院承认中国法院民商事判决第一案》,载《法商研究》2007年第4期,第150-151页
5	德国法院承认无锡高新技术产业开发区人民法院裁定案	陈亮、姜欣:《承认和执行外国法院判决中互惠原则的现状、影响与改进——从以色列承认和执行南通中院判决案出发》,载《法律适用》2018年第5期,第21页
6	爱尔兰船运公司破产案	石静遐:《跨国破产的法律问题研究》,武汉大学出版社1999年版,第128页
7	Kaoru Takamatsu寻求香港法庭认可和协助案	《香港跨境重组——日本清盘程序首次获香港法庭认可》,载微信公众号"罗夏信律师事务所"
8	俄亚银行破产案	石静遐:《跨国破产的法律问题研究》,武汉大学出版社1999年版,第128页
9	香港法院承认广东国投破产裁定案	石静遐:《我国破产程序域外效力的实例分析——评香港高等法院对"广信"破产程序的承认》,载《政法论坛》2002年第3期,第43页

续表

序号	案件名称	来源
10	陈丽虹等诉丁磊淼案	香港终审法院FACV 2/1999号
11	珠光公司破产案	王芳:《香港与内地跨境破产的法律框架研究》,载《政法论坛》2009年第5期,第80-81页
12	山西一元通诉天健华夏(香港)案	(2019)晋01民终4669号
13	(香港)宝源请求认可香港清盘令案	(2017)湘民终692、693号
14	山西天健华夏诉天健华夏(香港)案	(2020)晋民再112号
15	鹏信国际诉林蔡宝璇、启德控股案	(2019)粤01民终14800号
16	东莞纬强诉海盐公司、纬强手袋等案	(2018)粤19民终7042号
17	马德林诉香港民基、基隆房地产案	(2017)最高法民终580号
18	化学发光(香港)诉源德公司案	(2015)高民(商)终字第2409号
19	大拇指公司诉环保公司案	(2014)闽民终字第181号
20	镛记控股清盘案	香港终审法院FACV 4/2015号
21	"ReConvenience Container"案	王芳:《香港与内地跨境破产的法律框架研究》,载《政法论坛》2009年第5期,第81页
22	Bryan v. Bernheimer案	李宜利:《美国破产法院管辖权研究》,华东政法大学2015年硕士学位论文,第13-14页
23	Stern 案	杨晓楠:《美国宪法破产条款下法院管辖权的诠释:一种联邦主义的视角》,载《中国法律评论》2020年第6期,第17-18页
24	Eurofood案	张玲:《欧盟跨界破产管辖权制度的创新与发展——"主要利益标准"在欧盟适用的判例研究》,载《政法论坛》2009年第2期,第116-118页;邓瑾:《论欧盟破产法中"主要利益中心地"的确定及其对我国的启示》,载《法律适用》2010年第8期,第58页
25	Interedil案	刘思利:《欧盟新破产程序条例研究》,大连海事大学2017年硕士学位论文,第20页

续表

序号	案件名称	来源
26	Emtec集团破产案	张玲:《欧盟跨界破产管辖权制度的创新与发展——“主要利益标准”在欧盟适用的判例研究》,载《政法论坛》2009年第2期,第118-119页
27	Peregrine Investments Holdings Limited案	《贸易法委员会跨国界破产合作实务指南》(中文版)案例30,第132页
28	Pope & Talbot Inc.案	《贸易法委员会跨国界破产合作实务指南》(中文版)案例33,第132页
29	俄克拉荷马州东区法院审理的跨界破产案	See in re Sivec SRL, 476 B.R.310(E.D.Oklahoma 2012).转引自黄圆圆:《公共政策例外条款在跨界破产中的适用与启示》,载《时代法学》2018年8月第16卷第4期,第103页
30	北京橙天嘉禾影视制作公司诉张承勷案	[2016]HKCU 1484
31	拒绝承认以色列接管程序案	See in re Think 3 Inc. , Case No. 11-11252. 转引自黄圆圆:《公共政策例外条款在跨界破产中的适用与启示》,载《时代法学》2018年第4期,第104页
32	拒绝协助德国破产程序案	See in re Toft, 453 B. R. 186(S. D. N. Y. 2011). 转引自黄圆圆:《公共政策例外条款在跨界破产中的适用与启示》,载《时代法学》2018年第4期,第104页
33	KDI破产案	See in re Pet. Of Ernst &Young, Inc., 383 B. R. 773(D. Colo.2008). 转引自黄圆圆:《公共政策例外条款在跨界破产中的适用与启示》,载《时代法学》2018年第4期,第105页
34	金知美申请承认和执行大韩民国首尔南部地方法院判决案	(2020)辽01协外认7号
35	弗里古波尔股份有限公司申请认可波兰共和国弗罗茨瓦夫上诉法院判决案	(2013)浙甬民确字第1号
36	欧美公司案	石静遐:《中国的跨界破产法:现状、问题及发展》,载《中国法学》2002年第1期,第117页
37	泰兴眼镜案	石静霞、黄圆圆:《论内地与香港的跨界破产合作——基于案例的实证分析与建议》,载《现代法学》2018年第5期,第173页

续表

序号	案件名称	来源
38	海域控股案	石静霞、黄圆圆:《论内地与香港的跨界破产合作——基于案例的实证分析与建议》,载《现代法学》2018年第5期,第173页
39	黄金时代案	石静霞、黄圆圆:《论内地与香港的跨界破产合作——基于案例的实证分析与建议》,载《现代法学》2018年第5期,第173页
40	北泰公司案	石静霞、黄圆圆:《论内地与香港的跨界破产合作——基于案例的实证分析与建议》,载《现代法学》2018年第5期,第172页
41	赛维LDK案	石静霞、黄圆圆:《论内地与香港的跨界破产合作——基于案例的实证分析与建议》,载《现代法学》2018年第5期,第173页
42	厦门进雄案	ManivestAsia:《被"门口的野蛮人"耍了后》,载《跨境清算VS资产追踪》,http://www.manivestasia.com/library/2014/201412/P98.pdf
43	南洋纺织品案	石静遐:《中国的跨界破产法:现状、问题及发展》,载《中国法学》2002年第1期,第116-117页
44	拿渡公司案	石静霞、黄圆圆:《论内地与香港的跨界破产合作——基于案例的实证分析与建议》,载《现代法学》2018年第5期,第174页
45	第一天然食品案	福建省福州市中级人民法院(2009)榕民初字第166号民事判决书
46	港京裘革厂公司案	《广东法院粤港澳大湾区跨境纠纷典型案例(第一批)》,载广东法院网,http://www.gdcourts.gov.cn/index.php?v=show&cid=170&id=54990
47	可信香港案	《广东法院粤港澳大湾区跨境纠纷典型案例(第二批)》案例19,载广东法院网,http://www.gdcourts.gov.cn/index.php?v=show&cid=170&id=55384
48	罗某辉案	《广东法院粤港澳大湾区跨境纠纷典型案例(第二批)》案例18,载广东法院网,http://www.gdcourts.gov.cn/index.php?v=show&cid=170&id=55384
49	上海华信案	石静霞:《香港法院对内地破产程序的承认与协助——以华信破产案裁决为视角》,载《环球法律评论》2020年第3期,第163-164页

续表

序号	案件名称	来源
50	年富公司案	何禄赞、张东伟:《香港法院第二次承认内地破产管理人:深圳市年富供应链有限公司破产管理案》,载微信公众号“德辅”,https://mp.weixin.qq.com/s/faLWnREbakVFYKwgxgUmGQ;司艳丽、刘琨:《香港法院认可与协助域外破产程序简介》,载《人民法院报》2020年6月11日,第8版
51	森信公司案	(2021)粤03认港破1号民事裁定
52	史默伍德诉美国案	See Elizaheth H. McCullough, Bankruptcy Trustee Liability: Is There a Method in the Madness, 15 Lewis & Clark L. Rev. 165(2011)
53	池智良诉青海贤成矿业股份有限公司管理人案	(2015)民一终字第171号
54	德宏隆川物资有限责任公司诉大理鸿元经贸有限公司管理人、云南展腾律师事务所案	(2019)最高法民再198号
55	中国银河投资管理有限公司诉甘肃太平洋律师事务所案	(2018)最高法民申1292号
56	中国银河投资管理有限公司诉甘肃太平洋律师事务所案	(2018)最高法民再456号
57	中国银河投资管理有限公司诉甘肃太平洋律师事务所案	(2021)最高法民申4873号
58	李梅诉北京市企业清算事务所有限公司、北京市炜衡律师事务所案	(2013)民提字第201号
59	李梅诉北京市企业清算事务所有限公司、北京市炜衡律师事务所案	(2015)民申字第1766号
60	李梅诉北京市企业清算事务有限公司、北京市炜衡律师事务所案	(2019)最高法民抗13号

续表

序号	案件名称	来源
61	范玉敏诉北京金星制笔工业公司破产管理人案	(2020)最高法民申4130、4131号
62	张某平诉京市天正律师事务所案	(2016)最高法民申1467号
63	张某平诉北京市天正律师事务所案	(2017)最高法民申1753号
64	河南安彩高科股份有限公司诉华飞彩色显示系统有限公司管理人案	(2014)民申字第827号
65	尚有才诉许昌市商业物资总公司破产清算组案	(2020)最高法民申2440号
66	中国邮政储蓄银行股份有限公司嘉峪关市分行诉甘肃梓钊律师事务所(嘉峪关市兴盛啤酒花种植有限公司破产清算管理人)案	(2021)最高法民申1207号
67	王社伟诉深圳高尔夫俱乐部有限公司清算组案	(2021)最高法民申1823号
68	酒泉市肃州区中阳小额贷款股份有限公司诉甘肃梓钊律师事务所案	(2021)最高法民申4538号
69	中原再担保集团股份有限公司诉河南方欣米业集团股份有限公司管理人案	(2021)最高法民申6429号
70	杨骊诉济宁市印刷包装总公司破产清算组案	(2021)最高法民申1768号
71	富豪公司清盘案	HCCW 193/2003
72	动力公司清盘案	HCCW 35/2007
73	动力公司清盘案的衍生案	HCMP 1202/2010和HCMP 1278/2010
74	源畅公司清盘案	[2006] 2 HKLRD 192
75	香港法院认可广东海外建设总公司破产清算案	《广州法院一破产清算案获香港法院认可和协助》，载微信公众号“广州市中级人民法院”，https://mp. weixin.qq.com/s?__biz=MzA4NTg0ODkxMw==&mid=2650342062&idx=1&sn=144dce04f4255acb441892d7f6c62b48

后　记

《我国区际跨境破产合作研究》即将付印，本书源于我在香港城市大学进行博士学习的成果，最终能够出版实为不易。组织给予的学习机会、领导的支持、家庭的保障、老师的指导、同学的激励、还有编辑为本书出版的不懈努力……所有这一切，都是那么可贵。

在香港学习前后三年，博士论文写作历时六年。香港不大，但文化丰富多元，有很多我儿时就熟悉的气息，粤语、粤菜、港产影视等。它的气候，相比广州，与我的家乡更为相近，麦理浩径的小灌木似乎与茂名的同出一种，在这里我竟然有一种得到滋润的感觉。关于香港的记忆很多，杨建文楼与师友畅谈论道，邵逸夫图书馆挑灯夜战，旺角街头感受城市脉搏，太平山顶眺海天一色，立法会参观思绪万千。上述这些固然让人印象深刻，但真正让我难忘的是，某日午后，听到远处传来一阵咕咕的鸟叫声，我想起了小时候在山野中听到的鸟鸣，仿佛回到了多年前的一天，我从一片树林走过，阳光细碎地洒在身上，风吹来一股野草的香味，天地很宽。

2024年的广州，多雨。但今日天气晴朗，太阳透过窗户照进来，日影斑驳，风吹来是暖的，远处有蝉的叫声，知了知了，细腻悠长。先生在一百多公里外开会，孩子在十公里外上课，我想起三十多年前的中午，也是这样明亮的阳光，吃完午饭，我和妹妹坐在一张长桌前，桌上放着一台老式收音机，电台正在“讲古”，讲的是《楚留香》。虽然上午刚上完课，下午还有课，但时光好像很悠闲，一切都很惬意。“湖海洗我胸襟，河山飘我影踪，云彩挥去却不去，赢得一身清风。”周围很安静，可以听到自己心灵的声音。

现代社会工作生活节奏很快，车马很慢的从前离我们已经很遥远。古早以前的破产者有性命之虞，妻离子散之悲；现代的破产，是诚信而不幸之人的保护伞，是企业凤凰涅槃的那把火。社会的发展让人类更文明，但也更“卷”了，我们在适应社会的变化又在推动它变化。当历史的车轮滚滚向前，我们在其上心潮澎湃，被它带向远方。我们需要做的是，跟着车轮滚动的节奏，稳住心神，目视前方，不妨起舞。

正在起舞的还有粤港澳大湾区，穗港高铁最快48分钟，琶洲CBD可坐船直达香港机场，香港居民周末北上广深购物旅游，深中通道开通后大湾区一小时生活圈正在形成。随着低空飞行的许可，打“飞的”在湾区畅游的未来也即将到来，粤港澳大湾区经济作为中国经济发展的一颗璀璨明珠将更放异彩。法律向来是经济发展的护航，而经济发展又促进法律更加文明完善。在粤港澳大湾区这片经济沃土上，必将盛开缤纷繁茂的法律之花。感谢祖国创造的时代，随时代起舞，为时代喝彩！

杨靖

2024年8月8日